KB253478

재난에도 지속 가능 경영을 위한

BCP책정기초

콘 마사카즈(Masakazu Kon) 지음 / 김광수 감역 / 김영진·김필호 공역

BM 성안당

日本옴사·성안당공동출간

재난에도 지속 가능 경영을 위한

BCP책정기초

Original Japanese edition
Shinpan Jissen BCP Sakutei Manual – Jigyou Keizoku Management no Kiso
By Masakazu Kon
Copyright © 2009 by Masakazu Kon
Published by Ohmsha, Ltd.
This Korean Language edition is co-published by Ohmsha, Ltd. and SEONG AN DANG
Publishing Co.
Copyright © 2013
All rights reserved.

이 책은 2008년 4월에 큐텐사(九天社)에서 발행된 "실천 BCP 책정 매뉴얼-사업계속계획의 사고방식과 방법"의 개정신판이다.

이 책에서는 ① BCP 책정 프로세스에 대해서는 독자의 요구, 의견 등을 반영하여 보다 이해하기 쉬운 수순으로 바꾸는 것, ② BCP의 책정 프로세스만이 아닌, 이것을 계속적으로 운용·관리하여 기업문화에 뿌리가 되어 줄 페이즈(연습, 유지 보수, 재점검)를 추가해서 사업계속 경영의 틀을 실감시키는 것, ③ 지금 가장 경계되고 있는 신형 인플루엔자 대책을 BCP의 책정에 반영시키는 것, ④ 샘플 템플레이트에 대해서는 양보다 질을 중시하고, 가능한 한 표 안의 항목의 의미나 커스터마이즈의 힌트 등에도 언급하여, 응용력이 몸에 배도록 하는 것 등을 중심으로 대폭적인 재점검과 더불어 내용을 추가하였다.

기업은 향후에도 존속하고 성장을 계속하는 것을 전제로 한 조직체이다. 장기적인 시점을 가지고 환경의 변화에 적합하게 나아간다면 뜻밖의 사태, 즉 재해리스크에 대해서도 전략적으로 경영활동에 포함시켜 두지 않으면 안 된다. 사업을 중단시키는 여러 가지 요인을 예측적·계획적으로 다루는 것은 경영전략 그 자체이며 사업계속계획(BCP; Business Continuity Plan)이 모든 규모의 조직에서 필요한 이유도 이 점에 있다.

BCP는 지금까지 기업방재와 같은 일상업무의 틀 밖에 있는 활동과는 다르며, 리스크에 대한 대처방침을 경영전략적으로 취하여 어느 사업을 우선적으로 지킬 것인가, 사업이 정지한 때에는 어느 업무 기능을 언제까지 복구시킬 것인가와 같은 미션·크리티컬한 요건을 미리 설정해 둔다. 또한 사내 교육이나 훈련을 통해서 중장기적으로 BCP를 기업 풍토에 뿌리내리게 하는 운용 프로세스는 BCM(사업계속경영)이라 부르고 있다.

　　BCP에 대해서는 2005년에 일본 경제산업성과 내각부가 각각 가이드라인을, 2006년에는 중소기업청이 BCP 책정 운용지침을 발표하고, 그 보급에 착수하였다. 원래 위기관리나 법령준수에 대한 의식이 높고, 사회의 시선도 엄한 대기업이나 중견기업에서는 BCP의 도입이 진행되고는 있지만, 중소·영세기업의 경우에는 좀처럼 BCP에 눈을 돌릴 여유가 없다는 것이 현실인 것 같다.

　　그러나, 지금까지의 대지진이나 집중호우의 피해상황을 보아도 알 수 있는 것처럼, 재해는 기업을 가리지 않는다. 같은 규모의 피해를 비교한 경우, 대기업이나 중견기업에 있어서는 코끼리의 다리에 가시가 찔린 정도의 영향이더라도 중소·영세기업에 있어서는 치명적인 영향을 받게 될 가능성이 있다. 장기간 업무를 정지하거나, 폐업하거나 하는 중소기업과 영세기업이 늘면 지역의 산업이나 경제에는 큰 피해를 줄 뿐만 아니라, 글로벌화가 진행되는 오늘날에는, 세계에서 '일본은 위기관리에 안일한 나라다', '일본의 기업과 거래하는 것은 생각해 볼 일이다'와 같은 시선으로 바라 볼 가능성도 있어 국제경쟁력의 저하도 염려되는 것이다. BCP는 윤택한 재해대책 예산을 가진 대기업만이 아닌, 모든 중소·영세기업에서도 필요한 이유가 여기에 있다.

　　이 책은 BCP 도입의 기본적인 사고방식과 그 포인트, 구체적인 작업 단계를 중소기업 지향으로 알기 쉽게 해설한 것으로 용이하게 BCP를 책정할 수 있도록 궁리한 실천 지향의 텍스트이다. 사업계속에 관한 해설서는 여러 종류가 나오고 있지만, 이 책은 다음 2가지 점에서 지금까지의 해설서와는 다른 특징을 가지고 있다.

■실무 담당자의 시점

　　대기업 지향으로 BCP의 이해를 도모하는 것을 목적으로 한 지금까지의 개설서나 계몽서와는 달리 이 책은 어느 날 갑자기 사장에게 BCP의 책정을 명령받았거나, 스스로 BCP의 필요성을 인식하고 경영진에게 제안해서 도입을 추진하고 싶다고 생각하고 있는 중소기업의 부장이나 과장, 주임급의 입장, 즉 기업 내의 실무자의 시점에서 쓰고 있다.

■ 실천성을 중시

BCP는 사원 스스로 종이와 펜을 가지고 조사·완성하고, 유지·보수하지 않으면 정착할 수 없다는 데에 입각해서 이 책에서는 무엇보다도 '구체성'과 '실천성'에 중점을 두고 있다. 개요 설명이나 배경적인 정보에 대한 설명은 최소한으로 하고 '저것이 필요하다', '이것이 중요하다'와 같은 요건이나 요구의 제시만으로 끝나는 일이 없도록 그 앞에 작업 수순이나 해결책을 구체적이고 유기적으로 관련지어 가며 보여 주는 것에 최대한 중점을 두었다.

그렇다고는 해도 BCP의 책정 프로세스에 교과서와 같은 스탠다드한 방법은 확립되어 있지 않은 것도 사실이다. 모든 체형에 딱 맞는 양복은 있을 수 없음과 같이 이 책의 내용이 모든 규모, 모든 업종의 BCP 책정에 만능이라고는 할 수 없다. 그러나 이 책의 수순이나 사고방식을 참고하는 것에 의해 지금까지 자욱했던 안개가 걷히고 방향성이 분명이 보이기 시작하여 확실한 걸음걸이로 자신을 가지고 BCP의 책정에 착수할 수 있음은 틀림없다.

내일 일어날지도 모르는 뜻밖의 사태에 대비해서 BCP를 작성해 두는 것은 단순히 방재력을 높이는 것만이 아니라 고객이나 거래처에서 '위기관리의식이 높고 안심하게 거래할 수 있는 회사'라는 또 하나의 신뢰를 얻는 것이라 확신하고 있다. 이 책이 BCP를 책정하려는 모든 이들에게 도움을 주는 역할을 할 수 있다면 저자는 기쁠 것이다.

콘 마사카즈

이 책의 구성

이 책은 4장으로 편성되어 있다.

'제1장 사업계속의 기초'에서는, 오늘날 모든 기업이 BCP를 필요로 하는 이유를, 스텍홀더(이해관계자)나 여러 가지 위협과의 관계로 밝힌다. 또한 방재계획과 BCP의 차이점, BCP는 BCM이라 부르는 운용 시스템의 안에서 위치되어 있는 것, 어떤 멤버가 모여 어떤 스케줄로 책정에 착수하는가 등에 대해서 설명한다.

'제2장 사업계속계획의 책정'은 이 책의 핵심이 되는 부분으로, 기본적인 BCP의 책정수순을 7개의 단계로 설명한다. 개정에 있어서 영향도 분석과 리스크 평가의 테크닉이나 샘플 포맷을 대폭으로 변경하였다. 긴급 시 대응 및 사업계속 체제의 틀도 재구축하였다. 책정의 규모는 종업원수 50~100명 정도의 회사를 상정하고 있지만, 이 사고방식들은 종업원 5명의 회사에서도, 500명의 회사에서도 적용할 수 있다.

'제3장 사업계속경영으로'는, 개정에 있어서 새롭게 도입한 장이다. BCP의 최종목적은 사업계속 계획서라는 문서를 완성시키는 것이 아니다. BCP의 계획적인 운용을 통해서 사우 한 명 한 명이 자신에게 주어진 역할이나 수순을 '체득'하는 것이야말로 본래의 목적이다. 여기서는 사업계속경영활동의 중요핵심이 되는 긴급사태에 대비한 연습, BCP의 재점검, 유지·보수, 교육에 대해서 기술수순과 테크닉에 대해 설명한다.

'제4장 여러 가지 대책'은 사업계속 책정단계에서 서술한 리스크대책이나 사업계속전략 중에서도 특히 중요한 테마에 대해서 구체적으로 설명하고 있다. 이번 개정에서는 최근 가장 염려되고 있는 위협의 하나인 신형 인플루엔자에의 대응에 대해서 가능한 한 페이지 양을 수록하였다.

'부록'에는 본편에서 소개한 주요 샘플 템플레이트를 게재하고 있다. 본편의 설명을 보완하고 이미지로서 이해시키는 것을 목적으로 한 것으로 이력서 용지처럼 복사하여 그대로 기입해서 사용할 수 있는 것은 아니지만, 이것들을 커스터마이즈해서 각각의 회사에 최적의 포맷을 작성하길 바란다.

샘플 템플레이트는 옴사의 다운로드 사이트(http://www.ohmsha.co.jp/)에서 전자파일 형식으로 입수할 수 있으므로 시험해 보길 바란다.

〈다운로드 파일의 사용조건에 대해서〉

이들 파일을 열려면 이하의 소프트웨어 및 버전이 필요하다. 어느 파일도 저자의 운영체제(윈도우 XP, 윈도우 비스타)에서 열리는 것을 확인하고 있다.

Windows XP 또는 Windows Vista / Microsoft Excel 97-2007 /

Microsoft Word 97-2007 / Adobe Acrobat Reader 6.0 이상

※ 샘플 템플레이트를 사용한 결과에 대해서 저자 및 옴사는 어떠한 경우에 있어서도 책임을 지지 않는다. 또한 샘플 템플레이트 본체 및 그 내용은 본서의 구입자가 자기의 조직 또는 본인이 속한 조직의 연수를 행하는 용도에 한하여 복제해서 사용할 수 있다. 그 이외의 용도로 사용하는 것, 또는 저작자 및 발행자의 사전의 허가 없이 전재, 복제, 복사 등을 행할 수 없다.

차례

제2장 사업계속계획의 책정

제3장 사업계속경영

제4장 여러 가지 대책

제1장

사업계속의 기초

"사업계속"이란 무엇인가

1.1.1 ● 지금 기업에서 추구하고 있는 것

[1] 2가지의 선택

일본은 세계에서 일어나는 지진의 1할을 안고 있는 지진대국이다. 그리고 세계제일의 태풍이 지나는 길이 되고 있는 나라이기도 하다. 이것은 일본인 누구나 실감하고 있다. 그러나 그만큼 누구나 '익숙해'져 있다는 것도 사실이다. '어떻게든 되겠지'라는 낙관론, '일본은 몇 번이고 재해를 이겨낸 역사와 지혜가 있다'라는 자부심.

그러나 '기업'이라는 조직에 초점을 맞추어 보았을 때는 반드시 이러한 낙관론이나 자부심으로 극복할 수 있는 이야기가 아님을 알 수 있다. 한신 아와지 대지진급의 대지진이나 강렬한 태풍이 지나간다면 피해를 받은 기업의 몇 할은 폐업으로 치닫게 된다. 어째서 폐업에까지 이르는 것인가, 어떤 대비를 한다면 최악의 사태를 면할 수 있을 것인가, 그러한 교훈을 말해주지도 않고 말없이 시장을 나간다.

한편 우리가 신문이나 텔레비전에서 보는 것은, 다행히도 혹은 철저한 재해복구전술에 의해서 살아남은 기업이다. 강력하게 다시 일어난 그 모습을 보고 '큰 재해에도 지지 않고, 다시 잘 일어섰구나'하고 감동하고, '회사라는 것은 재해 따위에 쉽게 무너지는 것이 아니구나'라고 용기를 가진다.

현실은 어떠한가. 기업이 재해를 입으면, 남은 길은 '존속할 것인가', '폐업할 것인가'의 2가지 중 하나밖에 없다. 복구를 위한 시간과 자금은 한정되어 있고, 이해를 공유하는 사람들의 마인드는 시간과 함께 변화한다. 상처의 치료나 큰 병과 같이 오랜 기간이 지나면 회복한다, 연명할 수 있다는 것이 아니다. 2, 3년이 지나서 겨우 부흥한 기업이 있을 지도 모르지만, 그런 기업은 예외라 해도 좋을 것이다.

　상업활동의 사이클이 비교적 길었던 옛날과는 달리 IT화와 글로벌화가 진행된 결과, 비즈니스가 가속 확대해서 국내만이 아닌 세계적으로 라이벌이 가득한 것이 오늘날 우리의 경제환경이다. 어느 날 갑자기 사업이 중단되고 복구의 전망이 서지 않게 되면, 국내·외의 고객은 즉시 다른 기업으로 갈아탈 것이다. 대규모 재해에 의한 다수의 중소기업의 사업 중단이 계기가 되어 일본기업의 경쟁력과 신용이 현저히 훼손되는 사태는 반드시 가상의 시나리오만은 아닌 것이다.

[2] 스텍홀더와의 관계

　어느 날 새로운 거래처로서 유망한 고객이 당신의 회사를 방문해, 다음과 같이 질문했다고 하자.

　"만약 큰 재해를 입는다면 귀사에서는 어떻게 대처할 것입니까?"

　이 질문에 당신은 고객을 납득시킬 만한 대답을 제시할 수 있을 것인가. 방재 매뉴얼은 완비하고 있다. 파일 캐비닛류는 확실히 금구로 고정되어 있다. 스프링클러나 소화기도 설치되어 있다. 소방관을 불러 1년에 한 번 방재훈련을 행하고 있다. 이러한 답변을 할 수도 있다. 그러나 회사로서 어떻게 대처하는가 하고 다시 물어온다면 아무래도 막연하여 대답할 궁리가 떠오르지 않는 것이 실제의 모습은 아닌가.

　어떤 회사도 자급자족적으로 사업을 경영할 수는 없다. 이윤을 추구하기 위해서는 여러 스텍홀더에 의해 사회적인 의의를 부여받고, 평가되어, 철저히 의존해서 살아가고 있다고 해도 과언이 아니다. 원재료나 상품의 구매처, 고객, 유저, 자금조달처, 동업자, 협력회사, 외주업자, 주주, 종업원,⋯등. 실로 여러 관계자와 연결되어 지탱되고 있다.

　그러므로, 어떠한 이유든, 예를 들면 대지진이나 행정에 의한 영업정지명령, 도산이라는 형태로 돌연 사업이 두절되었을 때, 곤란한 것은 당사자만이 아니다. 그 영향의 확산이라는 점에서 오히려 그물처럼 연결되어 있는 스텍홀더 당사자가 더 곤란하다 해도 좋을 것이다. BCP(사업계속계획)가 인명이나 재산을 지키는 것에 중점을 둔 지금까지의 방재와는 달리, 더욱 상위에 있는 경영 레벨의 사고방식으로 간주되는 것은 스텍홀더에 끼치는 영향을 중시하였기 때문이다.

여기서 한 번 더 앞의 질문을 상기해 보자. 고객으로부터 "만약 큰 재해를 입는다면 귀사에서는 어떻게 대처할 것입니까?"라고 질문을 받았을 때, BCP를 도입하고 있는 기업이라면 다음과 같이 대답할 것이다. "당사에서는, 큰 재해를 당하여 사업이 중단되더라도 미리 준비해 둔 복구수단을 사용하여 목표로 하는 기간까지 업무를 재개할 태세가 갖추어져 있습니다. 염려하지 마십시오."라고 답할 것이다.

[3] 위협에의 대응

오늘날 우리들의 회사는 스텍홀더와의 연결을 끊는 여러 위협에 노출되어 있는 것도 사실이다. 여기서는 그러한 위협 중에서 가장 중요하다고 생각되는 것을 몇 가지 소개해 본다.

① 대지진

현재 일본열도의 지진주기는 활동기에 들어간, 혹은 거대지진이 언제든 일어나도 이상할 것이 없는 시기라고 한다. 특히 가까운 장래에 발생될 것이 예상되고 있는 동해대지진이나 수도직하지진에는 주의가 필요하다. 이러한 지역에는 다수의 중소기업이 모여 있고, 사람, 물건, 돈이 높은 밀도로 집중되어 있다.

제조업은 세계제일로 정밀도 높은 부품이나 고품질의 제품을 생산하고 있다. 도심부에는 도로망이나 철도망이 모세혈관처럼 둘러져 있고 복잡하게 얽힌 공간에는 상업시설이나 오피스빌딩, 맨션 등이 서로 다투듯이 밀집되어 있다. 개개의 기업이 어떠한 대처도 하지 않는다면 측정할 수 없는 영향을 받게 될 것이다.

② 지구온난화

지구온난화는 대기오염과 같은 지역적인 문제와는 달리 세계규모의 대응이 필요한 긴요한 과제이다. 직접적인 영향으로서는 해면상승이나 빙하의 융해에 의한 홍수 토석류 재해, 동식물이나 곤충, 해양생물의 생육환경의 변이에 따르는 유해생물이나 식물의 발생, 농업이나 어업의 피해, 그리고 우리들에게 있어서 가장 가깝고 심각한 것은 이상기상의 빈발이다. 강렬한 풍우를 동반한 열대저기압이나 태풍이 통과할 때마다 피해를 받은 주민들은 "이렇게 극심한 재해는 이제껏 경험해 보지 못했다"고 푸념하며 말한다.

지구온난화의 문제에는 또 한 가지 측면이 있다. 이산화탄소 배출을 억제하기 위한 시책에 의해 기업경영에도 여러 가지 부하가 들 것이라는 것이다. 유럽 등에서 시행되고 있는 탄소세나 대체에너지에의 전환 등도 그 일례이다.

가까운 장래, 이러한 시책이 국내에서도 폭넓게 적극적으로 추진되게 된다면 이산화탄소 삭감의무를 태만히 하거나 경시하는 기업은 비용증가나 벌칙, 사회적 신용의 실추와 같은 형태로 영향을 받게 될 것이다.

③ 정보시스템에 대한 위협

정보시스템이나 네트워크는 복잡하고 고도화되면 될수록, 비즈니스와 긴밀해질수록 위협에 대해서 과민해진다고 해도 좋을 것이다. IT 기술에는 가용성을 유지하기 위한 대책으로서 오래전부터 DRP(Disater Recovery Plan)라는 사고방식이 확립되어 있었다. DRP는 직역하면 '재해복구계획'이라는 의미이지만, IT에서는 주로 업무에서 사용하는 정보시스템이나 네트워크의 장해복구의 의미로 사용되어 온 것 같다. 게다가 일상적인 고장 등을 전제로 한 것이 많고 지진이나 수해와 같이 물리적인 임팩트에 의해 업무 시스템이나 그것을 지탱하는 주변장치, 사내, 사외 인프라가 한 번에 영향을 받는 것을 상정하지 않는 것도 적지 않다. 또한 업무활동을 통해서 매일 생성되는 거래데이터 등은 유일무이의 귀중한 정보이며 백업 데이터를 동시에 재해를 입을 우려가 있는 사내에 보관해 두는 것만으로는 불충분하다. 이들에 대해서는 BCP의 관점에서 적절한 사전, 사후대책을 취할 필요가 있다.

④ 글로벌화가 초래하는 위협

글로벌화에 의해 사람, 물건, 돈의 흐름은 바뀌어서 중국이나 인도, 러시아와 같은 신흥국이 세계에 통용하는 경쟁력을 가지기 시작하게 되었다. 선진국의 생산라인이 인건비나 원재료비가 저렴한 개발도상국에 이행하기만 했던 1990년대와는 다르며, 이러한 신흥국은 고도의 지식이나 기술을 가진 엔지니어나 화이트 컬러, 혹은 어학능력을 갖춘 노동력을 국내에서 육성하여 해외에서 업무를 떠맡거나 독자적인 생산력을 발휘하거나 하면서 경제성장을 이루어내고 있다. IT화나 글로벌화가 초래한 것은 새로운 풍부함은 물론이겠지만 세계적인 하극상이라고 한다면 지나친 것일까. 이 영향으로서 선진국의 중소기업에서는 수익이나 고용환경이 악화하거나 풍부한 나라들이 늘어난 것으로 자원이나 에너지 수요가 증대하고 환경악화나 지구온난화가 더욱 진행되어 가고 있다.

⑤ 신형 인플루엔자의 위협

세계적으로 사람들이 고속수송수단을 이용해서 빈번하게 오고 가도록 된 오늘날, '신형 인플루엔자'에 의한 세계적인 유행이 경계되고 있고, 사업계속의 관점에서 그 대책이 필요하게 되었다.

신종 인플루엔자가 사업에 주는 영향은 여러 가지가 있다. 국내에서 발생한 경우 먼저 사원에게 주의환기나 예방책의 마련이 호소되지만, 만약 신형 인플루엔자와 같은 증상을 보이는 사람이 나오면 즉시 회사는 본인을 격리하는(완치되기까지 출근시키지 않음) 대책을 취할 것이다. 그것이 중요한 업무를 담당하는 사원이라면, 업무중단이 늘어나서 거래처에 대다수의 피해를 끼치게 된다. 사내에서는 감염을 우려하여 경계심이나 의심암귀의 상태가 생겨서 생산성이 저하되는 경우도 생길 수 있다. 또한 자신의 회사는 무사하더라도 구매처나 납입처에 감염자가 나와서 거래가 불가능해지는 사태도 부정할 수 없다.

신종 인플루엔자 대책에는 '얼마나 감염자를 격리해서 사람과의 접촉을 피하게 할 것인가'가 문제가 된다. 러시아워 때의 통근이나 공공교통기관의 이용을 가능한 한 피하고 사원 식당이나 휴게실을 폐쇄하여 미팅의 횟수를 줄이는 등의 소극적인 대책이 취해져, 비즈니스라기보다는 인간의 기본적인 활동 그 자체가 방해받게 된다. 상세한 것은 제4장 '4.8 신형 인플루엔자에의 대응'을 참조하길 바란다.

[4] 위험의식의 회복

버블붕괴 이후, 기업은 살아남기 위해서 여러 가지 정책을 강구해왔다. 해외이전, 노동력의 합리화, 철저한 경비의 삭감,… 등 한 마디로 말한다면, 이익의 최대화와 비용의 최소화를 실현하기 위한 모든 수단이다. 드라이버의 시계는 속도를 올리면 올릴수록 좁아진다. 지금의 기업은 마치 시계가 좁혀진 채 정중앙의 한 점만을 보며 달리고 있는 모습이라고 해도 과언이 아니다.

이와 같은 상황에서 만약 뜻밖의 사태에 직면한다면 기업은 어떻게 될 것인가. 뜻밖의 사태란, 문자 그대로 무엇이 일어날 것인지 알지 못하는 것이다. 대지진일지도 모르고, 지구온난화에 따라 빈발하는 이상기상이나 역병의 만연일지도 모른다. 중대한 실수, 사고, 불상사, 원재료나 수송연료의 믿을 수 없을 만큼의 가격상승, 혹은 글로벌화에 따른 기업수익의 악화나 고용에의 영향일지도 모른다.

자연재해나 지구온난화, IT화나 글로벌화가 낳은 예상하지 못했던 위협은 지금까지의 방재대책이나 긴급대책만으로는 해결할 수 없다. 지금 추구하고 있는 것은, 사원 한 명 한 명이 일상의 업무에서 위험에 대한 감각을 연마하는 것은 아닐까. 무언가 위화감을 느꼈을 때, '어? 뭔가 이상한데…?'라고 돌아보고, '이 상태가 계속된다면, 앞으로 어떻게 될 것인가'라고 예상하는 시점이라고 바꿔 말해도 좋을 것이다.

우리가 일상에서 마음 놓고 자동차나 기차, 비행기를 이용할 수 있는 것은, 단순히 고속이라 쾌적하니까, 운임이 적당하니까, 서비스가 좋으니까 라는 이유만은 아니다. '이 교통편이라면 구석구석까지 확실하게 안전대책이 취해져 있음이 틀림없어'라는 암묵의 신뢰감이 뒷받침되고 있기 때문이다. 암묵의 신뢰감이란 바꿔 말하면 그 교통편을 설계하여 제조한 회사에 대한 신뢰감이며, 설계자, 제조자, 서비스를 제공하는 직원, 정비사와 같은 그 교통편을 지탱하는 사람들의 성실함이나 책임감, 경험이나 기술력, 실적에 대한 평가라고 할 수도 있을 것이다.

이제는 사업계속에의 대응은 대기업만의 문제가 아니다. 중소기업이 뜻밖의 사태에 대비하는 의식을 가지는 것은 재해를 신속히 대처하고, 피해를 최소화하기 위한 태세를 갖추는 것뿐만 아니라 '이 회사와 함께 한다면 안심하고 거래를 할 수 있고, 상품을 구입할 수 있어'라는 확실한 신뢰감과 평가를 스텍홀더에게 확립하는 것이기도 하다.

1.1.2 ● 중소기업과 사업계속의 가치

[1] '만약'이라는 질문

앞 절에서는 기업이 만일의 사태가 일어났을 때 2가지의 선택면에 직면한다는 것, 사업정지는 일개의 회사만이 아닌, 그 회사와 연결된 여러 스텍홀더의 문제라는 것, 그리고 우리의 사회는 지금, 진화한 위협에 둘러싸여 있다는 것 등을 서술하였다.

그러나 이러한 상황이나 그 심각성이라는 것은 매일의 업무로 세월을 보내고 있는 우리에게 있어서, 그다지 실감나게 와 닿지 않는 것도 사실이다. 사업이 정지한다는 것 자체가 어떠한 상황을 가리키는 것인가 모른다고 하는 소박한 의문을 품는 사람도 있을 것이다. 이것에 대해서는 종이와 펜을 준비하고, 다음 질문들에 답하는 것으로서 그 윤곽이 보이게 된다. 특정 업종에 대한 것도 있지만, 그러한 것은 자신의 업종으로 바꿔서 생각해 보기 바란다.

- 업무 중 갑자기 정전이 되어 컴퓨터도, 조명도 사용할 수 없게 되었다. 휴대전화의 뉴스사이트를 보니 전력회사에서는 복구의 전망이 보이지 않는다고 한다. 당신이라면 어떻게 하겠는가?

- 대지진 후 전화도, 휴대전화도 연결되지 않게 되어, 고객이나 거래처와의 연락이 두절되어 버렸다. 외출 중의 사원이나 가족의 안부도 신경 쓰인다. 어떻게 하겠는가?

- 메이커 회사의 화재사고로 발주하고 있던 중요한 부품이 납입되지 않았다고 한다. 대신할 다른 업자는 간단하게는 찾을 수 없을 것 같고, 찾는다 하더라도 재발주할 수 있을지는 알 수 없다. 당신이라면 어떤 대처를 할 것인가?

- 폭우로 사무소에 침수의 위험이 찾아왔다. 즉시 중요한 서류나 데이터를 안전한 장소로 옮겨놓지 않으면 안 된다. 당신은 어느 데이터

자산이 중요한가, 구별해서 가져갈 수 있는가. 그 데이터나 서류를 도중에 파손, 분실한다면 어떻게 할 것인가?

- 인플루엔자의 집단감염으로 생산라인의 숙련사원 5명 중 3명이 출근하지 못하게 되었다. 사실상 라인은 정지상태이다. 당신이 라인의 책임자라면 어떻게 처리할 것인가?

- 기계장치에 중대한 문제가 있음을 알아내어 급하게 라인을 정지하게 되었다. 거래처의 대기업 각 사에 폐를 끼치기 전에 제조를 재개하지 않으면 안 되지만, 그 시간제한은 언제인가. 또한, 그 타임 리미트를 넘어버리면 어떤 영향이 나올 것인가?

- 야간에 강한 지진이 있었다. 다음날 아침 회사로 갔더니 빌딩의 일부가 붕괴되어 출입금지 표시가 붙어 있다. 차례로 모여든 다른 사원뿐만 아니라 사장까지도 어쩔 줄을 몰라 하고 있다. 그들은 앞으로 어떻게 해야 좋을 것인가.

이상은 '뜻밖의 사태'의 극히 일부에 지나지 않는다. 이것들은 모두 일어날 리 없는 것을 들어 짓궂게 질문한 것이 아닌, 언제든 일어난다고 해도 전혀 이상할 것이 없는 사례를 제시한 것이다. 이들 질문에 어려움 없이 대답할 수 있는 사람은 BCP라는 이름이 붙어 있지 않아도 BCP에 필적하는 재해대응계획을 가지고 있다고 봐도 좋을 것이다.

한편 대부분 대답다운 대답을 할 수 없었던 사람은 사업중단의 위험에 처해있다고 해도 과언이 아니다.

[2] 대기업의 BCM 전략

BCP는 주로 인명이나 재산의 보호를 목적으로 한 지금까지의 방재와는 달리, 스텍홀더(이해관계자)에의 영향을 중시한 플랜이다. 또한 뜻밖의 사태에 직면하는 것에 의해 현재화하는 문제점이나 수요는 대기업도 중소·영세기업도 같다고 할 수 있다. 여기서는 이들 2개의 측면이 가장

긴밀하게 관련되고 스틀이트하게 나타나는 '서플라이 체인'의 현상과 문제점에 대해서 생각한다.

서플라이 체인(supply-chain)이란 원재료의 조달부터 설계, 제조, 물류 재고, 판매까지의 일련의 흐름을 나타내는 용어로, 이 흐름에 속해 있는 매입원이나 납입처와 같은 관계를 가진 기업은 서플라이어라고 부른다. 또한 이 흐름을 최적으로 관리하기 위한 수법은 서플라이 체인 매니지먼트(SCM)라고 하며, 이것에 의해 대기업 메이커나 글로벌 기업은 미리 생산계획이나 배송계획을 세워서 필요한 원재료의 양을 각 서플라이어에 통지해서 시장의 수요에 응한 상품을 적시에 공급하고 있다. 복잡한 경제환경인 오늘날의 비즈니스의 대부분은, 몇 개의 서플라이 체인의 일원에 속해 있다고 말할 수 있다.

이 서플라이 체인의 상위에 위치하는 대기업에는, BCM(사업계속경영의 약칭으로 BCP를 포함한 포괄적인 운용관리 프로그램을 말함. 상세한 것은 뒤에서 설명한다)에 대한 인식이 높아져, 실제로 도입한 기업 혹은 도입을 예정하고 있는 기업의 수는 해마다 늘고 있다.

일본의 대기업은 그 규모와 사회적 책임의 크기에 의해 사업중단에 대한 위기의식이 높고, 대부분이 자사의 방재계획을 완비해서 정기적인 훈련 등에도 힘을 쏟고 있다. 재해대책에 투입할 수 있는 경영자원을 풍부하게 가지고 있다는 강점도 있다. 또한 일본건설업단체연합회의 건설 BCP 가이드라인이나 SEMI 재팬에 의한 반도체 제조업 지향 가이드라인처럼 업계가 독자적으로 BCP 가이드라인을 책정해서 저변에 있는 기업으로 넓히려는 움직임도 있다.

대기업을 중심으로 한 BCM 도입의 움직임은 앞으로도 가속되어 갈 것이라고 생각된다. 일찍이 기업의 평가나 등급은 기술력이나 품질. 가격, 재무적 안정성 등이 중심이었지만, 이것들은 말하자면 '평온한 세계'에서의 지표에 지나지 않는 것이었다.

IT화, 글로벌화가 진행되어 경쟁이 격화하고 있는 오늘날의 '다이내믹

한 세계」에서는 이들 지표에 정보보안의 확보나 법령준수가 가해지고, 게다가 이제는 뜻밖의 사태에 대비하기 위한 능력, 즉 사업계속능력이 요구되고 있다. 그러나 이러한 경향은 서플라이 체인 전체로 보았을 때 큰 벽에 부딪히게 된다는 것을 알 수 있다.

[3] 대기업과 중소기업의 온도차

일본 국내의 기업 수의 95% 이상을 차지하는 중소기업에서는 BCP는 고사하고 방재매뉴얼조차 완비하지 않은 기업도 적지 않다. 비즈니스는 상호의존의 관계로 성립한다.

몇몇 대기업이 사내적으로는 완벽한 BCP를 책정하고 있어도 그 저변에 있는 수백수천이나 되는 거래처가 뜻밖의 사태에 대해서 어떠한 대책도 강구하지 못하고 있다면 만일의 경우 어떠한 일이 일어나게 될 것인가?

이러한 기업의 몇 할인가가 돌연 사무를 중단하고 희소성이 높은 원재료나 부품의 납입이 두절되고 연락이 끊겨 언제 복구될 지 알 수 없어졌다면 대기업의 생산라인은 정지해버린다.

대기업의 사업중단의 영향은 그 원인이 된 서플라이어에게 직접 되돌아올 뿐만 아니라 대기업이 거래를 하고 있는 여러 스텍홀더에 악영향을 끼치게 된다(그림 1.1 참조).

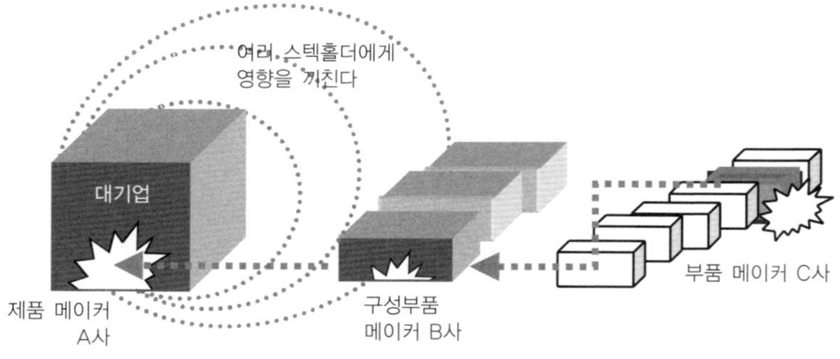

그림 1.1 말단의 C사의 업무정지→중간의 B사→대기업 A사의 라인을 멈추게 한다

　중소기업의 대책이 진행되지 않는 이유로는 '대책이나 수단을 모른다', '책정할 사람이 없다', '자금부족', '재해에 대한 우선순위가 낮음' 등을 예로 들 수 있다. 앞의 3가지는 BCP 도입을 막는 특유의 원인이지만, 오늘날에는 정책방법을 가르치는 세미나나 강좌, 정책을 지원하는 서비스 등도 조금씩 늘어나고 있다. 또한 BCP는 반드시 큰 자금을 투자하지 않으면 도입할 수 없는 것도 아니며, 금융기관에 의한 BCP 책정 기업에의 우대융자제도도 정비되어 가고 있다.

　무엇보다도 BCP의 도입을 주저하는 최대의 요인은 '재해에 대한 우선순위가 낮음'이 아닐까. 이것은 위협이나 리스크에 대한 경계의식의 부족이라고 바꿔 말해도 좋을 것이다. 예를 들면 '보험에 들어 있으니 여차하면 그것이 커버해 줄 것이다.',

　'대지진 같은 일은 전혀 일어나지 않아.', 'BCP 같은 방재계획에 부가가치를 붙여서 비즈니스에 기여하려는 것은 업계의 전략에 지나지 않아.', 혹은 '대기업은 많은 서플라이어를 안고 있기 때문에 일부의 업자가 곤경에 빠져도 얼마든지 다른 업자가 있겠지.'), … 등 필시 중소기업 경영자의 속마음은 이러할 것이라고 생각된다.

[4] 거래처의 사업계속 역량 중시

　재해에 대해서 좀처럼 대책이 진행되지 않는 중소기업에 대해 대기업은 그저 바라보고 있는 것은 아니다. 대기업에서는 처음으로 BCP를 책정할 때는 물론, 책정한 후에도 정기적으로 사업계속전략을 재점검한다. 이 재점검에는 사업을 정지시키는 요인의 파악의 일환으로서 서플라이 체인을 구성하는 기업이나 의존도 높은 외주업자의 재해대응력을 평가한다. 이러한 기업에 긴급 시에 준비한 대책이 없이 만일의 사태가 일어났을 때 대기업의 제조라인을 정지시킬 가능성이 있다고 한다면 그 리스크를 경감하기 위한 대책을 취하지 않을 수 없다.

　이 리스크 대책에는 여러 가지 옵션이 있지만, 여기서는 가장 전형적인 사고방식 2가지를 소개한다.

① 보다 사업계속력이 있는 중소기업 선택

대기업이나 중견기업의 BCM은 이제 제3자에 의한 인증제도의 구조 안에 위치하고 있다(정식명칭은 'BCMS 적합성평가제도'). 이러한 구조에는 BCP 구축에 관한 분석이나 어세스먼트의 수법, 아웃풋에 대해 보다 객관적인 결과가 요구된다.

아무리 대기업 자신이 재해대응력이 완벽해도 산하에 있는 많은 거래처 기업의 사업계속능력이 블랙박스 상태라면 대기업의 BCM의 실효성은 의문시되게 될 것이다.

그래서 대기업에서는 먼저 자사의 서플라이 체인의 전체상을 명확히 하고, 재해대응력이 있는 서플라이어와 그렇지 않은 서플라이어로 나눠서, 희소가치가 높은 부품이나 원재료를 공급하고 있는 우량기업이 BCP를 책정하지 않고 있을 경우, 적극적으로 책정의 지원을 행하거나 재해를 당했을 시의 복구를 돕는 등 대책을 취하는 것이라 생각된다.

반대로 범용의 부품이나 원재료를 공급하고 있는 일반 중소기업에 대해서는 먼저 BCP의 책정을 권하고 그것이 진척되지 않을 경우는 거래처의 평가를 낮추고, 타사의 대체품으로 전환하고, BCP를 도입하기까지 거래를 정지한다는 대응을 할지도 모른다.

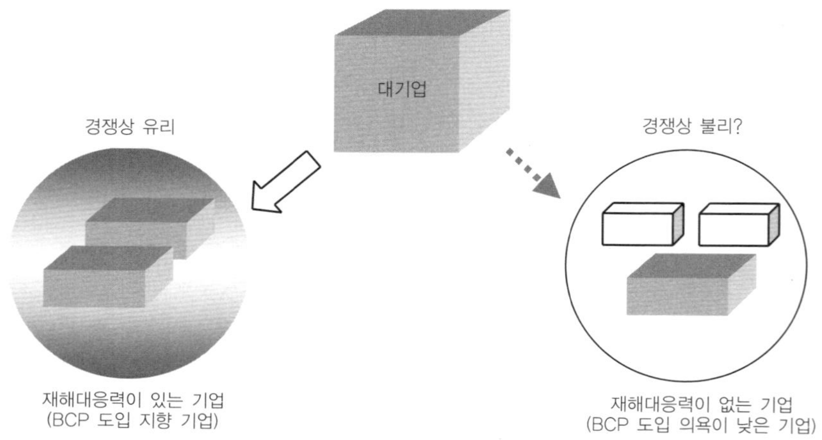

그림 1.2 보다 사업계속력이 있는 기업을 선택하는 대기업

또한 지리적인 특징을 고려한 거래처의 선별이나, 발주장소의 분산화를 도모하는 것도 생각된다. 예를 들면 활단층의 옆에 있는 부품 메이커가 BCP를 도입하고 있지 않은 것을 알았을 경우, 보다 안전한 토지에 있는 동등한 부품을 공급해 주는 다른 메이커로 갈아탄다는 대책을 취할지도 모른다. 이와 같은 대기업에 의한 거래처 평가의 가능성은 이른바 시대에 역행하는 대책으로서가 아니라, 복구를 막는 요인을 회피하고 스텍홀더에의 영향을 최소한으로 그치게 하기 위해서 유효한 위험대책의 일환으로서 전략적으로 행해지는 것이라 생각된다(상세한 내용은 제4장 '4.6 서플라이어와 고객'을 참조).

② BCP 책정의 요청

현재 BCP의 책정은 기업의 자주적인 조치에 맡겨져 있고, 법적으로 의무화하도록 하는 움직임은 보이지 않는다. 그러나 대기업을 중심으로 자사와 거래가 있는 기업의 사업계속능력을 객관적으로 평가하거나 그 리스크를 저감하려는 움직임이 관습화된다면 이윽고 BCP의 유무가 계약이나 거래조건을 좌우하게 되고, 특정 대기업이나 업계단체가 배포하는 BCP 템플레이트에의 기입이 요청된다는 형태를 취하게 될지도 모른다.

후자의 BCP 템플레이트에의 전형적인 예로서는 중소기업청 'BCP 책정 운용지침'의 웹사이트에서 제공하고 있는 일련의 서식집이나, 각 자치단체나 상공회의소가 독자로 작성한 기입식의 BCP 책정 가이드 등이 있다. 이들 템플레이트를 이용하는 것의 이점은 BCP를 작성할 시간이 없는 중소기업에 있어서 수고를 덜면서 간단하게 작성할 수 있지만, 간편하기 때문에 평가나 조사의 중심이 얕아지거나, BCP의 유지·보수에 소홀하게 되어 만일의 경우 제 역할을 다하지 못하게 되지 않도록 하고 싶다.

또한 이것이 특정 조직이 제공하는 템플레이트인 경우, 그 조직에 대한 책무가 부과되어 어떤 의미에서 묶여지는 것도 생각된다. 만약 복수의 대기업과 거래가 있는 회사가 이러한 방법으로 재해복구를 구속시킨다고 한다면 BCP 그 자체가 더블 스탠더드화해서 모순을 가지게 되어버리는 것은 아닐까. 이상의 이유로 필자로서는 중소기업이 가능한 한 자주적으로 BCP를 책정하여 그 중에 규정된 재해복구능력과 상대기업측으로부터의 요구와 희망에 맞추어 타협점을 발견하는 것이 가장 현실적이며 효과적인 방법이라고 생각하고 있다.

[5] 중소기업과 기업가치

대기업이나 중견기업의 고객의 요구와 희망대로 제품을 만들어 견적가격을 낮게 억제해, 납부기한을 확실히 지킨다면 주문이 두절되는 일은 없다. 고객과는 오랜 기간을 관계해왔기 때문에 당사는 기술력이나 품질의 우수함이 강점이기 때문에 일이 없어지는 경우는 없다. 이러한 사고방식은 이미 과거의 것이 되어가고 있다. 중소기업은 이제 BCP를 책정하지 않는다는 사실에 의해 다음 2가지 위험에 직면하고 있다는 것을 인식하지 않으면 안 된다.

① 사업 중단의 위험

재해발생시의 위험. 인명이나 사업자산의 상실, 복구의 지연에 의한 고객 이탈, 비용의 증대, 종업원의 의지의 저하, 신용의 실추, 폐업 등등. 비즈니스에 있어서의 재해의 영향은 자산의 수리나 교체와 같은 일시적인 지출비가 느는 재해 직후보다도 시간의 경과에 따라 확대되는 경영에의 영향 쪽이 치명적이다. 공급책임이나 설명책임을 다하지 않는다→신용 신뢰를 잃는다→고객이나 거래처를 점점 잃는다→매상기회를 상실하여 지출만이 늘어간다. 이 악순환이 경영유지의 임계치를 넘어서 「만료」가 된다면, 만일 사업을 물리적으로 재개 가능하더라도, 이미 「경영으로서의 회복」은 너무 곤란하게 된다.

② 경쟁력의 저하

평상시의 위험. 대기업이 BCM 전략의 일환으로서 서플라이어의 사업계속능력을 정기적으로 평가하도록 한 경우, 계약이나 거래 레벨에 격차가 새길 가능성이 있다. 예를 들면 당신의 회사에 재해대응능력이 없다면 계약조건이 엄해지거나 단발적인 발주밖에 오지 않게 될 가능성도 있다. 오늘날의 다이나믹한 비즈니스 세계에서는 종래의 기술력이나 품질, 재무적인 건전성만이 아닌, 사업 중단에 대한 회복력이라는 측면에서 경쟁력과 신용을 뒷받침하는 증거가 없어서는 안 된다. 중소기업이 BCP의 도입을 주저하고 있는 사이에도 안정적인 공급을 확보하여 국제경쟁력이나 신용력을 높이려는 대기업은 착실히 서플라이 체인 전체의 재해대응능력을 시야에 넣은 대책을 취하는 방향으로 진행할 것이다.

중소기업이 BCP를 책정하고 이것을 계속적으로 이끌어간다는(전사적으로 침투시켜 간다는) 것은 단순히 자사의 종업원이나 업무자산을 지키는 것만으로 그치는 것이 아니다. 뜻밖의 사태에 대해 선수를 쳐서 자사와 연결된 다종다양한 스텍홀더의 이익을 보호함과 함께 사회적 책임(CSR)이나 컨프라이언스(법령준수)를 유지하는 태세가 되어 있다는 것을 시장을 향해 어필하는 경우도 있다. 창업 이래 몇 십 년에 걸쳐서 구축해 온 신뢰를 지킨다는 의미이기도 하다. 중소기업에 있어서의 BCP 혹은 BCM의 기업가치는 그야말로 여기에 있다고 할 수 있을 것이다.

1.1.3 ● 방재에서 BCP, 그리고 BCM으로

[1] BCP란 무엇인가

사업계속계획(BCP : Business Continuity Plan)은 사업 중단의 원인이 되는 여러 가지 위험을 상정하여 이들을 미연에 회피, 혹은 피해를 받아도 신속하게 복구할 수 있도록 방침이나 행동수순을 규정한 것으로 일종의 경영전략이라 부를 수도 있다. BCP의 목적은 사업 중단의 영향을 최소한으로 그치게 하는 것에 의해 기업의 경쟁력이나 신용을 유지함과 더불어 중요한 고객이나 거래처, 서플라이 체인, 종업원과 같은 많은 스텍홀더(이해관계자)의 이익을 지키는 것에 있다.

교육이나 훈련을 통해서 BCP를 사내에 전개, 침투, 정착시켜갈 계속적인 활동 사이클은 BCM(사업계속경영. 자세한 설명은 뒤에서 한다.)이라고 부르고 있다. BCP를 경영전략 중에 도입시킨 포괄적인 운용 프로세스이다. BCM은 재해 위험을 저감할 뿐만 아니라 기업가치나 경쟁력을 높이는 것으로서 각국의 기업 그 외의 조직에서 도입이 진행되고 있다(본서에서는 주로 BCP의 정책에 중점을 두었고 중장기적인 BCM 프로그램의 태도에 대해서는 개요의 소개로 그치고 있다).

[2] 유럽, 미국에서 일본으로 도입

BCP나 BCM은 그 이름으로부터도 알 수 있듯이 유럽과 미국으로부터 도입된 사고방식이다. 2001년 9월 11일 미국동시다발테러를 계기로 그 의의나 필요성이 주목받게 되었다. 당시는 테러의 위협이 주로 관심의 대상이었지만 오늘날에는 그것에 더해 지구온난화나 글로벌화의 영향, 즉 이상기상이나 자원 및 에너지의 소비확대, 가속에 의해 환경이나 경제로 초래되는 "진화한 위협"을 포괄적으로 포착하여 대처하지 않으면 안 되는 상황까지 와 있다.

유럽, 미국의 적극적인 BCP나 BCM의 보급에 보조를 맞추기 위해 이론에서도 경제산업성이나 내각부, 중소기업청이 잇달아 BCP 가이드라인이나 운용지침을 발표하여 방재만이 아닌 경영적인 시점으로도 기업이 적극적으로 사업을 중단시키지 않는 지혜가 몸에 배도록 메시지를 발신하고 있다. 일본의 가이드라인에는 위험의 중대성과 해외로부터의 관심이 높다는 관점에서 먼저 「지진」을 상정하는 것부터 시작해 가능한 부분부터 도입하는 것을 추천, 장려하고 있다. 그러나 종래의 지진방재와의 구별이 애매하다는 것도 있고 특히, 중소기업에서는 BCP 도입의 의의나 가치가 충분히 이해되고 있지 않은 실정이다.

[3] BCP의 의의와 목적

① 인명의 안전확보

재해가 발생한 직후의 초기대응에 관해서 말한다면 BCP든 종래의 방재계획이든 그 최대의 목적은 「인명을 지키는 것」임은 변함이 없고 이것에 우선하는 어떠한 방재목적도 있을 수 없다. 이 목적을 달성하기 위해 사상자를 내지 않기 위한 시설의 내진화, 장치나 비품의 전도, 낙하방지, 소화기나 스프링클러의 설치, 쓸모없는 측벽간판 등의 철거 등의 대책이 무엇보다도 중요하다.

긴급사태 하에서는 그 절대동원수가 적다는 것부터 소방, 구급차, 경찰, 지방자치단체 직원을 별로 믿을 수 없다. 자신의 몸은 자신이 지킨다. 당연하지만 이것은 일개의 기업에도 적용된다. 예를 들면 교통수단이 두절되어 귀가할 수 없는 사원이나 내방자에 대해 「여기에는 비상식량도 잘 곳도 없으니까 어디론가 피난소에 가주세요」라고 말하는 것은 생각해볼 일이다. 재해대책을 취하지 않아 왔던 많은 회사가 이와 같은 일을 입에 담는다면 가장 가까운 피난소는 예정수용능력을 오버해서 피난자로 넘쳐나서 패닉 상태로 떨어지는 경우도 있다. 이제는 비상식량의 비축과 귀가곤란자 대책은 사람마다의 안전을 확보한다는 의미에서 중요한 것은 물론이고 BCP에 있어서는 필요 충분한 복구요원의 확보라는 의미에 있어서도 매우 중요한 요건이 되고 있다.

② 경쟁력과 서플라이 체인

재해는 대기업이나 가족적으로 경영하는 시내의 소규모 공장에도 같은 모습으로 찾아온다. 사업이 정지해서 연락이 끊어지게 된다면 지금까지 친밀하게 지내왔던 고객은 즉시 다른 거래처나 지점을 찾을 것이다. 나날이 쉬지 않고 움직이고 있는 것이 경제활동이다. 상대는 언제인지 모르는 재해를 입은 회사의 복구 등을 기다려주지 않는다. 한편 재해를 입은 소규모 공장의 서플라이어 체인이 하나인 경우에는 상류나 하류의 관계기업에도 큰 영향을 줄 가능성이 있다. 특히 일본의 소규모 제조업은 회사 고유의 고도의 기술을 가지는 경우가 많고 "이 공장이 안 된다면 저 공장에", 와 같이 간단하게 갈아탈 수 없는 희소성을 가지고 있는 것이 적지 않다. 어느 영세업자가 재해를 입어서 일개의 부품이 도착하지 못했기 때문에 대기업의 생산라인이 정지한다는 센세이셔널한 기사를 눈으로 보는 경우도 있지만 이것은 반드시 과장된 것만은 아니다(전절 참조).

③ 경쟁력과 신용

더욱이 글로벌화가 진행되는 오늘날에는 해외에 구입처나 수입처를 가진 중소기업이나 영세기업도 늘고 있다. 만약 적절한 재해대책 혹은 BCP를 도입하지 않은 중소기업, 영세기업이 큰 재해에 직면하여 일체의 의무를 중단해버리면 어떻게 할 것인가. 복구지원이란 동정의 눈과는 다르고, 비즈니스의 눈은 냉엄하다. 「일본은 방재선진국이라는 등 호언하고 있는 것에 비해 위기관리에 상당히 안일한 것이 아닌가」, 「앞으로는 일본의 기업과 거래하는 것은 생각해 볼 일이다」라는 것이 세계의 관점인 것은 아닐까. 대재해가 일어나면 그것을 시작으로 일본의 경쟁력이 크게 저하될지도 모를 일이다.

④ 신뢰와 사회적 책임

소비자나 유저의 입장에 선다면 BCP의 또 다른 가치를 발견할 수 있게 된다. 휴대전화회사를 예로 들면 재해시의 대응이나 서비스의 계속방법을 명확하게 홈페이지나 팜플렛에 게재하고 있는 통신사업자와 그러한 어떤 대책도 게재하지 않은 통신사업자가 있는 경우 유저는 어느 쪽을 선택할 것인가. 몇 가지의 레귤러 서비스가 좋아도 통화가 중단해버리는 긴급사태에 대비해서 적절한 대책을 취하고 있지 않은 혹은 위기관리의 자세가 보이지 않는 회사는 신뢰받지 못한다.

기업끼리의 거래라면 물론 삼엄한 눈으로 서로를 볼 것이다. 계약할 때 재해 시의 대응방법이나 보증방법이 명기되어 있지 않다면 거래는 성립할 수 없는 것도 생각된다. 법령준수가 의무지어져 있는 기업의 경우는 더욱 엄격한 환경에 놓인 것이다. 특히 업무정지상태가 연장되면 사람의 생활이나 안전, 보건을 위협하거나 환경에 악영향을 줄 만한 업종에서는 주변 주민에게 피해를 줄 뿐만 아니라 법적인 벌칙을 받아 사회적인 평가가 낮아지게 된다. 재해를 입었으니까 준수업무를 할 수 없었다고 말할 수는 없는 것이다.

⑤ 고용과 충성

피해를 입은 후 종업원의 고용을 지키는 것도 기업의 의무이다. 고용의 확보는 2가지 효과를 초래한다. 하나는 종업원의 가계와 함께 지역경제를 지탱하는 역할이다. 종업원 1명의 개인상점이라 하더라도 점포가 피해를 입고서 폐업한다면 내일부터 점주와 그 가족, 종업원과 그 가족 모두가 끼니를 거르게 된다. 이와 같은 사태가 사회 여기저기서 일어난다면 특히 지역격차가 커지고 있는 오늘날 재해로 피폐한 그 토지의 경제가 다시 일어서는 것은 용이하지 않다. 또 하나는 「희망」이라는 무형의 가치이다. 피해를 입은 회사와 연결되어 있다는 안심은 종업원에게 희망을 주고 회사에의 충성심이 강화되어 복구가 가속되는 것이 틀림없다.

이상의 것으로부터 경영자가 계속적으로 사업을 할 의욕과 장래계획성을 가지고 있는 한 회사에 있어서 BCP는 필요한가 필요하지 않은가라는 판단은 의미를 가지지 않는다. 어떤 규모의 사업자에 있어서도 BCP는 불가결하며 경영에의 영향을 미연에 방지하거나 혹은 최소한으로 그치게 하기 위한 유일한 수단이다. 바꿔 말하면 뜻밖의 사태에 직면하는 것에 의해 현재화할 문제점이나 수요는 대기업도 중소, 영세기업도 동일하며 BCP가 사회를 구성하는 모든 기업에 필요한 이유도 그곳에 있다.

[4] BCP와 방재계획의 차이

처음으로 BCP를 배우려는 때에 가장 먼저 직면하는 것이 BCP는 방재대책이나 방재매뉴얼(이하 「방재계획」이라 한다)과 어떻게 다른 것인가, 라는 의문이다. 다음 표는 방재계획과 BCP를 책정할 때의 「목적」, 「위험상정」, 「복구방침」, 양자의 「일상의 대처」의 차이점을 비교하였다(표 1.1 참조).

표 중의 「대상범위」, 「위험상정」, 「복구방침」에 주목해본다. 이 3가지 점에 대해서는 종래의 방재계획에서는 별로 의식되지 않았던 BCP 고유의 사고방식이 반영되어 있다.

표 1.1 방재계획과 BCP의 차이

내용	방재계획	사업계속계획(BCP)
목적	인명의 안전, 물적 피해의 최소화, 2차 재해로의 확대 방지	방재목적+경영에의 영향을 최소화(경쟁력, 신용, 고용, 사회적 책임의 유지)
대상범위	한정적(공장이나 위험이 예상되는 설비나 장소)	사업과 그것을 구성하는 모든 중요업무 프로세스
위험상정	특정 재해의 원인을 상정(「진도 6의 지진」 등)	재해의 결과, 즉 업무중단의 요인을 주요 위험으로서 상정(제조라인이 가동하지 않는다, 사원이 출근할 수 없는 것 등)
복구방침	피재상황을 보고 사후적으로 복구기한을 판단. 라이프 라인의 복구상황에 좌우된다.	사전에 목표복구시간을 설정하고 그 기한을 지키기 위한 복구수단을 강구한다(생산거점의 이전 그 밖의 대체수단을 통해서)
일상의 대처	일상의 안전점검, 방재훈련, 현장중심의 안전대책	방재의 대처+BCP 정착을 위한 연습, 교육, 훈련

① **대상범위** : 중요한 핵심사업과 그것을 지탱하는 주요한 업무기능을 좁힘

공장이나 위험이 예상되는 특정 설비나 장소를 주로 대상으로 하는 방재계획과는 달리 BCP에서는 중요한 핵심사업을 지키기 위해서 어떤 업무기능이 중요한가라는 점에 착안하여 미리 이것들을 목록으로 작성해서 복구 우선순위를 매겨둔다. 긴급 시에는 이 우선순위를 참조하는 것으로 필요한 경영자원을 적절하게 분배하여 효율적으로 복구를 진행할 수 있다.

② **위험상정** : 재해의 「원인」보다도 「결과」를 중시

「진도 6의 지진」과 같은 특정 피해의 발생을 위험으로서 상정하는 방재계획과는 달리 BCP에서는 설비를 가동할 수 없다. 원재료를 조달할 수 없으며 사원이 출근할 수 없는 피해 시나리오를 출발점으로 하는 것으로 다각적으로 위험을 파악하는 것이 가능해진다.

③ **복구방침** : 목표복구시간과 복구수단을 사전에 설정

라이프 라인 등의 복구상황을 보면서 사후적으로 복구기한을 결정하는 방재계획과는 달리 BCP에서는 복구가 연장되는 것을 원인으로 경영이 다시 일어설 수 없게 되는 사태를 피하기 위해 미리부터 목표복구시간을 설정한다. 또한 이 기한까지 수리나 대체수단을 구사해서 업무를 재개하는 것에 전력을 쏟는다.

■BCP에 있어서 「재해」의 의미■

우리는 「재해」라는 용어와 마주칠 때 많은 경우 지진이나 태풍 등의 자연재해나 화재, 폭발사고와 같은 물리적인 파괴나 손실을 초래하는 상황을 상상한다. 그러나 BCP에 있어서는 사업(업무)을 중단, 혼란시키는 돌발적인 사상은 모두 「재해」로 간주한다. 자연재해나 화재, 대사고 외에 대정전, 테러공격이나 폭동, 신형 인플루엔자 등의 역병 등도 포함되며 영어로는 이렇게 폭넓게 정의한 「재해」는 Disater(디스에이터) 혹은 Disruption(디스럽션)이라 부르고 있다. 본서에서는 「재해」라는 용어를 디스에이터나 디스럽션과 같은 의미로 사용하고 있다.

[5] BCP와 사업계속경영(BCM)

BCP도입 후에 가장 빠지기 쉬운 함정은 BCP를 다음 단계로 연결시킬 수 없는, 바꿔 말하면 BCP가 조직의 사업계속능력의 육성을 해내지 못한 채 질질 형해화되는 것이다. 경영자도 종업원도 모두 매우 바쁘다. BCP가 성과물로서 「봉납」된 때를 경계로 BCP에 대한 경영자의 비용의식은 장래적 투자로부터 현실적 지출로 바뀐다.

프로젝트 멤버는 「이거 드디어 끝냈다」라고 안도의 가슴을 쓸어내린다. 이 때부터 BCP에 대한 우선순위가 급속도로 내려간다고 해도 좋을 것이다. BCP는 뜻밖의 사태에 대비하기 위한 계획이다. 뜻밖의 사태에 대비하는 것은 「우리」에게 있어서 경영자의 앞에 제출한 종이다발이 그 기능을 다해주는 것이 아니다.

이와 같은 일이 일어나지 않도록 사업계속의 골격에는 경영방침이나 사업전략에 따른 위기관리의 방법을 탑다운적으로 조직의 대응능력이나 종업원의 의식에 뿌리박히게 하거나 그것을 목적으로서 BCP를 운용하기 위한 구조가 준비되어 있다.

이것은 「사업계속경영(BCM : Business Continuity Management)」이라고 부르며 다음 그림처럼 PDCA 사이클의 흐름에 따라 도는 것에 의해 BCP를 계속적으로 개선, 향상시키는 것이 가능하다.

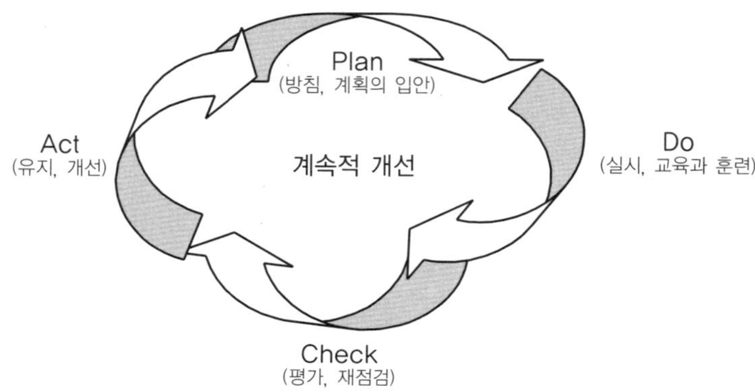

그림 1.3 PDCA 사이클에 의한 계속적인 개선

PDCA란 Plan(방침, 계획의 입안), Do(실시, 교육의 훈련), Check(평가, 재점검), Act(유지, 개선)의 약칭이다.

Plan　이것에는 경영방침에 기초한 BCP의 적용범위의 결정이나 비즈니스 임팩트 분석, 리스크 분석, 계속전략의 입안, 긴급시의 행동계획의 책정 등이 포함된다.

Do　Plan에서 구축한 여러 가지 대책의 실장이나 규정, 순서의 문서화, 정비, 교육이나 훈련의 실시 등이 포함된다.

Check　Do에서 실시한 결과에 기초해서 현상이나 달성도를 평가함과 함께 다음의 개선을 향해서 경영자의 합의와 승인을 얻는다.

Act　Check에서 특정된 개선, 수정사항을 실시한다. 또한 사업계속방침이나 목표의 재평가를 행한다.

PDCA 사이클을 돌기 위해서는 다음 두 가지 점을 고려하는 것이 중요하다. 하나는 BCM을 계속적으로 돌기 위한 중장기적인 계획을 만들어 두는 것이 바람직하다는 것이다. 이 계획은 BCM 프로그램이라고 부르는 것으로 반드시 BCP를 도입한 모든 조직에게 필요한 것은 아니지만 적어도 종업원 50명 이상의 조직에서는 실효성의 유지나 사내문화에의 침투를 효율적, 효과적으로 행하기 위해서라도 작성하는 것을 추천한다.

BCM 프로그램의 서식은 특별히 결정되어 있지 않지만 필요한 요소로서는 BCM에 적용되는 방침(의의, 목적), 적용범위, BCP의 책정이나 개선에 적용할 분석 및 조사방법, 효과나 결과의 측정방법, 중장기적인 로드맵, 달성목표, 실시예산, 관리규정(개정이나 갱신의 타이밍), BCM 프로그램의 관리자 정보 등이 있다.

또 한 가지는 이 프로그램의 요소로서도 포함되어 있는 「예산」의 확보이다. 구체적으로는 BCP의 개정이나 리스트류의 갱신에 관한 인건비, 중요한 업무자산의 재해대책비(IT 자산으로 말하면 백업 솔루션으로서의 외부데이터 센터 유지비 등), 만일의 사태가 일어났을 때 BCP 팀 그 외의 사원이 기민하게 행동할 수 있도록 하기 위한 연습이나 교육비 등을 가리킨다. BCM을 효과적으로 운용관리하기 위해서는 이들 비용이 불가결하며 매분기의 예산회의의 리스트에 확실히 포함시켜 만장일치로 승인되는 것이 이상적이다.

그렇다고는 해도 풍부한 재해대책예산을 가지고 있는 대기업이라면 몰라도 일반 중소기업의 경영진이 과연 지출이나 노력의 대가가 보이기 어려운 BCM 예산을 사업운영상의 우선사항으로서 인정할 것인가 하는 소박한 의문이 있는 것도 부정할 수 없다. 이 점에 대해서는 자사의 규모와 BCM의 운용레벨을 확정해서 먼저 예산적으로 무리가 생기지 않는 최소한의 활동요소를 픽업하는 것으로부터 시작하면 좋을 것이다.

연습, 재점검과 유지·보수, 교육에 대해서는 「제 3장 사업계속경영」에서 자세하게 설명한다.

BCP 책정의 준비

1.2.1 ● BCP 책정 프로세스의 개요

[1] BCP를 통해서 분명하게 하는 것

지금까지는, BCP는「어째서 필요한가」에 대해서 오늘날 우리를 둘러싼 경제환경이나 자연환경, 중소기업이 놓여 있는 상황 등을 이야기하였다. 여기서는 BCP의 책정을 통해서「무엇을 분명하게 할 것인가」에 대해서 설명한다. 앞서 9페이지의「"만약"이라는 질문」을 상기해주길 바란다. 각각의 질문은 모두 어느 날 갑자기 직면할지도 모르는 업무중단의 위기를 축으로서 그려낸 것이다. 일상적인 경영자원의 사용, 엑세스, 공급의 사이클이 정지한 때 어떻게 판단 또는 예측하여 어떤 행동을 취할 것인가를 뒤집어 말해 다음 2가지로 집약할 수 있다.

- 사업을 중단시키지 않으려면 무엇을 어떻게 지켜야 좋을 것인가
- 사업이 중단한 때에는 무엇을 언제까지 어떤 방법으로 회복하면 좋은가

BCP를 책정하는 것은 이 질문들에 대한 답을 분명히 하는 것과 다르지 않다. 이들은 또한 다음과 같은 구체적인 질문으로 나눌 수 있다.

① 사업을 중단하지 않기 위해서는 무엇을 어떻게 지켜야 좋을 것인가
- 지켜야 할 사업, 업무, 경영자원은 무엇인가
- 이들을 어떤 위험으로부터 지키면 좋은가
- 이들을 위험으로부터 지키려면 어떤 대책을 취하면 좋은가

② 사업을 중단한 때는 무엇을 언제, 어떤 방법으로 회복하면 좋은가
- 각각의 업무의 정지는 언제까지 허용되는가
- 어느 업무를 우선적으로 회복해야 하는가

- 어떤 방법으로 회복하면 좋을까(대체수단은 있는가)
- 업무의 회복을 위해 누가 어떤 역할을 받아 가질 것인가
- 각각의 역할을 가진 사람은 어떻게 움직이면 좋은가

이들 질문을 본서에서는 이하에 설명한 STEP 1~7의 순서로 설명해간다.

[2] 7개의 스텝

STEP 1 : BCP의 방향잡기

재해에 직면했을 때, 회사로서 지켜야 할 「사업」, 즉 어느 제품이나 서비스를 우선적으로 살릴 것인가를 명확하게 함과 동시에 그 범위에서 빠진 사업 활동에 대해서도 긴급 시의 대처방법을 정해두고 있다. 이들에 대해서는 경영자를 제시하여 승인을 얻음과 함께 BCP 도입의 의의나 목적을 각 부서의 장에게 어필해서 전 회사의 이해와 협력을 요청한다.

STEP 2 : 사업에의 영향을 조사한다

회사가 피해를 당했다면 업무의 일부 또는 전부가 가동할 수 없어질 우려가 있기 때문에 STEP 1에서 확인한 사업을 살리기 위한 업무기능과 중요한 경영자원을 특별히 지정해둔다. 또한 업무중단이 언제까지 허용될 것인가를 추정하고 이 허용시간의 대소를 근거로 중요업무의 복구우선순위가 결정된다.

STEP 3 : 위험에의 대응

「진도 6의 지진」과 같은 재해의 원인에 기초해서 위험을 설정하면 그 후의 대책은 점점 지진만으로 한정되어 버린다. BCP에서는 「사원이 출근을 할 수 없다」와 같은 사업을 중단시키는 요인(=방재의 결과나 영향)을 기초로 해서 위험을 평가하고 그곳부터 재해의 종류에 응한 여러 가지의 대책을 이끌어낸다.

STEP 4 : 계속전략의 입안

여기서는 뜻밖의 사태에 직면해서 사업이 중단한 경우의 신속한 복구요

건을, STEP 2의 사무복구 우선순위나 중요한 경영자원, STEP 3의 위험 대책 등을 기초로 이끌어낸다. 사업계속을 위한 대체수단은 경영의 근간에 관계된 것인 만큼 꼼꼼하게 옵션과 그 근거를 준비한 뒤에 경영진의 승인을 얻지 않으면 안 된다.

STEP 5 : 긴급 시의 2가지 대응계획

긴급 시의 대응계획이란 재해의 발생→피해상황의 판정→BCP 발동의 판정→계속대책의 실행 및 부문별 재해복구에 이르는 조직의 대응방침과 행동계획을 가리킨다. 여기서는 긴급 시 대응계획과 사업계속계획의 2가지를 총칭하여 광의의 BCP로서 취급하고 있다.

STEP 6 : BCP의 문서화

긴급 시 대응계획과 사업계속계획의 2가지는 어떠한 구성으로 성립되어 있으며, 필요로 하는 기재요건은 무언인가를 간결하게 설명한다. 또한 각각의 계획을 상위문서로 한 때, 중위, 하위에 속한 첨부자료의 종류에 대해서도 언급한다.

STEP 7 : BCP의 검증

문서로서 완성시킨 BCP는 그 유효성을 테스트하지 않으면 안 된다. BCP 책정 멤버, BCP 발동 시에 활동하는 BCP 팀 멤버를 중심으로 회람이나 가상 재해 시뮬레이션, 실시훈련을 행해서 수순이나 기재내용의 모순, 현실성의 정도를 확인하는 것이 중요하다.

[3] 도입의 개요

다음 표는 BCP의 책정 개시부터 BCM으로서 운용을 개시하는 직전까지의 흐름을 나타낸 것이다. 각 단계에는 작업에 필요한 도구나 아웃풋, 경영진의 승인의 유무 등을 기재하고 있으므로 참고해주길 바란다.

표 1.2 BCP 책정의 흐름

STEP	작업항목	툴, 성과물	승인수속
1. BCP의 방향잡기	• 경영방침과 사업영역의 확인 • BCP의 대상범위의 특정 • BCP 정책의 승인	• BCP 도입계획서 • BCP 정책	있음

2. 사업에의 영향을 인식	• 중요업무와 업무중단의 영향
	• 중요한 경영자원의 특정
	• 조사결과의 제출과 승인
		• BIA 조사표
		• BIA 리포트
		  • 중요업무 일람
		  • 경영자원 리스트
		  • 목표복구시간
			있음

3. 위험에의 대응	• 리스크 어세스먼트 • 리스크 저감과 회피 • 리스크 대책의 제출과 승인	• 리스크 평가 시트 • 리스크 대책표 • 리스크 대책보고서	있음
4. 계속전략의 입안	• 계속요건의 확인 • 계속대책옵션의 확인 • 계속대책의 제출과 승인	• 계속대책 시트 • 계속대책 보고서	있음
5. 긴급 시 체제의 확립	• 긴급 시 대응계획의 책정 • 사업계속계획의 책정	–	있음
6. BCP의 문서화	• 각 계획의 문서화	• 긴급 시 대응계획 • 사업계속계획 • 각종 첨부자료	–
7. BCP의 검증	• 문서 체크 • 개별 테스트 • 시뮬레이션	• 검증 리포트 • 사업계속계획서 (완성)	있음

(BIA = 비즈니스 · 임팩트 분석)

사업계속경영(BCM)으로

1.2.2 ●BCP 책정 멤버의 결정

[1] BCP 책정 멤버의 역할

회사에서 BCP의 도입을 결정하기까지는 주로 2가지의 패턴이 떠올려진다. 하나는 사장이나 전무로부터 탑다운적으로 BCP의 책정이 명확해지는 케이스, 또 하나는 계발 세미나나 서적으로부터의 정보를 통해서 사원 스스로 BCP의 필요성을 헤아려서 경영자에게 제안하여 인정되는 바텀업적인 케이스가 있다. 책정을 명하거나 자발적인 제안을 통해서 BCP 책정의 중심적인 역할을 해내는 것으로 된 사원을 여기서는「BCP 책정 담당자」라고 부르는 것으로 하자.

BCP 책정 담당자는 사원이 수명인 소규모의 회사나 지점, 영업소와 같은 조직에서는 필시 1명일 것이다. 한편 사원이 수 십 명 이상의 회사의 경우는 다음에서 설명하는 이유에 의해 한명으로는 대응할 수 없으므로 몇 명인가로 분담해서 작업을 진행하지 않으면 안 된다. 이와 같은 BCP의 책정을 추진하는 목적으로 집합한 한 묶음의 그룹을「BCP 책정 멤버」라 부르는 것으로 하자. 이 책에서는 이 BCP 책정 멤버를 하나의 활동단위로서 이야기를 진행할 것이지만, 인원수에 관계없이 담당자가 1명이더라도 기본적으로 사고방식은 다르지 않다.

그러면 최초로 지목된 BCP 책정 담당자는 어떤 멤버를 모으면 좋을 것인가. 이것을 생각하기 전에 BCP 책정 담당자는 실제의 책정활동 중에 어떠한 역할이나 기능을 가지고 있는가를 생각해본다. 먼저 앞 페이지의 표 1.2의「BCP 책정의 흐름」을 떠올려 보자. 이들을 정리해보면 책정 단계의 작업은「의견/스케줄조정」,「조사/분석」,「보고/문서작성」등으로 성립하고 있음을 알 수 있다(다음 페이지의 표 1.3 참조).

[2] BCP 책정 담당자의 적성

다음으로 이들 작업항목을 수행하기 위한 BCP 책정 담당자의 자질도 고려하지 않으면 안 된다. 다음 표를 보면 어느 것도「영어를 말할 수 있다」나 「대차대조표를 읽을 수 있다」와 같은 전문적인 능력을 요구하고 있는 것이 아닌, 기본적인 커뮤니케이션 능력, 탐구심, 문서를 쓰는 것이 서툴지 않음과 같은 어느 사원에게나 있는 정도의 평균적인 능력이 있다면 특별히 문제는 없다.

표 1.3 BCP 책정 담당자의 역할과 필요한 자질

내용	책정 작업	요구되는 자질
의견/스케줄조정	비즈니스 임팩트 분석결과의 합의, 승인의 조정 등	조정이나 교섭능력, 커뮤니케이션 능력
조사/분석	비즈니스 임팩트 분석, 리스크 평가 등	탐구심이 있다, 중립적인 시점에서 생각할 수 있다
보고/문서작성	비즈니스 임팩트 분석 리포트, BCP문서 등	서류나 보고서를 쓰는 것이 서툴지 않다

[3] 어느 부서에서 선출할 것인가

BCP 책정 담당자의 역할과 필요로 하는 자질이 명확해진 것으로 이러한 기능을 발휘할 수 있는 사람들을 어느 부서로부터 모을 것인가라는 것이 여기서의 주제다.

먼저 인원수에 대해서는, 사원수 50~100명 정도의 회사의 경우 기본적인 멤버 수는 3~8명 정도로 한다. 물론 기업의 규모나 여력에 따라서 더욱 인원수를 늘리는 것도 줄이는 것도 가능하다. 선출하는 부서에 대해서는 BCP의 책정이 회사 전체에 관한 작업인 점을 감안하여 다른 기능을 가진 복수의 조직으로부터 모집하는 것이 기본이다.

여기서는 3명을 기준으로서 다음과 같은 조합을 생각해보자.

- 총무부 1명
- 기획부 1명
- 정보시스템부 1명

이들 부서를 선택한 이유는 이하와 같다. 먼저 총무부는, 방재는 주로 총무부의 주관이며 BCP의 발동 이후에는 총괄적인 역할을 담당하는 부서로서 중요하다고 생각되기 때문이다.

다음은 기획부이다. 회사의 규모나 사내에서의 호칭에 의해서도 달라지지만 정확하게는 경영기획이나 총괄기획, 혹은 그것과 유사한 부서나 담당업무를 가리킨다. 이러한 부서는 사장에게 가장 가까운 위치이기 때문에 경영방침이나 사업의 방향성 등에 관한 정보를 파악하고 있거나 입수하기 쉬운 입장에 있다고 생각된다.

마지막으로 정보시스템부는, 이 부서는 정보 보안의 관점에서 위험이나 위협과 같은 개념에 익숙해 있다. 정보기기나 네트워크에서 발생하는 소규모의 「뜻밖의 사태」에 대해 장해대응이나 장해복구와 같은 형태로 일상적으로 대응하는 경험을 가지고 있기 때문이다.

이 외에도 생산부나 고객 지원, 연구개발부, 영업부, 마케팅부와 같은 여러 부서에서 후보를 모집하는 것도 가능하지만, 앞서 보인 「BCP 책정 담당자의 적성」에서도 서술한 것처럼 이 멤버는 중립적인 시점에서 사물을 판단할 수 있는 사람들이 아니면 안 된다. 특정 업무에 대해서만 풍부한 경험과 깊은 전문지식을 가지고 있는 사람은, 그 업무에 대해서 강한 아집을 가지고 있는 경우도 적지 않고 조사나 분석결과의 종합에 그 영향이 나올 가능성이 있다. 그러므로 이 멤버의 선출에 대해서는 필요에 따라 인사부에 협력을 의뢰하는 것과 같은 방법도 바람직하다.

멤버가 결정되면 마지막으로 「리더」와 「사무국」을 결정한다. 예를 들면 총무의 직원이 리더를 맡고, 경영기획의 직원이 사무국을 맡은 경우 각각 다음와 같은 역할을 해내는 것이 된다.

- **리더**　BCP 책정 프로세스 및 멤버의 진행관리, 경영진에게 보고와 승인, 그 외
- **사무국**　각종 조사의 전사통지, 관계자의 의견이나 회합스케줄의 조정, 각종 조사용지의 회수, 분석결과나 보고서의 정리와 배포 등

제2장

사업계속계획의 책정

BCP의 방향잡기

Step❶ 1 | BCP 도입계획의 작성

[1] BCP 도입계획서의 목적

신규의 활동을 일으키려 할 때에는 몇 개의 플랜을 세울 필요가 있다. 소규모 회사에서는 단순히 실시스케줄과 같은 것이다. 규모가 커짐에 따라 「OO프로젝트 계획서」와 같은 것이 될 것이다. 여기서는 「BCP 도입 계획서」라는 이름으로 작성하는 것으로 하자. 이 계획서의 작성목적은 다음과 같다.

> 1. BCP 도입의 목적, 목표를 명확하게 한다
> 2. 뜻밖의 사태에 직면한 때에 지켜야 할 사업을 명확하게 한다
> 3. BCP 책정에 대해서 회사 전체의 이해와 협력을 구한다

① BCP 도입의 목적, 목표를 명확하게 한다

BCP는 몇 가지 오해받기 쉬운 측면을 가지고 있는 것도 사실이다. 예를 들면 방재대책과 동등한 것이라고 착각하고 있는 사람. 일본은 지금까지 지진방재에 힘을 다해온 역사가 있다. 경영자는 「우리 회사는 내진보강공사를 끝냈으므로 BCP는 필요없다」라고 생각하는 경우도 있을 것이다. 혹은 「업계가 계획한 비즈니스 모델이다. 단순한 경기이다. 선전에 놀아나지 마라」라고 경원시하는 사람도 있을 것이다. IT관리자 중에는 「정보시스템의 장해대책의 하나에 불과하다」라는 사람도 있다.

이와 같은 오해를 초래하지 않도록 BCP나 BCM은 경영전략상 문제인 것, 단순히 사원의 안전이나 사업자산의 보호만을 목적으로 한 방재대책과는 달리 회사가 오랜 기간에 걸쳐 쌓아 온 스텍홀더와의 신용, 신뢰관

계를 유지하고 공급책임을 지기 위한 최선책이라는 것 등을 「목적」, 「목표」라는 형태로 간결하게 나타내지 않으면 안 된다.

② 뜻밖의 사태에 직면한 때에 지켜야 할 사업을 명확하게 한다

어느 경영자는 이렇게 말한다. 「뜻밖의 사태에 직면한 때 어느 사업을 우선적으로 지킬 것인가, 와 같은 판단 등은 불가능하며 그러한 사고방식은 이해할 수 없다. 우리 회사 입장에서는 어느 사업이나 똑같이 중요한 것이다」라고 말한다. 그러나 이것은 사업을 「재산」으로서 본 평상시의 발상에 지나지 않는다. 사업중단이라는 긴급사태에 직면한다면 이 발상이 성립할 수 없음을 알 수 있다.

「트리아지」라는 작업을 예로 들어 보자. 트리아지는 재해시의 의료현장에서 부상자나 병자의 심각도나 긴급도에 따라서 처리의 우선순위를 매기는 작업이다. 한정된 의료 직원이나 의약품을 가장 유효하게 활용하기 위해, 그리고 가장 많은 환자의 목숨을 구하기 위한 방법으로서 활용되고 있다.

만약 부상자나 환자 전부를 무차별적으로 치료하려고 한다면 의료자원이 금방 부족해질 뿐만 아니라 목숨을 구해야 할 타이밍을 놓치는 경우도 생길 것이다.

BCP에 있어서 사업에 우선순위를 매긴다는 것은 한정된 경영자원을 가장 효과적, 효율적으로 사업의 계속이나 복구를 위해 배분하는 것에 의해 단순히 유형의 재산을 지키는 것뿐만 아니라 회사에 있어서 가장 중요한 신용이나 신뢰관계, 경쟁력과 같은 무형의 재산을 지키기 위한 최선의 실천이다.

③ BCP 책정에 대해서 회사 전체의 이해와 협력을 구한다

BCP에서는 책정작업의 반은 조사나 관계자와의 조정에 소비되며 이 사이에 각 부서의 부장이나 과장, 주임, 혹은 현장 담당자와 같은 많은 사람들의 협력이 필요해진다. 그러므로 BCP의 의의나 목적을 경영자나 관리자층에 확인받고, 지금부터 시작되는 책정활동에의 합의와 협력의 약속을 취해야할 필요가 있다. BCP의 책정은 말하자면 회사 전체의 활동이며 사장 이하, 관리직 사원의 이해와 협력 없이는 성공할 수 없다.

[2] BCP 도입계획서의 기재항목

BCP 도입계획서의 기재항목은 다음 표와 같다. 부록에서는 이 계획서의 샘플을 소개하고 있으므로 참조하길 바란다.

표 2.1 BCP 도입계획서의 기재항목

기재항목	기재의 포인트
1. BCP 책정의 목적	제 1장을 참조. 이들 내용과 함께 회사고유의 의의(업종의 특성이나 사회적 책임)를 가미해서 간결하게 정리한다.
2. BCP의 적용범위	긴급사태 하에서 실행에 옮기는 BCP로는 통상과는 다른 최소한의 공급레벨과 그 공급에 관한 활동범위를 특정한다. 복수의 사업을 경영하고 있는 경우는 BCP로 지켜야할 사업과 BCP의 대상 외의 사업을 특정한다.
3. 아웃풋	주요 아웃풋은 다음과 같다. • 비즈니스 임팩트 분석 리포트 • 리스크 대책표 • BCP에 관한 일련의 문서 • 그 외
4. 책정 멤버와 협력자 목록	제 1장 「1.2 BCP 책정의 준비」와 본 STEP 1~7을 참고로 하고, 회사의 규모에 따른 협력자의 인원수를 견적해본다.
5. 스케줄	제 1장 「1.2 BCP 책정의 준비」와 본 STEP 1~7을 참고로 하고, BCP 책정에 필요한 기간을 적용해본다.

2 | BCP의 적용범위

[1] 들어가며

BCP는 사업이 중단하는 사태를 상정한 대응계획이다. 「사업」이라 한 마디로 말해도, 업종이나 회사의 규모에 따라서 그 내용물은 여러 가지이다. 종업원 수 명의 소규모 공장에서는 특정된 같은 제품만을 몇 십 년이나 계속해서 만드는 경우도 있고, 더 규모가 큰 메이커에서는 기간사업 외에 그 사업의 노하우를 살린 기술 컨설팅이나 OEM 공급을 사업으로서 이끌어가는 경우도 있다.

여기서는 어느 회사가 복수의 사업부문을 가지고 있는 것이라 가정하고, 어느 날 갑자기 이들 사업이 중단한 때 BCP로 어느 제품이나 서비스를 지킬 것인가 또는 어느 고객 지향으로 얼마만큼의 공급레벨을 유지할 것인가를 특정한다.

즉 「BCP의 적용범위」를 결정하는 작업이다. BCP의 적용대상이 되는 사업은 「중요핵심사업」이라고 부르고 있다. BCP의 적용범위에 포함되지 않는 사업이나 공급처에 대해서는 회사의 수익이나 고객, 사회적 책임 등에 대한 영향을 최소한으로 그치게 하기 위해 긴급 시의 대처방침을 명확하게 한다.

[2] 사업범위

BCP는 자원집약형의 경영전략이다. 미리 어느 사업을 지키며 어느 고객 지향으로 얼마만큼의 공급량을 유지할 것인가를 특정해두지 않으면 안된다. 이것은 복수의 사업을 경영하고 등급이 다른 여러 고객에 제품이나 서비스를 공급하고 있는 기업이 최초로 취해야 할 중요한 검토사항이다. 단일 제품이나 서비스를 공급하고 있는 기업의 경우에도 후자의 검토(어느 고객 지향으로 얼마만큼의 공급량을 유지할 것인가)는 필요하다. 전체의 흐름은 아래와 같다.

① 사업구성을 안다

이 정보는 경영기획부와 같은 사업운영에 관한 정보를 파악하고 있는 부서로부터 입수하거나 영업부에서 관리하는 회사안내 팜플렛, 자사의 홈페이지 등을 활용하는 것도 가능하다.

일례로서 어느 회사가 다음과 같은 사업구성과 거래처를 가지고 있다고 하자.

〈사업구성〉
- X제품의 구조
- Y제품의 구조
- Z사 지향 OEM 공급
- 기술 컨설팅

〈거래처〉
- 상장기업 20사 30공장
- 그 외 중소 400사

② 조사의 여러 단면을 본다

사업 중단의 사태에 직면한 때 경영자나 영업부장, 생산부장과 같은 사람들은 어느 사업의 존속을 가장 신경 쓸 것인가. 최소한 어느 고객에 대한 공급을 유지하고 싶어 할 것인가. BCP에는 먼저 이 2가지를 「가시화」하지 않으면 안 된다. 이 영향을 조사하는 포인트는 다음과 같다.

- 사업의 성장성
- 현재의 경쟁력(기술, 가격 등)
- 매상이나 이익
- 고액의 위약금이나 패널티의 지불의무
- 특정 고객에 대한 신용의 상실, 공급책임의 무게
- 라이벌 기업에의 고객 유출(시장점유율의 축소)
- 법에의 저촉

이들 단면은 예를 들면 표 2.2와 같은 평가표를 작성하여 사업 중단의 영향도로서 A, B, C(고, 중, 저) 등의 랭크를 만들어 평가해보라. 조사대상자는 앞서 서술한 것처럼 경영 탑이나, 실무 레벨에서 같은 양상의 판단이 가능한 생산부나 영업부의 부장급의 사람들이지만, 설문조사 형식보다도 인터뷰 등을 통해서 「생생한 소리」를 듣는 방법이 효과적이다.

③ 활동범위를 특정한다

BCP에 포함된 사업에 대해서는 활동범위를 특정하여 어디까지를 포함할 것인가 정의를 명확하게 해 둘 필요가 있다. X제품의 제조가 다음 그림처럼 활동으로 성립되어 온 경우 점선이 둘러진 범위가 BCP의 적용범위가 된다. 제품이나 서비스를 공급하는 일련의 프로세스가 복수의 지역에 걸쳐진 경우 이들 거점도 모두 포함되는 것으로 된다(그림 2.1의 타마 공장, 츠쿠바, 도쿄 본사 등). 또한 부품구입처 P사가 BCP에 포함되어 있다는 것은 몇 개의 이유로 P사로부터의 부품공급이 정지되는 경우에 대비해서 따로 업자를 목록에 추가하지 않으면 안 된다. 즉 P사의 공급정지를 위험 대상으로 해야 한다는 의미이다. 이러한 개별대책에 대해서는 다음에 설명한다.

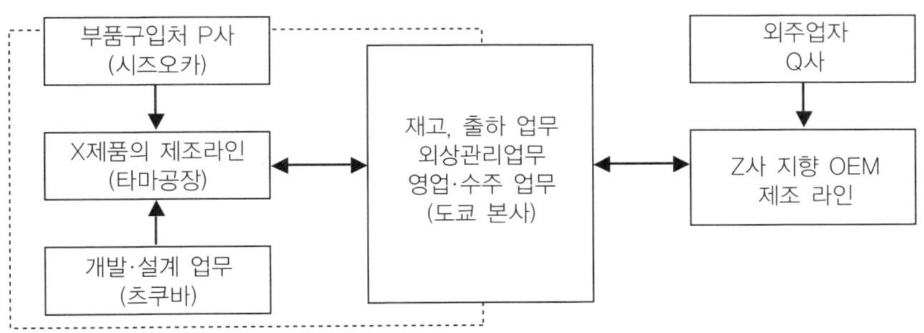

그림 2.1 BCP에 포함된 사업의 활동범위의 특정

표 2.2 BCP 적용범위의 결정

사업중단의 영향	X제품의 제조	Y제품의 제조	Z사 지향 OEM 공급	기술 컨설팅 사업
사업 성장에 제동	A	A	B	C
현재의 경쟁력 (기술, 가격)	A	A	B	C
매상이나 이익의 격감	A	B	C	C
고액의 위약금이나 패널티의 지불의무	–	B	–	C
특정 고객에 대한 신용의 상실, 공급 책임의 무게	B	A	C	B
라이벌 기업에의 고객 유출	A	A	C	C
법에의 저촉	–	–	–	–
BCP에의 적용	적용	적용	제외	제외

(영향도 : A＝고, B＝중, C＝저

[3] BCP에 포함되지 않은 사업이나 고객에의 대처방침

본래는 경영진에 위탁되어야 할 중요한 사업평가를 위에서 서술한 것과 같은 수순으로 사원이 행하는 것에 대해서는 이론이 있을 지도 모른다. 그러나 스타트시점에서 「누군가」가 이 방향지정을 하여 주지 않으면 뒤에 계속되는 도입계획의 합의, 승인 프로세스도 의미를 가지지 않는 것이 되며 BCP의 적용범위 그 자체가 애매해지며 잘못된 방향으로 나아가는 경우도 예상해볼 수 있다.

「BCP를 적용하지 않는다」라고 판정된 사업과 고객에 대해서는 그 이유를 명확하게 하고 긴급 시에 BCP를 대신할 조치를 제시하지 않으면 안된다. 여기서는 표 2.2의 「Z사 지향 OEM 공급사업」과 「기술 컨설팅 사업」을 예로 다음 3가지의 조치를 소개하고자 한다.

① 비용의 전가, 사업의 이전

가장 간편한 방법으로서 재해복구의 비용을 보험회사에 전가하는 방법이 있다. 단 어디까지나 비용의 이전이므로 잃은 데이터나 무형의 재산(신용이나 브랜드)을 회복하는 것은 불가능하다. OEM 공급사업의 경우, 동등한 제품의 제조를 외부 위탁하거나 해외 이전하는, 기술 컨설팅 사업에 대해서는 내외의 사업자와 기술제휴(노하우를 이전)하고, 경영자원의 위험을 분산하는 방법 등이 있다.

② 사업 리스크 수용

이것은 사업중단의 영향이 적고 그 가능성이 낮고(제품이나 서비스의 공급빈도가 적은 등) 재무나 지역적인 이유에 의해 재해를 입어도 대체지역에서의 영업이 너무 곤란한 경우에 적용한다. 위험을 받아들이는 것뿐 아무것도 하지 않는다는 의미는 아니다.

Z사 지향 OEM 공급사업을 위한 경영자원(토지 등)이 환경보호상의 이유로 법적으로 지정된 지역 내에 있어서 피해를 당한다 해도 간단하게는 다른 곳으로 이동할 수 없는 경우 그 토지에서 위험을 받아들이기 위해 꼼꼼히 대책을 강구할 필요가 있다.

③ 사업의 종료, 보류

OEM 공급사업에 대해서 재해로 공급불능이 된 때는 「그 시점에서 Z사와의 OEM 계약을 해제시켜준다」, 「안전복구하기까지 공급을 기다려준다」 등의 약속을 행한다.

기술 컨설팅 사업의 경우는 경영자원이 큰 영향을 받아 업무를 속행할 수 없는 경우, 그 시점에서 컨설팅 사업을 종료한다는 옵션을 생각할 수 있다(앞의 표 2.2의 평가에서 스텍홀더나 사회적 책임, 재무에의 영향을 충분히 고려할 것).

3 │ 계획서의 제시와 승인

[1] BCP 도입계획의 발표

BCP 도입계획서가 완성되면 책정 멤버 내에서 체크를 행하고 문제가 없다면 이 계획서를 제시해서 이해와 승인을 구한다. 경영자와 앞으로의 조사에 협력할 관리자급의 사람들을 모아서 도입계획서를 이용해서 BCP 의 방향성의 확인과 협력요청을 행한다. 참가자의 합의와 경영자의 승인을 거쳐서 정식으로 BCP 책정작업이 시작된다.

이 제시방법에 대해서는 다음과 같은 점에 주의해주길 바란다.

> - BCP 도입계획발표 미팅을 개최하는 것
> - 이메일에 의한 배포나 사내 웹사이트에서의 열람과 같은 화면상만으로 확인이나 승인하는 방법은 피할 것

BCP 도입계획발표를 미팅형식으로 행하는 이유는 내용을 체크해서 승인도장을 받는 것만이 목적은 아니고 사장이나 전무, 부장이나 과장들의 BCP에 대한 이해도나 필요성, 기대하는 것을 그 자리에서 짐작해서 확인할 필요가 있기 때문이다. BCP 도입계획발표에 참가하는 멤버와 발표의 주요 포인트는 다음과 같다.

① 참가자
- 경영진(사장이나 전무)
  BCP 도입계획의 의의, 목적의 이해, 지켜야 할 사업의 확인, 승인
- 전 부서의 장(부장이나 과장, 주임급)
  BCP에 대한 이해와 앞으로의 조사시 협력요청

② 발표의 포인트
기본적으로는 BCP 도입계획서의 내용을 한차례 설명하고 불명확한 점

은 없는가, 발표측인 BCP 책정 멤버와 경영자 및 협력자 사이에 의견의 차이는 없는가를 확인하면 좋지만, 발표할 때에는 특히 다음에 서술한 것과 같은 경영자나 부장이나 과장의 「BCP에 대한 인식」과 「예상되는 질문」에 착안하길 바란다.

[2] BCP에 대한 인식

경영자나 부장이나 과장이 BCP를 방재매뉴얼과 동등한 것으로 착각하고 있거나 정보시스템의 가용성을 강화하는 목적으로 도입에 찬동하고 있거나, 혹은 재해에 강한 기업으로서 자사를 어필하기 위한 선전도구로서만 생각하고 있지 않다면 BCP도 그 정도의 것으로밖에 될 수 없지만, 그것들은 진정한 BCP를 도입하기 시작해서 실현되는 것이다.

BCP에 대해서 무언가 오해나 편중된 기대를 가진 채 책정계획이 승인되면 실제의 조사단계에서 좀처럼 협력이 얻어지지 않고, 최악의 경우 BCP의 책정이 도중에 좌절되는 일도 일어난다. 다행히 완성했다 하더라도 경영자의 방침이나 방향성이 바르게 반영되지 않은 BCP는 나침반을 탑재하지 않은 배와 같은 것으로 훈련이나 유지·보수도 소홀하게 되어 머지않아 바닥에 파묻히게 될 뿐이다.

[3] 예상되는 질문

경영자는 이익이나 비용에 대해서 냉엄하다. 어느 활동을 일으킬 때, 그 의의나 목적은 물론이고 그것이 어떤 가치를 만들어내는가, 그 가치를 만들어내기 위해 어느 정도의 비용이 드는가라는 점에 주의를 쏟는다. 부장이나 과장 같은 사람들도 예외가 아니다. 안 그래도 바쁜 그들에게 여러 가지 조사협력을 요청하는 것이기 때문에 납득이 가는 회답을 준비해 두지 않으면 안 된다.

여기서는 BCP의 도입계획발표에 있어서 경영자나 관리자에게서 나올 수 있는 BCP에 대한 몇 개의 질문을 상정하여 그 회답방법이나 대처방법에 대해서 설명하고자 한다.

Q1 BCP를 도입하면 어떤 이점이 있는가?

BCP의 이점에는 2가지 측면이 있다. 하나는 재해가 발생했을 때의 손실의 저감이다. BCP를 운용하는 것에 의해서, 어떠한 대책도 취해놓지 않은 경우에 비해 손해를 훨씬 적게 하는 것이 가능하다. 또한 조기복구를 이루기 위한 대책이나 수순을 미리 결정해두는 것이므로 매상기회의 상실이나 고객의 유실, 경쟁력의 저하, 스텍홀더에의 영향을 최소한으로 억제해서 사업중단의 위기를 극복하는 것이 가능하다.

또 하나는 거래상의 이점이다. BCP를 운용하고 있는 대기업이나 중견기업은 BCP 도입을 마치거나 도입에 적극적인 중소기업, 즉 사업중단의 위험에 강한 기업을 구하고 있다. BCP는 이제 신용이나 평가의 면에서 거래를 유리하게 이끌기 위한 중요한 요인이다. 또한 BCP를 책정하는 것으로 금융기관에서 우대융자를 받을 수 있다는 이점도 기대할 수 있다.

Q2 성과물은 무엇인가? 눈에 보이는 형태로 내어 보여주길 바란다

먼저 사업에의 영향조사에서는 BIA 리포트(뒤에서 설명)를 작성하고, 전 부서가 어떠한 업무를 우선적으로 복구해야 할까, 업무중단의 허용기한은 언제인가를 언급한 흥미 깊은 결과를 보고하는 것이 가능하다. 그와 같이 리스크 평가에 대해서도 경영자원의 취약성이나 어떠한 예방책이 필요한지에 대한 보고를 정리해서 제출한다. 또한 최종적으로는 사업계속계획이라는 문서를 완성시켜서 배포하는 것으로 된다.

Q3 BCP가 기능하는가 어떤가는 어떻게 확인하는 것인가?

BCP의 유효성은 몇 가지 검증 테스트나 연습을 통해서 확인한다.

Q4 자사만 BCP를 완비해도 핵심 라이프 라인이 기능하지 않으면 그림의 떡인가?

BCP에서는 라이프 라인이 언제쯤 복구하는가와 같은 외적인 요인 보다도 목표로 하는 기한 내에 복구하기 위해 어떻게 할지를 검토한다. 수리나 수작업에는 맞지 않는, 수리는 가능해도 전기의 복구는 전망이 서질 않는 경우를 상정하여 미리 결정해 둔 대체 시설로 이동하거나 협력회사에 제조나 서비스업무를 위탁하는 것도 가능하다.

Q5 당사는 A회사에서밖에 생산하지 않는 희소원료를 구입하고 있는데, 만약 A사가 피해를 당했다면 당사의 라인은 정지해버린다. BCP는 어떻게 대처하는가?

이것은 그야말로 BCP를 운용하고 있는 대기업이나 중견기업에 대해 부담하고 있는 문제와 같다. 이러한 예에서는 A사에 BCP 책정을 추천 장려하고, 피해를 당한 때에는 복구지원을 지향하여 보호대책을 취한다. 또한 A사의 원료를 사용하지 않고 보다 활용성이 높은 원료를 타사에서 조달하는 것도 검토한다.

Q6 여러 가지 조사가 필요하다고 하지만, 얼마만큼 시간과 힘을 들이게 되는가? 솔직하게 말해서 너무 바쁘기 때문에 별로 시간을 쏟고 싶지 않다.

이 책을 한 번 읽으면 어느 작업에 얼마만큼의 시간이나 힘을 투입하면 좋은가, 이미지가 떠올라서 견적이 용이해질 것이라 생각된다. 또한 BCP의 영향도 조사나 위험 조사는 부장이나 과장 한 명 한 명의, 또는 각 부서 한 명 한 명의 위기관리의 문제이며, 어느 사원도 관계없다고는 할 수 없음을 강조할 필요가 있다.

경영자의 승인이 얻어지면 드디어 BCP 책정작업의 중심인 비즈니스에의 영향 조사로 진행한다.

 **2**

사업에의 영향 조사

 ## 비즈니스 임팩트 분석의 개요

[1] 들어가며

사업을 지키는 것, 그것은 사업을 구성하는 여러 가지 업무나 그 업무를 기능시키기 위한 경영자원(사람, 물건, 정보 등)을 지키는 것에 다름이 아니다. 「복구」는 시간과의 싸움이며, 무엇보다도 긴급성이나 우선성의 발상이 요구된다. 지켜야 할 것은 어느 경영자원인가, 먼저 복구해야 할 것은 어느 업무기능인가를 명확하게 할 필요가 있다. BCP 책정의 첫걸음이 「조직을 이해하는 것」이라고 여겨지는 것은 이러한 이유에 의한 것이며 그 작업을 합리적이고 효과적으로 행하기 위한 방법이 「비즈니스 임팩트 분석(BIA : Business Impact Analysis)」이다.

「분석」이라고 해도, 경영분석과 같이 특별한 수식으로 데이터를 적용해서 버튼 하나로 회답을 이끌어내거나 비밀의 방에서 복잡한 그래프를 시뮬레이션하는 것이 아니다. 오히려 누구나가 일상 업무로 행하고 있는 것 같은 착실한 조사와 집계작업이라는 이미지에 가깝다고 할 수 있다.

비즈니스 임팩트 분석으로 수집하는 정보는 5가지가 있다. 이하의 ①~⑤는 이들 정보에 관한 기본적인 용어와 그 의미이다. 모두 이 책에서 반복해서 나오는 것이므로 확실히 외워두자.

① 중요업무

BCP에 있어서의 「중요업무」란 생산부나 경리과와 같은 부·과기능의 것이 아닌 개개의 부서가 담당하고 있는 여러 가지 업무 중에서도 BCP의 적용대상이 되는 제품이나 서비스의 공급, 운영에 불가결한 기능을 가리킨다. 일례로서 제조라인이나 수주, 출하업무, 고객서비스 등이 적당하지만 운영·유지기능으로서의 IT나 경리부 등의 업무도 포함된다.

② 목표복구시간(RTO : Recovery Time Objective)

복구작업에 몰두하는 사원이나 그것을 지켜보는 사장의 마음속에는 「빨리 업무를 재개하지 않으면 큰 일이 난다」라는 절박한 위기감이 있다. 그 「큰 일이 나는」 시기를 특정한 것이 목표복구시간이다. 말하자면 언제까지 업무중단이 허용되는가를 추정한 타임 리미트이다. 이 지표를 사용함에 있어서 무엇보다도 정의를 정확히 해 둘 필요가 있다.

③ 복구긴급도(복구우선순위)

원칙으로서 목표복구시간이 작은 순서로 중요업무를 나열한 순서가 중단한 업무의 복구긴급도 또는 복구우선순위가 된다. 예를 들면 A업무(목표복구시간=7일), B업무(3일), C업무(12시간)이 있는 경우, 이들 업무의 복구긴급도는 C업무, B업무, A업무의 순서가 된다. 복구긴급도가 높을수록, 즉 목표복구시간이 짧을수록 그 실현을 위한 대책비용은 높아진다.

④ 경영자원

고객대응업무를 예로 들면 이 업무에 필요한 최소인원은 3명, 2년 이상의 경험이 필요하며, 전화와 컴퓨터, 이메일 사용, 고객정보의 호출과 갱신에 OO데이터 베이스가 불가결과 같이 「그 업무기능을 유지하기 위해 필요한 인원, 도구, 설비 등」을 가리킨다. 비즈니스 임팩트 분석에서 조사하는 경영자원은 회사가 소유하는 모든 업무자산이 아닌, 기본적으로는 「최저요건을 만족시키기 위한 요소」라고 이해하길 바란다.

⑤ 의존처

제조업 등에서는 원재료나 부품의 구입처, 납입처 등 상류나 하류와의 관계로 필요불가결하다고 여겨지는 요소를 가리킨다. 서플라이어나 벤더라고 부르는 업자도 의존처에 포함된다. BCP에서는 이런 의존처와의 관계가 두절된 경우도 상정하지 않으면 안 된다. 의존처는 외부에 한정되지 않는다. 공장의 재고관리업무가 본사로부터 출하지시를 기다리고 있고 움직이지 않는 경우, 재고관리업무의 의존처는 본사의 주문처리(수주, 출하지시) 업무라고 말하는 경우도 있다.

[2] 목표복구시간의 정의

목표복구시간(RTO)은 일반적으로 「이 이상 업무를 중지하면 안 되는 허용기한」, 「업무를 재개하기까지 필요한 복구시간」이라는 의미로 이해되고 있지만 구체적으로 어느 시점에서 어느 시점까지를 가리키는 것인지를 보면 가이드라인이나 참고서에 따라서 해석이 다르다. 업무의 중단을 확인한 시점에서 장치 등의 수복을 끝낸 시점까지를 가리키는 것인가, BCP를 발동하고 난 때부터 공급을 재개하는 시점까지를 가리키는 것인가.

목표복구시간에 대해서는 각각의 기업의 판단으로 명확하게 정의해 둘 필요가 있다. 이 책에서는 「BCP 발동 후, 하드웨어면(자치의 수복, 대체수단의 조달)과 소프트웨어면(점검, 시운전 등)의 복구를 거쳐 잠정적인 공급태세가 정리될 때까지의 시간」이라 정의한다(다음 그림 참조).

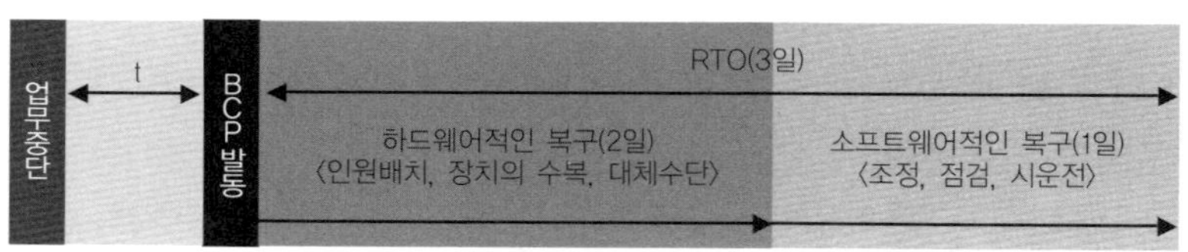

그림 2.2 목표복구시간의 정의

위 그림의 「t」에 착안해보라. 이것은 업무중단 후, BCP가 발동되기까지의 타임랙이다. 상황을 판단하거나 피해의 정도를 견적하는 것에 의한 필연적으로 발생하는 경과시간을 나타낸다. t를 허용할 수 없을 정도로 복구긴급도가 높은 업무의 RTO에 대해서는 「업무의 중단을 확인한 시점에서 기산해서 O시간 이내」와 같은 추가적인 정의도 필요하다(BCP 발동의 타이밍에 대해서는 97페이지를 참조).

[3] 조사 방법 결정

비즈니스 임팩트 분석(BIA)은, 처음 BCP를 도입한 때만 실시하는 일회용 이벤트가 아니다. 사업은 항상 움직이고 있다. 인사이동이나 입사, 퇴사가 있다. 신규설비의 도입이나 구설비의 폐기가 있다. 신규사업의 발족이나 조직의 통폐합에 따른 경영자원의 재분배가 있다. BIA는 이와 같은 움직임에 맞추어서 언제나 적용할 수 있도록 수순을 관습화해 둘 필요가 있다.

BIA를 관습화할 때의 포인트는 무엇보다도 수순이 「간편하고 타당할 것」이다. 복잡한 수순은 시간이 들고 실수를 유발하기 쉬우며 검증이 어렵고 오랜 기간 지속되지 않는다는 난점이 있다. 처음에는 별로 분발하지 않고 쉬운 방법으로 BIA를 실시한다. 그 결과를 보고 너무 간편해서 조직의 실태를 별로 반영하고 있지 않는 것은 아닌가하는 의문이 나온다면 다음 회의 BIA에서는 수순을 개선하면 좋을 것이다.

여기서는 BIA의 수순에 대해서 다음 2가지의 측면에서 설명한다.

하나는 조사의 형태이다. BIA의 최초 스텝은 현장을 잘 알고 있는 부장이나 과장, 주임급의 사람들을 대상으로 한 실지조사이다. 일반적인 형태로서는 다음 3가지 접근이 있다. 어느 방법으로도 일장일단이 있지만 가능하다면 ③의 「워크샵」을 중심으로 검토하는 것을 추천하고자 한다.

① 설문조사

종이나 전자파일, 혹은 웹상에 조사폼을 준비해서 기입시키는 방법이다. 전 사 일괄 배포와 일괄회수가 가능하며. 대량의 데이터를 취득할 수 있지만, 회답자의 주관만으로 기입하기 때문에 데이터의 신뢰성에 의문이 남는다.

② 인터뷰

각 부서를 방문하거나, 미팅룸으로 부르는 등으로 개별로 질답해서 조사를 행하는 방법이다. 현장의 살아있는 정보를 알 수 있지만, 조사나 수집한 내용의 정리에 시간이 드는 것, 회답자가 의도한대로 데이터를 정리할 수 있을지는 조사담당자의 역량에 달려 있다.

③ 워크샵

회답자 전원을 회의실 등에 모이게 해서 연수형식으로 회답하는 방법이다. 그곳에서 질의응답이 가능하며 부서 간의 정보교환도 가능하기 때문에 가장 효과적인 방법이라고 보여지지만 필요한 회답자가 전원 참가할 수 없다면 의미가 없다.

또 한 가지는 데이터 평가나 판정의 단면이다. 48~49페이지의 ①~⑤에서 서술한 테이터를 실제로 수집하려 한다면 여러 가지 단면을 고려한다. 10명의 BCP 책정자가 BIA의 수순을 생각한다면 10가지 방법이 발견될 것이다. 특히 중요업무의 중단에 따라 확대되는 영향의 정도나 목표복구시간을 회답자에게 추정시키는 방법에 대해서는 너무 기대하지 말고, 비합리적인 표현일지 모르지만「이 정도의 회답을 얻는 것이 가능하다면 일단 만족한다」라는 정도부터 시작한다.

[4] BIA 프로세스와 작업 플로

지금까지 서술한 내용을 포함해서 BIA의 수순의 개요와 작업의 포인트를 정리해보자.

① BIA의 대상이 되는 사업범위(=BCP의 적용범위)를 확인한다.
② BIA의 조사방법과 데이터의 평가, 판정, 수집수순을 결정한다.
③ BIA 조사표를 작성한다.
④ BIA 조사를 실시한다(설문조사, 인터뷰, 워크샵 등). 조사대상이 되는 것은 업무의 전체상을 파악하고 업무중단의 영향을 현실적으로 상상할 수 있는 경험과 책임을 가진 입장의 사람들이다(부·과장 또는 주임급).

⑤ 조사표를 회수한다.

⑥ 조사표를 집계한다. 집계데이터의 항목은 [중요업무], [목표복구시
간], [경영자원], [의존처], [복구우선순위별로 나열한 중요업무 리스
트] 등이다.

⑦ 집계결과의 트렌드를 설문조사 회답자에게 확인을 받는다.

⑧ 피드백의 결과를 반영시켜 BIA 리포트로서 정리한다. 복구우선순위
별로 나열한 중요업무의 목록에 대해서는 그 이유를 부기한다.

⑨ BIA 리포트를 경영진에게 제출하고 승인을 얻는다. 이 때 승인이 얻
어지지 않은 경우 그 이유를 피드백받고 ⑥ 이후의 작업을 반복한다.

BIA 조사의 준비부터 결과보고까지의 흐름은 다음 그림과 같다.

```
┌─────────────────────────────────────────┐
│         1. BIA 조사의 준비                  │
│      ① 조사대상범위의 확인                   │
│      ② 조사방법과 평가·판정수순의 결정          │
│      ③ 조사표의 작성                        │
└─────────────────────────────────────────┘
```

```
┌─────────────────────────────────────────┐
│         2. BIA 조사의 실시                  │
│      ④ BIA 조사의 실시(설문조사, 인터뷰, 워크샵 등)│
│      ⑤ 조사표의 회수                        │
└─────────────────────────────────────────┘
```

```
┌─────────────────────────────────────────┐
│         3. 결과의 집계와 리뷰                │
│      ⑥ 조사표의 집계                        │
│      ⑦ 집계결과의 회람과 체크                 │
└─────────────────────────────────────────┘
```

```
┌─────────────────────────────────────────┐
│      4. BIA 리포트의 작성·제시·승인           │
│      ⑧ BIA 리포트의 작성                    │
│      ⑨ BIA 리포트를 경영진에 제출·승인         │
│      〈필요에 따라서 ⑥ 이후의 수순을 반복〉      │
└─────────────────────────────────────────┘
```

그림 2.3 BIA 프로세스와 작업 플로

Step ❷

2 | 업무중단의 영향과 목표복구시간

[1] BIA 조사표의 개요

BIA에 관한 데이터를 수집하기 위한 시트를 본서에서는 「BIA 조사표」라 부른다. BIA 조사표는 질문 시트와 2종류의 기입 시트 A, B로 구성되지만 여기서는 먼저 질문 시트와 기입 시트에 대해서 설명한다(시트 B의 설명은 60페이지를 참조).

「BIA 질문 시트」(55페이지)에서는 업무가 중단되면 시간의 경과와 함께 어떤 영향이 나오는가를 Q1~3의 「수익/비용」, 「고객/거래처」, 「평판/신용」에 대해서 질문하고 마지막 Q4에서 목표복구시간을 추정한다. 이 질문 시트의 회답을 기입하는 것이 「시트 A」(56페이지)이다. 중요업무 1건마다 3개의 평가와 목표복구시간을 여기에 기입한다. 시트 A의 ①~④의 의미는 다음과 같다.

① 「수익/비용」, 「고객/거래처」, 「평판/신용」 각각의 요소에 대해서 1~4의 숫자가 나열되어 있다. 이것은 업무중단 후의 경과시간을 4개로 구분한 것으로 「1」은 24시간 미만, 「2」는 1~3일, 「3」은 4~7일, 「4」는 8일 이상을 나타낸다(시트 A 하단의 평가기준 ①을 참조).

② L, M, H 등의 문자는 시간의 경과에 따라 심각화하는 경향의 정도를 평가한 것으로 예를 들면 「고객/거래처」의 「3」의 열에 기입된 「H」는 업무중단 후 4~7일째에는 고객이나 거래처에 지극히 심각한 영향을 주는 것을 의미한다(시트 A 하단의 평가기준 ②를 참조).

③ 목표복구시간의 판단의 근거나 이유가 되는 코멘트를 기입한다.

④ 3가지의 요소에 대한 영향의 변화나 코멘트를 종합적으로 감안해서 목표복구시간(RTO)을 추정한다.

※ 본서에서는 목표복구시간에 회답자에게 임의로 숫자를 기입받는 것이 아니라 ①과 같이 4가지로 구분한 시간대(A~D) 중의 선택 방법을 채택하고 있다. 이 방법이 시간의 기준을 잡기 쉽게 해준다(시트 A 하단의 평가기준 ④를 참조).

BIA 질문 시트

[Q1]

이 업무가 중단되면 수익이나 비용의 면에서 어떠한 영향이 있습니까? 오른쪽의 업무중단시간과 아래의 「사업에의 영향」 표를 근거로 해서 회답하시오.

	업무중단시간	수익/비용에의 영향
1	<24시간	–
2	1~3일	L
3	4~7일	M
4	>7일	H

[Q2]

이 업무가 중단되면 고객이나 거래처에 대해 어떤 영향이 있습니까? 오른쪽의 업무중단시간과 아래의 「사업에의 영향」 표를 근거로 해서 회답하시오.

	업무중단시간	고객/거래처에의 영향
1	<24시간	
2	1~3일	
3	4~7일	
4	>7일	

[Q3]

이 업무가 중단되면 평판이나 신용의 면에서 어떤 영향이 있습니까? 오른쪽의 업무중단시간과 아래의 「사업에의 영향」 표를 근거로 해서 회답하시오.

	업무중단시간	평판/신용에의 영향
1	<24시간	
2	1~3일	
3	4~7일	
4	>7일	

[Q4]

위 3개의 회답 중 가장 빨리 영향이 심각화하는 것, 또는 이들을 종합적으로 판단하여 이 업무의 중단이 허용되는 시간을 A~D에서 선택하시오(필요에 따라서 코멘트를 기입).

	목표복구시간	코멘트
A	<24시간	
B	1~3일	
C	4~7일	
D	>7일	

〈사업에의 영향(내역)〉

평가	수익/비용	고객/거래처	평판/신용
H	지출>매상 또는 매상 제로, 회복불능, 사업자금이 고갈, 다액의 패널티 발생.	품질·수량·납기를 만족하는 것이 정말로 불가하고 고객에 막대한 손해발생. 회복이 불가능할 정도의 고객 이탈.	거래정지·계약해제. 사원의 이반. 회복불능의 소문피해.
M	지출≧매상도 있을 수 있지만, 회복은 가능, 사업자금이 조금 염려됨, 다소 패널티 있음.	일부 품목·수량·납기를 만족시키지 못하고, 클레임 발생의 가능성이 있다. 일부 고객 이탈 있음.	일부 소문피해. 거래처의 신용저하 있음. 사원의 사기저하가 염려됨.
L	매상·사업자금에의 영향은 극히 미미. 패널티 없음.	품질·수량·납기에 다소 영향 있음. 통상의 지연의 범위 내.	신용·신뢰관계에 다소 영향 있음.
–	특별한 영향 없음/해당 없음	특별한 영향 없음/해당 없음	특별한 영향 없음/해당 없음

BIA 조사표(시트 A)

■ 이 조사표는 BCP 책정에 필요한 데이터를 수집하는 것을 목적으로 하고 있다.
　조사원의 설명과 지시에 따라서 기입한다(기입란이 충분하지 않은 때는 신고한다).

부과명	NC선반 가공부	직책	주임
회답자	○○○	이메일	

〈회답란〉

중요업무	수익/비용				고객/거래처				평판/신용				코멘트	RTO
	1	2	3	4	1	2	3	4	1	2	3	4		
NC선반 가공업무	−	L	M	H	L	M	H	H	L	M	H	H	계약 후 1주일이 넘으면 계약해지의 가능성이 있다	B
기기의 유지 보수	−	−	−	L	−	−	−	L	−	−	−	−	유지보수는 월 3회는 필요	D

영향을 받는 요소와 업무중단시간

〈평가기준(BIA 질문 시트의 다이제스트)〉

	업무중단시간		사업에의 영향		목표복구시간(RTO)
1	<24시간	−	특별한 영향 없음	A	<24시간
2	1~3일	L	다소 영향	B	1~3일
3	4~7일	M	심각하지만 회복은 가능	C	4~7일
4	>7일	H	매우 심각/회복 불능	D	>7일

[2] 업무중단의 영향 평가

중요업무가 중단되면 시간의 경과와 함께 여러 가지 영향이 나오기 시작한다. 이들 영향을 특정하기 위해 시트 A에서는 다음과 같은 3가지 요소를 이용한다.

① 수익/비용

제조라인이 정지되었다면 공급의 기회, 즉 매상이나 판매의 기회를 잃을 뿐만 아니라 계약내용에 따라서는 거액의 패널티나 위약금이 발생한다. 제품의 생산이나 서비스의 공급에 직접 관련이 없는 수주업무나 그 출하지시를 기다리는 재고관리업무 등에 있어서도 업무가 정지한다면 사실상 수주의 기회를 놓치는 것으로 된다. 여기서는 그 손실액의 크기를 판정하는 기준으로 한다.

② 고객/거래처

고객/거래처에의 영향은, ①의 금전적 손해 외에 심한 클레임이나 타사로 갈아타는 등의 심각한 사태를 초래한다. 이 요소에서 중시하고 있는 것은 ①과 같은 일시적인 매상기회손실이 아닌 고객베이스나 매상베이스가 침하하는 것이다. 예를 들면 연간 평균매상의 60%를 차지하는 큰 고객이 회사의 사업중단을 계기로 다른 업자로 갈아타버리면 이후의 매상은 40% 밖에 확보할 수 없어지고, 캐시플로는 급격하게 악화한다.

③ 평판/신용

오랜 기간에 걸쳐 쌓아온 신용이나 신뢰는 정상적인 비즈니스 사이클에서는 반석과 같은 것이지만, 일단 상대에 대해서 책임을 지지 않거나, 약속을 지키지 않는 사태가 된다면 그 신용이나 신뢰는 모래성처럼 무너져버리고 만다. 공급책임을 지지 않거나 업무재개의 전망이 서지 않거나, 운전자금이 부족해서 외상이나 차입금, 급여의 지불이 불가능한 사태가 되면, 고객이나 거래처, 종업원의 신용이나 신뢰를 크게 잃는다.

BIA 조사표에서는 위에서 서술한 각 요소가 시간 경과에 따라 받는 여향의 정도를 「−, L, M, H」의 4가지 랭크로 규정하고 있지만, 이것에 따라서는 랭크를 추가해서 보다 엄밀한 정의를 마련하는 것도 가능하다. 업무중단의 영향을 평가할 때의 포인트는 다음과 같다.

- 무엇이 원인이며 어느 부분이 얼마만큼 피해를 받는가를 생각하지 않는다
- 업무중단의 상태가 계속되는 것에 의해 사업에의 영향만을 추측
- 작업에 산과 계곡이 있을 경우, 산에 해당하는 시기에 피해를 당했다고 가정

3번째의 「작업에 산과 계곡이 있는 경우, 산에 해당하는 시기에 피해를 당했다고 가정」이란 예를 들면 제조업무의 경우는 「내일이 납품일」 설계업무라면 「내일이 검수일」, 급여계산업무라면 「내일이 급여지급일」, 결산업무라면 가장 바쁜 「2~3월」의 작업량을 상정하는 것을 가리킨다. 이와 같이 최악의 케이스를 상정하는 것으로 그것보다 가벼운 상정피해를 모두 커버하는 것이 가능하다.

[3] 목표복구시간의 추정

시트 A의 주요업무, 「NC선반가공작업」 행의 오른쪽 끝에는 RTO(목표복구시간)으로서 A~D 중 「B」랭크가 기입되어 있다. B는 목표복구시간이 「1~3일」, 즉 업무중단 후 늦어도 3일째까지 가복구를 마치고, 다음 4일부터는 공급 가능한 상태가 아니면 안됨을 나타낸다. 회답자가 이와 같이 판단한 경위를 살펴보자.

① 「수익/비용」에서는 「4」열에 「H」를 기입(업무중단 후 7일째 이후 최악으로 된다)
② 「고객/거래처」에서는 「3」열에 「H」를 기입(업무중단 후 4일째 이후 최악으로 된다)

③「평판/신용」은 ②와 같음

①과 ②에서는 업무중단의 영향이 최악이 되는 시기가 다르지만, 위험관리 상으로는 「보다 빨리 최악의 사태가 현재화하는 시기」쪽을 선택하지 않으면 의미가 없다. 그러므로 ②의 「업무중단 후 4일째 이후, 최악이 된다」는 쪽을 우선하고 그 바로 앞의 「B」를 목표복구시간으로 하고 있다. 이것은 1~3일 이내에 복구 가능하다면 사업에 최악의 영향이 옴을 면하는 것을 의미한다.

Step ❷

3 중요한 경영자원의 특징

[1] 사무계속의 최저요건을 도입

BIA 조사표의 2장째에는 「시트 B」(다음 페이지 참조)가 첨부되어 있다. 이 시트는 시트 A에 기입한 각각의 중요업무에 필요한 경영자원과 의존처를 특정하기 위한 것이다. 여기서 주의해야 할 것은, 「어느 레벨의 정보를 수집할 것인가」이다. 책상 1대, 문구납입업자 2건과 같은 상세한 업무자산이나 외부업자의 목록을 작성하는 것이 목적인 것은 아니다.

최대의 목적은 고객에 대해서 최저한의 공급책임을 다하기 위한 요건을 「가시화」하는 것이다. 최소한 무언가 갖추어져 있다면 제품이나 서비스의 공급을 계속하는 것이 가능한 것이 가시화된 경영자원은, STEP 4에서 서술한 「계속전략」을 입안하기 위한 유력한 단서가 된다. 예를 들면, '이 처리에 2명을 증원하는 것이 필요하다', '이 장치가 1대이더라도 가동 가능하다면 전 고객의 30%의 주문은 커버할 수 있다', 와 같은 판단이 가능해진다.

또한 복구긴급도가 높은 경영자원에 목매서 집중적으로 위험대책을 강구할 수 있는 등의 이점도 있다. 모든 자산에 눈을 돌리는 것이 아닌 이러한 중요한 경영자원과 의존성에 한정하는 것으로, 효율적인 위험 대응이 행할 수 있게 된다.

[2] 조사의 어프로치

주요업무마다 최소한도로 필요한 경영자원을 특정하는 방법은 몇 가지가 있다. 개개의 업무의 흐름을 인풋, 프로세스, 아웃풋의 3가지로 나누어 각각의 단계에 포함된 요소를 써내는 방법이나, 업무를 처리하기 위한 기본적인 요소(사람, 물건, 정보, IT, 통신수단, 의존처)를 병렬적으로 써내는 것도 가능하다. 여기서는 후자의 서식을 사용한 샘플(다음 페이지 참조)를 소개한다. 말할 필요도 없지만, 이 항목은 업종이나 영업형태에

BIA 조사표(시트 B)

■ 이 조사표는 BCP의 책정에 필요한 데이터를 수집하는 것을 목적으로 하고 있다.
  조사원의 설명과 지시에 따라서 기입한다(기입란이 충분하지 않은 때는 신고한다).

필요한 경영자원	내역	중요업무명		
		NC선반 가공작업	기기의 유지 보수	−
종업원	인원수	오퍼레이터 3명	3명(좌기 오퍼레이션 겸무)	−
	기술	경험 3년 이상	−	−
장치/툴	선반기계	NC선반1	−	−
		NC선반2	−	−
		NC선반3	−	−
	공구·툴	공구 A	유지 보수용 공구 A	−
		공구 B	유지 보수용 공구 B	−
정보	데이터	설계사양서 (고객으로부터 이메일/팩스/ 우송으로 수리)	−	−
	문서	기기제어 매뉴얼	유지 보수용 매뉴얼	−
IT	어플리케이션	워드, 엑셀	−	−
		CAD 소프트웨어	−	−
	툴	장치제어 오토메이션 소프트웨어	−	−
통신	전화	고정전화	−	−
	메일	이메일	−	−
	그 외	팩스	−	−
		우편	−	−
의존처	부재 구입처	P사(부재 P)	−	−
		Q사(부재 Q)	−	−
	외주업자	R사(소모품 R)	−	−
		S사(기계정비)	−	−
	벤더	X사(선반 메이커)	−	−

따라서 여러 가지 패턴이 있다. 자신의 조직에 최적인 항목이나 분류명이 되도록 궁리해보길 바란다.

회답자가 BIA 조사표 2매의 시트 A와 B를 다 썼다면 BCP 사무국에 제출한다. 사무국에서는 회수한 조사표가 모두 모인 것을 확인하고 다음 단계인 집계 및 리포트 작성 작업에 들어간다.

4 | BIA 리포트의 작성과 승인

[1] 개요

회수한 조사표는 비즈니스 임팩트 분석의 목적에 따라서 집계하고, 결과를 정리해서 경영진과 회답자(부과장급)에 제시한다. 제시하는 형식은 소규모의 회사라면 1매의 시트와 같은 것, 부서나 업무건수가 여러 분야에 걸쳐 있는 규모의 큰 회사라면 수십 페이지의 본격적인 보고서 형식이 된다.

이 중 어떤 형태이더라도 이 리포트 작성의 목적을 확실하게 염두에 두고 작업을 하지 않으면 안 된다. 회수한 데이터를 집계해서 성과물로서 제시하는 것만인 「결과보고」와는 다르다. 여기서는 다음 2가지 목적이 있다는 것을 착안해주길 바란다.

하나는 업무의 복구긴급도(복구우선순위)에 대해서 합의를 얻는 것이다. BIA 조사를 통해서 특정된 복구긴급도와 목표복구시간은 말하자면 회답자의 주관적인 견적에 지나지 않는다.

전 부서의 중요업무가 1매의 시트 상에서 우선순위 지어진 것을 볼 때, 경영진이나 각 부·과장으로부터는 여러 가지 의문이나 이론이 나오는 경우가 예상된다. 이 리포트는 그들 전원의 합의를 얻기 위한 일종의 원안 혹은 조정 도구라 생각할 수 있다.

또 하나는 사업계속에 필요한 경영자원의 최소요건을 확인받는 것이다. BIA 리포트에서는 최소한 혹은 계약서에서 주고 받은 일정 공급 레벨을 보증하기 위해 필요한 경영자원이나 의존처가 특정된다. 이러한 정보가 「가시화」되는 것으로 사업계속을 위한 방향성이 보다 현실적, 과학적으로 이해되는 것뿐만 아니라 각각 전략의 책정에 관한 것으로 되는 당담 부·과장에게는 그 책무를, 경영자에게는 그 대책에 대한 예산승인의 의사를 명확하게 확인받는 것을 목적으로 하고 있다.

[2] BIA 리포트의 작성

BIA 리포트에는 특별히 결정된 서식은 없다. 여기서는 최소한 「이것만은 기재하는 편이 좋겠다」고 생각되는 항목에 대해서 설명한다. 부록에 BIA 리포트의 샘플을 게재하고 있으므로 참고하길 바란다.

① BIA 조사의 목적

BIA 조사의 목적은 「1. 비즈니스 임팩트 분석의 개요」에서 자세히 다루지만, 이들을 요약한다면 다음과 같다.

- BCP로 지켜야 할 중요 핵심사업을 구성하는 중요 업무군을 특정하는 것
- 중요업무의 복구긴급도(목표복구시간)를 추정하는 것
- 중요업무의 계속에 필요한 경영자원과 의존처의 최소요건을 분명히 하는 것

② 조사 및 집계방법의 개요

조사방법에 대해서는 실시일시, 회답자수, 실시방법(설문조사, 인터뷰, 워크샵) 등을 조목서에 보인다. 집계방법은, 정확하게는 분류 및 정리작업과 표현한 방식이 적절한지 모른다(다음 ③, ④의 수순을 참조).

③ 중요업무의 복구긴급도별 일람

조사표에 기재된 부과마다의 중요업무의 리스트를 엑셀 1매의 워크시트 상에 옮겨 적는다(조사표를 미리 엑셀 파일로 배포해두면 집계는 복사 및 붙여넣기만으로 작업이 끝난다). 다음으로 중요업무 리스트를 목표복구시간의 랭크(A~D)마다 분류(소트)한다.

④ 중요업무의 계속에 필요한 경영자원과 의존처의 일람

랭크마다 경영자원과 의존처의 요약데이터를 붙인다. 모든 랭크에 대해서 이 작업을 할 필요는 없고, 예를 들면 복구긴급도가 높은 A와 B에 대

해서만 기재하는 것만으로도 좋을 것이다.

[3] 의견조정과 승인

경영진이나 관리자층은 배포된 BIA 리포트를 보고 중요업무의 복구긴급도의 타당성을 검토한다. 검토라고 해도 누구나 「정확한 이해」를 가지고 있는 것은 아니기 때문에, 열거 의견이 나올 가능성이 있다. 이 의견의 차이에는 다음 2가지 종류가 있다.

하나는, 「업무 프로세스의 순서」의 문제이다. 만약 복구우선순위가 「품질검사→제조」의 순서로 되어 있는 경우 제조보다도 품질검사가 먼저 나와 있는 것은 이상하다, 라는 의견이 나올 수 있다. 이것에 대해서는 제조공정과 품질검사에 필요한 준비나 소요시간 등, 무언가 특별한 요건이 게재되어 있지는 않은가를 각각의 회답자에게 확인받고, 필요에 따라서 목표복구시간을 재점검할 필요가 있다.

또 하나는 「각 부문의 사명이나 책임」에 유래하는 의견이다. 만약 네트워크 관리업무와 수주, 출하업무의 목표복구시간이 같은 경우 2개의 업무가 같은 복구우선순위라는 것은 이해할 수 없다, 혹은 어느 쪽을 우선해야 할 것인가 라는 의견이 나올지도 모른다. 이 때 양자에 자신의 업무에 대한 강한 책무나 과도하게 보수적인 기분으로 일하고 있다면 좀처럼 결론이 나질 않는 경우도 있지만, 최종적으로 방향을 잡는 것은 경영 탑이라는 것도 변하지 않는다.

이와 같이 경영진이나 부·과장의 입장이나 생각에 따라서 의견이 다를 가능성이 있기 때문에 몇 번쯤 업무의 복구긴급도를 수정하거나 의견조정이 반복될 수 있음을 염두에 두길 바란다. 경우에 따라서는 다시 미팅을 열고 전원일치할 때까지 의논을 계속하는 노력도 필요하다.

칼럼

「일상의 중요업무＝긴급 시의 중요업무」인 것은 아니다

우선순위로 지정된 중요업무는 반드시 평상시의 「기간업무」와 일치하는 것은 아니다. 예를 들면 패키지 소프트웨어 메이커의 예를 생각해보자. 이와 같은 회사에서는 사업의 중요한 핵심이 되는 「소프트웨어의 개발과 설계」 업무의 복구를 최우선으로 생각하는 것이 일반적인 시각이다.

그러나 이 메이커의 사장이 과거의 경험으로부터 「소프트웨어의 개발이 사양변경 등으로 필시 중단하거나 연기되는 것은 자주 있는 일이다. 2, 3주간 업무가 중지되어도 밥을 굶을 일은 아니지만 고객 지원이나 수주수배업무가 며칠이라도 중단된다면 회사의 평판이나 매상에의 영향은 심각하게 된다」고 판단한다면, 사장은 다음과 같은 우선순위를 희망할지도 모른다.

1. 고객 지원 업무
2. 수주수배업무
3. 개발, 설계업무

물론 고객 지원이 최우선이라 해도 피해를 당한 현장에서는 먼저 총무의 직원이 전화나 팩스의 수리나 구입을 수배하고, 정보 시스템 그룹은 PC나 이메일, 데이터의 복구 등을 진행할 것이다. 고객 지원의 직원은 이러한 하드웨어 면에서의 복구가 끝날 때까지 뒷정리나 업무에 필요한 문서나 데이터의 준비, 대체수단에 의한 고객의 대응 등에 쫓길 것이라 생각된다.

BCP에서는 위와 같이 후방지원적인 업무의 복구를 우선하는 선택지도 있으며, 수익을 내는 부분보다도 사내 인프라의 회복을 서두르는 것이 중요하다고 판단한 경우는 시스템 관리나 총무과의 업무의 복구를 최우선으로 할 지도 모른다.

이와 같이 평상시의 고정적인 발상이나 자의적인 판단이 끼어들지 않고 긴급시의 상황에 적절한 복구우선순위를 결정하기 위해서는 보다 다각적인 시점에서 업무의 영향도를 평가할 필요가 있다(부록 2 참조).

목표복구시간과 대등한 또 하나의 지표

업무의 복구긴급도를 측정하는 척도로서 이 책에서는 목표복구시간(RTO)라는 지표를 이용하고 있다. 그러나 BCP에서 사용하는 것은 이 지표만이 아니다. 해외의 사업계속경영의 가이드라인이나 참고서를 보면 복구시간에 관한 여러 가지 용어를 확인할 수 있다. 여기서는 그런 것 중의 하나인 「최대허용정지시간」에 대해서 생각해보자.

최대허용정지시간은 MTD나 MTPD 등의 용어를 일본어로 번역한 것인데, 이들 용어에 대해서는 몇 가지 다른 해석이 있다. 예를 들면 본서의 목표복구시간과 같이 「이 이상 업무를 정지하고 있으면 사업의 회복이 곤란해지는 타임 리미트」로 파악하는 것이나, 「업무를 완전히 원래의 상태(노멀한 공급레벨)로 돌아가기까지의 소요시간」이라고 보는 것도 있다. 여기서는 후자의 의미로 생각해보자.

다음 그림을 보자. ①은 최대허용정지시간이고 ②는 목표복구시간이다. 양자의 차이는 ①이 업무중단시점에서 통상의 공급레벨로 돌아오기까지의 전 기간을 나타내는 것에 비해 ②는 50페이지의 「목표복구시간의 정의」에서 한 것처럼 업무중단에 BCP 발동까지의 경과시간 (t)가 포함되어 있고, 말하자면 상대적인 시간이라고 간주할 수 있다.

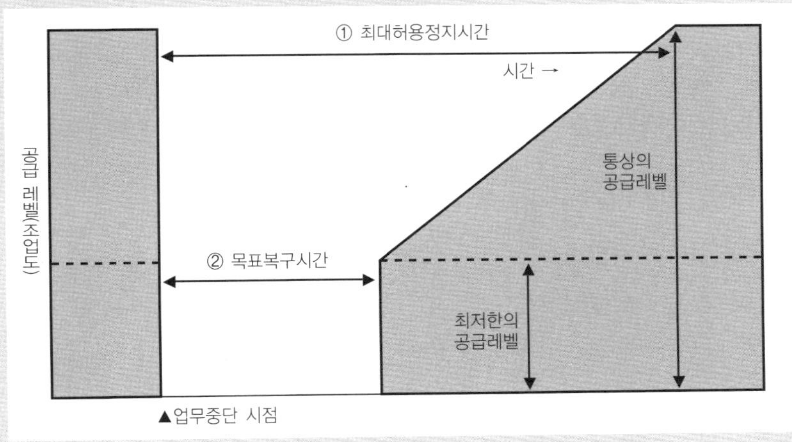

어째서 목표복구시간 이외에 최대허용정지시간이라는 지표가 고안된 것일까. 여

기서부터는 필자의 추론이다.

유럽과 미국에서 BCP 발동의 계기가 되는 위협은 주로 정전이나 화재, 폭발사고와 같은 지역적인 재해이다. 그리고 많은 경우 정보시스템이나 업무 어플리케이션에의 의존도를 업무복구의 우선순위의 지표로서 이용하고 있다. IT분야는 조달방법이나 회복수순, 데이터복구의 방식 등이 어느 정도 표준화되어 있다.

목표복구시간 이내에 하드웨어를 가동할 수 있다면 그 후의 데이터의 인스톨이나 동기 테스트, 업무정지기간 중에 쌓인 백로그의 처리 등에 얼마만큼의 시간과 힘을 쓰면 좋을까 견적하는 것은 가능하다. 또한 서양인 특유의 합리주의적인 사고방식으로서「중요한 것은 가복구가 아닌 언제까지 업무를 노멀한 상태로 돌려놓는가이다」라는 발상도 있을 것이다.

한편 일본에서는 목표복구시간을 설정할 때에 다음과 같이 생각하는 것은 아닐까.「어쨌든 업무를 가복구시키는 것은 선결해야 하므로 먼저 가복구의 목표기한을 결정하자. 그 후 언제 완전 복구될 것인가는 당사의 노력여하와 인프라나 관계처의 복구여하이다」

즉, 가복구의 완료시점을 목표복구시간의 명확한 도달점으로 하고 그 후의 통상의 공급태세로 돌아오기까지의 시간은 특별히 BCP에 명기하지 않고, 사전에는 결정하지 않는 것이다. 이것은 대지진 등 광역재해에의 대응을 제일로 생각하는 일본인들에게 있어서 어떤 의미에서는 자연스럽고 무리하지 않는 사고방식이라 생각된다(물론 엄밀하게 양방의 시간을 추정해두는 것 이상의 것은 없겠지만).

그러므로 어느 정도 비즈니스 임팩트 분석의 사고방식에 정통해서 여러 가지 방법을 시험해보는 경우는 별도로 하고, 처음으로 BCP를 책정하는 것이라면 위에서 서술한 것처럼 2중의 타임라인을 생각할 필요는 없다. 무엇보다도「자신이 담당하는 업무가 정지되어 1일, 2일, 3일, 1주일… 경과해간다면 도대체 어떤 영향이 나올 것인가, 언제까지 유지될 것인가」, 이 점만을 꼼꼼히 이미지를 부풀려서 상상하는 것, 이것이 중요한 것은 아닐까.

※ MTD(Maximum Tolerable Downtime)은 미국의 참고문헌에 자주 보이는 복구지표. MTPD(Maximum Tolerable Period of Disruption)은 영국 BCI의 Good Practice Guideline 2008에서 볼 수 있는 복구지표.

위험에의 대응

Step❸ 1 | 위험 대응의 목적

[1] 리스크 대응의 개요

「리스크」라는 말은 경영자의 측근이나 일부 엘리트가 비밀로 작은 방에 모여서 생각하고 의논하는 이미지이지만, 하루하루 업무에 쫓기는 우리들에게 있어서는 그다지 익숙하지 않은 것이 사실이다. 그러나 BCP에 있어서는 업무의 이행에 필요한 경영자원(사람, 물건, 정보 등)을 지키기 위해서 사원 한 명 한 명이 정면에서 「리스크」에 대항하지 않으면 안 된다.

구체적으로 리스크 대응에는 다음 2가지 목적이 있다.

① 업무기능이나 경영자원이 처해 있는 위험을 분명히 하는 것

STEP 2에서는 비즈니스 임팩트 분석을 통해서 중요한 업무와 그 업무를 기능시키기 위해 필요한 경영자원을 특정하였다. 여기까지 좁혀졌다면 다음은 이것들 고유의 위험을 발견하고, 그 처리방법을 검토한다면 좋을 것이다. 리스크가 실제로 일어날 가능성을 평가하는 작업은 리스크 평가라 부른다.

② 업무기능이나 경영자원을 리스크로부터 지키기 위한 예방책을 토론하는 것

리스크를 현재화시키지 않기 위해서는 지켜야 할 경영자원에 대해 앞서서 적절한 예방책을 강구해 두는 것이 중요하다. 사원이 출근할 수 없는 경우를 대비해 대체요원을 확보해 두고 공장의 기계장치라면 볼트로 고정하여 큰 지진이라도 흔들리거나 떨어지지 않도록 하는 궁리를, 침수피해가 예상되는 장소에 있는 회사라면 계단 아래에는 중요한 데이터를 다루

는 PC를 두지 않고, 혹은 만일의 사태에 대비해 2층에 중요한 서류나 기기가 피난할 곳을 마련해 두는 대책이 필요하다.

그러나 꼼꼼하게 예방책을 강구했다고 해도 절대 피해를 받지 않는다 단언할 수는 없는 것을 재해의 역사는 말해주고 있다. BCP에서는 중요한 경영자원이 피해를 당해서 사용, 액세스, 공급불능이 된 경우를 생각해서 몇 가지의 전술을 준비해 두는 것이 요구된다.

특히 통상의 수리준비로는 소정의 시간 내에 업무를 회복할 수 없는 경우 적절한 「대체 수단」을 실행에 옮길 것인지 말 것인지가 사업계속의 열쇠가 된다. 이와 같이 피해를 받았다면 어떠한 복구대책을 취하면 좋을 것인가, 즉 사후대책을 어떻게 해야 할 것인가에 대해서는 STEP 4의 「계속전략의 입안」에서 설명한다.

[2] 리스크 대응의 흐름

여기서는 리스크를 학문상의 어려운 지식이나 방법론의 틀에 가두지 않고 가능한 한 눈에 들어오게 일상의 업무 중에서 일어날 수 있는 현상으로서 포착하여 그 대책을 세워가는 것으로 한다. 여기서 소개하는 리스크 대책의 흐름은 다음과 같다(그림 2.4를 참조).

① 필요한 정보의 수집

BCP 사무국은 먼저 위험의 평가나 의사결정을 도울 기본적인 자료를 수집한다. 이것들은 환경적, 지리적인 취약성이나 현재의 대응상황에 관한 것으로 기상청이나 각 지자체의 홈페이지에서 입수할 수 있다.

② 재해의 종류와 이것에 기초한 피해 시나리오를 결정

①의 자료로부터 「자신의 회사에 있어서 가장 신경 쓰이는 위협」을 특정하고 이 위협에 대해서 피해 시나리오(피해상정)를 적용한다. 피해 시나리오를 제로부터 파악하는 것은 전문가의 노하우를 필요로 하기 때문에 이 책에서는 사내에서도 응용할 수 있는 간단한 방법을 소개한다.

③ 리스크 평가의 실시

여기서는 중요한 업무가 받는 「영향의 크기」와 「취약성」으로부터 평가한다. 영향과 취약성이 큰 경영자원일수록 피해가 현재화하기 쉽기 때문에 우선적으로 리스크 대책을 강구하지 않으면 안된다. 이 정보는 현장담당자, 주임에의 설문조사나 인터뷰를 통해서 수집한다.

④ 리스크 대응의 요청

사무국은 ③에서 실시한 리스크 평가의 결과를 회수하고, 대책의 우선순위를 정한 목록을 작성해서 각 부서에 리스크 대책의 입안을 요청한다.

⑤ 리스크의 회피, 경감대책의 입안

이것은 ④의 요청을 받은 각 부서의 작업이다. 개개의 현장 레벨에서 대책을 세우는 것 외에 상류하류와 같은 의존관계에 있는 부서가 연대해서 해결책을 내는 것도 중요하다. 이 어프로치는 예방책과 복구대책의 두 가지가 있지만 후자의 일부는 「계속대책」에 포함된다.

⑥ 리스크 대책안의 회수와 리스크 대책 리포트의 작성

사무국은 각 부서에서 리스크 대책안을 회수하고 이것을 리스크 대책 리포트로서 정리한다.

⑦ 리스크 대책의 승인

사무국은 경영진 및 관리자층을 대상으로 리스크 대책 리포트를 제시해서 승인을 얻는다. 앞서 서술한 BIA 리포트와 같이 대책의 수순이나 유효성, 예산 등에 관해서 여러 가지 찬반양론의 의견이 나올 것이다. 드래프트는 몇 번이고 고쳐 쓰는 것이 될 지도 모른다.

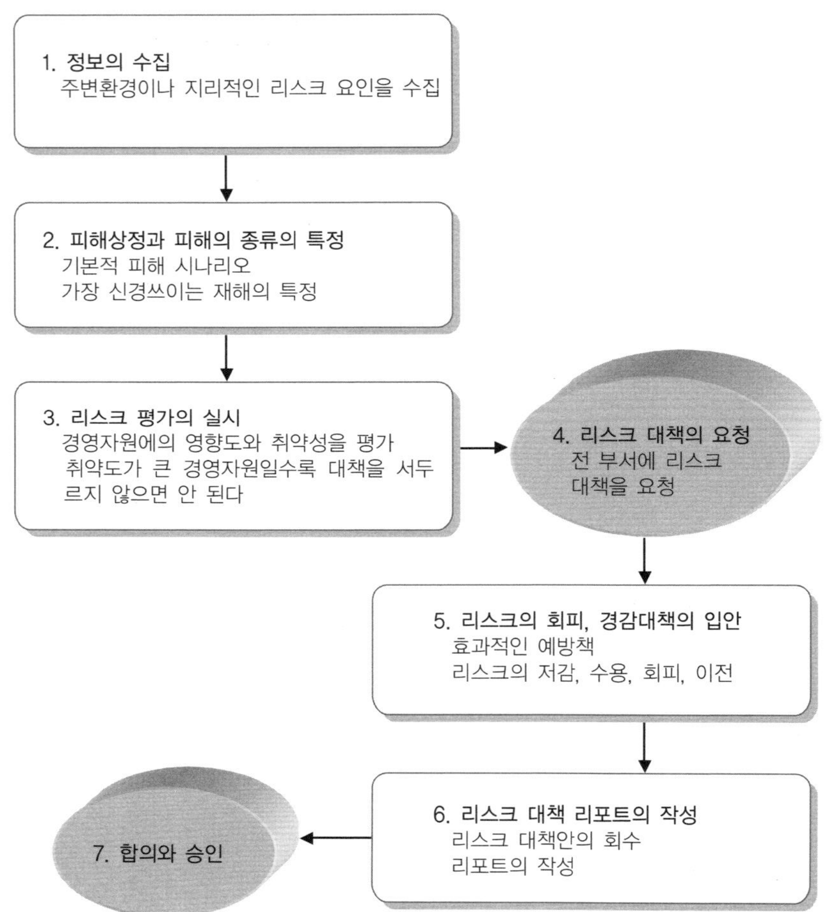

그림 2.4 리스크 대응의 흐름

2 | 리스크 평가

[1] 정보의 수집과 재해의 특정

최초의 스텝은 리스크의 피해상정에 쓰이는 기본적인 자료를 수집하는 것이다. 다음과 같이 몇 가지 다른 측면을 가진 데이터를 갖춘다.

① 방재 맵 / 하자드 맵

가장 가까운 지자체나 연구기관의 웹사이트에서는 시, 군, 구, 동별 방재 맵이나 하자드 맵을 입수할 수 있다. 국토교통성 하자드 맵 포털 사이트(http://www1.gsi.go.jp/geowww.disaportal/index.html) 등도 쓸 수 있다.

② 주위의 환경

시가지도를 참조하거나 실제로 걸어 보아 주변 환경에 위험은 없는지를 확인한다. 위험물이나 화학약품 재조공장, 고가나 철탑의 유무, 주변 건물의 밀집도, 회사건물의 바로 아래나 배후에 바위가 있는 것은 아닌가 등.

③ 과거의 피해기록

사내나 근린의 토지에서 과거에 발생하 재해나 장해복구의 기록 등도 유용하다. 내역 명세서는 피재의 정도, 복구에 필요한 시간, 인원수, 비용 등이다.

다음에 앞의 ①~③에서 수집한 정보를 기초로 당신의 회사에 있어서 「가장 신경 쓰이는 재해」를 선택한다. 앞의 방재 맵이나 과거의 재해기록을 참고하여 현재 회사가 가장 피해를 염려하고 있는 재해를 1~수개 특정하는 것으로 리스크 대책에서 대처해야 할 대상이 보이게 된다.

예

- 방재 맵에 의하면 당사는 □□ 활단층의 옆에 있는 것 같다.
  → 먼저 지진에 대한 대비를 염두에 두지 않으면 안 될 것이다.
- 당사는 고속도로가 커브하는 주변의 바로 아래에 위치해 있다. 과거 3년간 도로에서의 차량이나 적하의 낙하사고가 4건 발생하였다.
  → 「교통재해에 의한 업무의 중단」을 리스크에 포함시키자.
- 당사는 △△산 아래에 있으며 지형적으로는 좁은 계곡으로 열린 거리에 위치하고 있다.
  → 산사태나 토석류재를 고려할 필요가 있다.

BCP의 리스크 상정에는 지진, 화재, 수해를 하나의 전형으로 간주하는 경향이 있지만 위의 2번째 예에서처럼 과거의 재해 사례를 포함하는 것도 현실적인 선택방법이라 할 수 있다.

[2] 피해 시나리오의 작성

[1]에서 선택한 재해를 기초로 피해 시나리오(피해 상정)를 작성한다. 그러나 어디에 어떤 리스크가 현재화할 수 있는가를 파악하는 것은 매우 치밀하게 수고가 드는 작업이며 전문가의 협력이 없다면 여러 가지 부분에서 상정할 것을 놓치기 쉽다는 난점이 있다. 실제의 피해현장을 보았을 때 명탐정처럼 이것은 지진, 이것은 태풍이 원인으로 일어난 결과라고 간단히 판단할 수 있는 것은 아니다.

그래서 경영자원과 의존처를 기본적인 7개의 항목으로 분류하고 그 하나하나에 「가장 신경 쓰이는 재해」에 따라서 일어날 수 있는 시나리오를 적는다. 시나리오라고 해도 제로부터 제출하는 것이 아니다. 이미 비즈니스 임팩트 분석을 통해서 중요한 업무와 그 중에 포함된 경영자원, 의존처가 특정되어 있으므로 이들 경영자원이나 의존처가 상정한 재해에 의해 사용할 수 없어지는 사태를 상상한다면 좋을 것이다. 78페이지에서는 이 수순에 기초해서 피해 시나리오를 사용한 리스크 평가 시트를 소개한다.

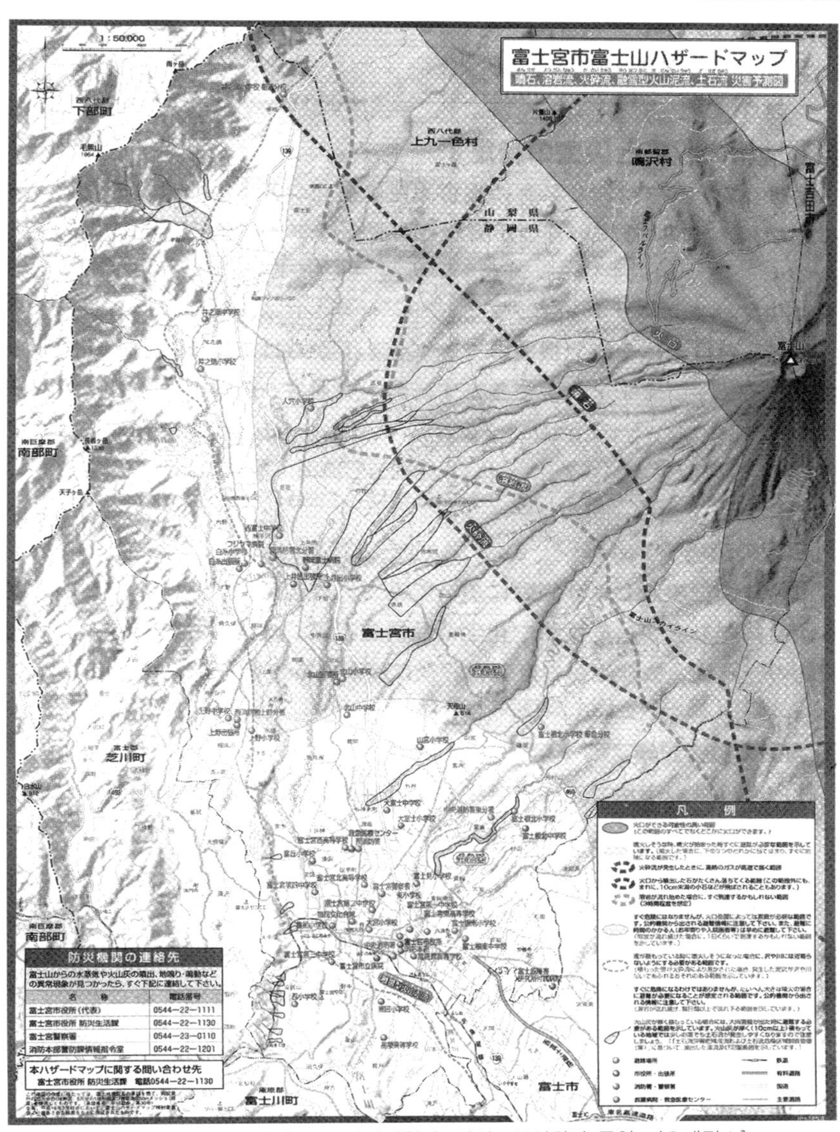

[발행 : 후지미야 시 총무부 방재생활과, 작성 : 주식회사 중앙 지오메틱스]
분석이나 용암류, 화쇄류 등의 재해를 예측한 화산 하자드 맵.
이 이외에도 홍수나 고조, 율파, 토사재해 등을 취급한 하자드 맵이나 방재지도가 있다.

그림 2.5 후지미야 시의 「후지산 하자드 맵」

[3] 리스크 평가의 2가지 지표

① 영향도

이것은 업무에의 「영향의 크기」를 나타내는 지표이다. 예를 들면 「광역 정전으로 데이터가 소실되었다」는 경우, 그것이 일상업무에서 사용하는 사내 문서용의 데이터인가, 출하지시나 POS 데이터인가로 업무에 받는 영향의 크기는 크게 달라진다. 이 영향도의 평가 랭크는 다음과 같다.

- 전혀/거의 영향이 없다＝1
- 영향이 있지만 업무중단으로 연결되지는 않는다＝2
- 영향은 매우 심각하다＝3

② 취약성

리스크 평가에는 자주 「발생확률」이라는 지표가 사용된다. 어느 장소에 있는 시간대에 화재가 생길 확률은 5%, 교통사고가 일어날 확률은 10%라는 평가를 한다. 이것은 기상의 변화나 사고, 범죄라는 반복하는 빈도가 비교적 높은 사상을 다루는 데 적절한 요소이다.

한편 발생확률을 적용해도 별로 의미를 가지지 않는 것도 있다. 대지진이나 판데믹(신형 인플루엔자의 대유행)이 그것이다. 이들은 어느 정도의 빈도로 일어나는지는 문제되지 않는다. 문제되는 것은 언제, 어디서 일어나는가이다.

여기서는 발생확률을 대신하는 것으로서 「취약성」이라는 지표를 이용한다. 이미 리스크의 요인인 재해(위협)와 중요한 자산(경영자원)은 특정되어 있다. 남겨진 미지수는 「피해가 발생하기 쉬운 정도」이지만 그 기준으로서 본서에서는 취약성이 간편하고 타당하다고 생각한다. 어느 피해 시나리오에 대해서 그 대책이 취해지는지의 여부를 판정하고, 그 정도에 응해서 랭크를 만든다. 이 평가 랭크는 다음과 같다.

- 충분한 대책이 취해져 있고, 계획적으로 점검하고 있다＝1
- 대책은 취해져 있지만, 점검은 가끔씩만 하고 있다＝2

- 대책은 취해져 있지만, 점검은 전혀 하지 않는다＝3
- 전혀/거의 대책이 취해져 있지 않다/모르겠다＝4

[4] 리스크 평가 시트의 한 예

다음 페이지의 리스크 평가 시트는 경영자원이 받는 영향의 크기와 취약성의 정도를 측정하는 것으로 리스크 치＝[영향도×취약성]식으로 산정하는 것으로 한다.

이 값이 클수록 리스크는 심각하다. 즉, 시나리오에서 제시한 피해가 일어나기 쉽고 영향도 크다고 간주한다. 이 시트에서는 가장 신경 쓰이는 재해로서 지진, 화재, 정전의 3가지를 상정하고 있다.

리스크 평가 시트

■ 다음의 피해상정의 항목과 BIA 조사표 「시트 B」의 경영자원·의존처를 대조하여 평가하시오.

부서명	NC선반가공부	기입자	○철수
중요업무명	NC선반가공작업	복구긴급도 랭크	A

경영자원의 분류	피해상정	영향을 받는 경영자원	영향도	취약성	리스크 값
사람	지진 또는 화재에 의한 부상	오퍼레이터 3명	3	1	3
	지진에 의한 교통망의 단절(출근불능)	오퍼레이터 3명	3	4	12
통신수단	지진으로 연락이 끊김(회선의 폭주)	전화·휴대전화	2	3	6
	지진 또는 화재로 통신수단이 파괴·손상	전화·메일·팩스	3	3	9
	구내의 정전으로 통신수단을 쓸 수 없다	전화·메일·팩스	1	3	3
	광역 정전으로 통신수단을 쓸 수 없다	전화·메일·팩스	2	2	4
기기·장치	지진 또는 화재로 기기·장치가 파괴·손상	NC선반, 연삭반	3	12	6
	구내의 정전으로 기기·장치의 가동이 불능	NC선반, 연삭반	2	1	2
	광역 정전으로 기기·장치의 가동이 불능	NC선반, 연삭반	3	3	9
IT 시스템	지진 또는 화재로 IT시스템이 파괴				
	구내의 정전으로 IT시스템이 정지				
	광역 정전으로 IT시스템이 정지				
정보자산	지진 또는 화재로 데이터가 파괴·소실				
	구내의 정전으로 데이터가 소실				
	광역 정전으로 데이터가 소실				
건물·시설	지진 또는 화재로 건물·공조설비가 파괴				
	구내의 정전으로 공조설비가 정지				
	광역 정전으로 공조설비가 정지				
서플라이어	지진에 의한 구입처의 피해(부품조달 불능)				
	그 외				

3 리스크의 저감과 회피

[1] 리스크 대책의 우선순위

리스크 평가의 목적은 경영자원에 대해서 영향의 크기나 피해를 받기 쉬운 정도의 면에서 대책을 서두를 것과 뒷전으로 할 수 있는 것을 나누는 것이다. 앞의 리스크 평가 시트로 말하자면 리스크 치가 최대치 12→최소치 1의 순서로 대응하는 것이다. 그러나 모든 중요업무에 대해서 이들 수치의 순서로 대책을 세우는 것은 효율적이지 않다. 시간도 예산도 한정되어 있기 때문이다.

그래서 여기서는 아래 그림처럼 중요업무의 「복구긴급도 랭크」(목표복구시간을 A, B, C, D의 4개로 구분한 것)과 리스크 값의 대응을 행하여 명확하게 대응시기를 나누는 방법을 취한다. 복구긴급도 랭크를 A→D의 순서로, 리스크 값이 「12」→「1」의 순서로 대응관계를 만들면 어느 그룹에 속하는 리스크를 언제까지 대응하면 좋은가가 한눈에 보이게 된다.

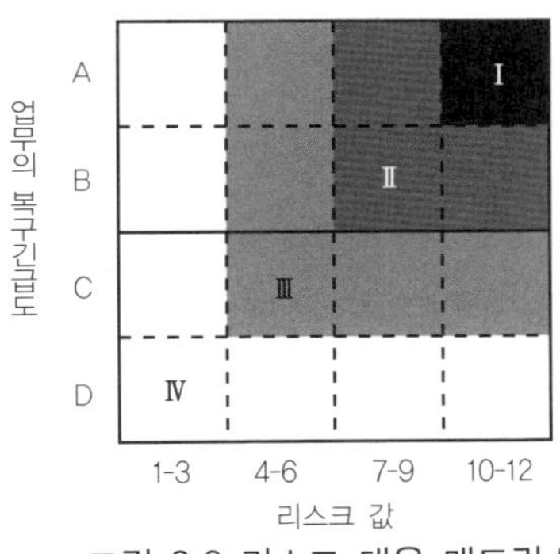

그림 2.6 리스크 대응 매트릭스

[2] 리스크 대응의 종류

리스크 대책이란 문자 그대로 리스크를 가능한 한 현재화시키지 않고, 회피한다는 선택지를 고안하여 실행에 옮기는 것이다. 구체적으로는 다음과 같은 옵션이 있다.

① 리스크의 회피

방재 맵에서 지리적으로 토석류 재해와 만날 위험성이 매우 높은 토지라는 것을 알게 되었다고 하자. 이런 경우 어떤 대책을 강구해도 막대한 인적 피해와 많은 복구비용은 면할 수 없다고 판단한다면 사업소를 보다 안전한 장소로 이전하는 것도 검토하지 않으면 안 된다.

② 리스크의 이전

보험 등을 통해서 재산의 위험을 떠넘기는 것이 용이하지만 이것은 어디까지나 받은 손해에 대해서 발생한 비용의 흡수수단밖에 되지 않는다. 잃은 귀중한 데이터나 기술 노하우는 돌아오지 않으며 BCP가 가진 합리성(업무를 계속하기 위한 전략)을 지원하는 수단으로도 될 수 없다.

③ 리스크의 저감

고객의 시장이 특정 지역에 한정되어 있고 기계설비나 가동 환경이 특수하므로 간단히는 사업소를 이전할 수 없고 비용도 막대하게 들 경우 무엇보다도 그 토지 그 장소에서 사업을 하지 않으면 안 된다. 자연재해에 대한 위험 대책으로서는 기계설비나 건물의 내진화, 보강공사 등으로 대책을 강화하는 것 뿐이다.

④ 리스크의 보유

이론적으로 이것이 가능한 것은 업무에의 영향이나 피해를 받기 쉬운 것(리스크 값이 낮은 것)에 한하지 않는다. BCP 리스크의 대책에는 통상 이런 종류의 리스크는 도외시되지만, 불씨는 언제 커질 지 모르므로 명확히 해 둘 필요가 있다. 특정 경영자원이나 위협을 대상으로 한 리스크 대책의 상세에 대해서는 「제 4장 여러 가지 대책」을 참조하길 바란다.

[3] 리스크 대책 리포트의 제출과 승인

리스크 대책의 옵션에 대해서는 대책의 유효성이나 대책비용 등을 명확히 하고 리스크 대책 리포트에 정리한다. 리스크 대책에 대해서 유효한 방법이 찾아지지 않아도 리스크를 보유하는 것(이들을 잔존 리스크라 한다)에 대해서도 명료하게 기록해 둔다. 리스크 대책 리포트에는 딱히 결정된 포맷은 없다. 필요한 기재항목은, 「중요업무명」, 「리스크 대책」, 「유효성」, 「비용」, 「잔존 리스크」, 「공급평가, 소견」 등이다.

> 칼럼
>
> ## 리스크 발견의 단면
>
> 리스크를 상정하거나 발견하기 위해서는 무엇보다도 「현장」의 시점이 중요하다고 여겨지고 있다. 지진을 상정한다면 장치나 부품의 전도나 낙하방치대책은 시행되고 있는가, 화재를 상정한다면 소화기나 스프링클러는 설치되어 있는가, 피난 유도로는 명확해지고 있는가, 하는 점을 체크하지 않으면 안 된다.
>
> 그러나 지진이나 화재의 발생이라는 상정에서 스트레이트로 현장을 눈으로 확인하는 것만으로는 보이지 않는 경우도 있다, 예를 들면 가상의 트레이에 들어있는 수많은 원재료. 그 원재료를 수작업 혹은 장치에 투입해서 제품으로 가공하는 종업원, 혹은 그 장치. 이것들(그들)이 갑자기 사용, 입수, 출근이 불가능해진 사태를 상정할 수 있겠는가. 우리들은 이 사업을 운영함에 있어서 항상 그곳에 있다는 것을 전제로 하는 의식이 있다. 이러한 의식은 많은 「상정 외의 사태」를 발생시키는 원인이 되는 것이다.
>
> 특정 재해의 발생만을 상정한 때에 일어나는 많은 상정의 오차를 막기 위해 여기서는 「업무의 흐름」에 착안한다. 업무는 자급자족적으로 움직이는 것이 아니라, 항상 무언가를 「받고」(인풋), 그것을 「처리하여」(프로세스), 처리한 「결과를 내놓는다」(아웃풋)는 3개의 작업을 반복하는 것으로 성립된다. 그리고 이들 3개의 작업에 포함된 경영자원에 대해서, 「이렇게 돼서는 곤란하다」, 「이것으로는 업무가 행해지지 않는다」라는 상황을 만들어내는 것으로 여러 가지 피해를 상정하는 것이 가능하다. 수순은 다음과 같다.

① 업무의 흐름에 경영자원을 적용한다

먼저 다음 표와 같은 인풋, 프로세스, 아웃풋의 흐름에 따라서 경영자원의 종류를 적용해보자.

〈업무의 흐름〉

인풋→	→프로세스→	→아웃풋
어디(누구)로부터 무엇을 어떤 방법으로 인수받을 것인가	누가 무엇을 어떤 방법으로 처리하여 무엇을 완성시킬 것인가	어디(누구)로 무엇을 어떤 방법으로 인도할 것인가

〈제조업무와 급여계산업무의 예〉

중요업무	인풋→	→프로세스→	→아웃풋
제조	구입원 A사로부터 부품 X와 Y를 A사의 차량으로 받는다	오퍼레이터 1명이 부품 X와 Y를 제조가공장치에서 처리 하고 제품 P를 완성시킨다	납품처 B사에게 제품 B를 당사차량으로 인도
급여계산	전 사원으로부터 타임가이드를 전자메일로 수리한다	경리사원 1명이 전 사운의 출결기록을 엑셀로 입력해서 급여명세를 완성한다	전 사원에게 급여명세를 출력해서 배포한다 (+은행송금작업)

② 각각의 경영자원의 선두에 「X」를 붙인다

「X」는 부정의 의미로 이 경영자원이 사용·프로세스·공급불능이 된 것을 나타낸다. 「(X) 구입원 A사」는 A사가 공급불능이라는 것, 「(X) 제조가공장치」는 이 장치가 가동할 수 없음을 나타낸다.

〈경영자원이 기능하지 않는 상황을 만들어낸다〉

중요업무	인풋→	→프로세스→	→아웃풋
제조	부품 X와 Y를 A사의 차량으로 받는다	(×)오퍼레이터 1명이 부품 X와 Y를 (×)제조가공장치로 처리 하고 (×)제품 P를 완성한다	(×)납품처 B사에게 제품 P를 당사차량으로 인도한다

③ 「X」를 붙인 경영자원의 피해 시나리오를 작성한다
「X」를 붙인 개개의 경영자원에 대해서 「이런 일이 일어나면 곤란하다」라고 생각되는 사태를 상정해서 작성한다.

〈피해를 당한 경영자원의 시나리오를 구체적으로 상정〉

「X」오퍼레이터	→출근할 수 없다(교통기관의 두절, 자택이 피해당함) →휴직(피해를 당해 부상·입원), 퇴사
「X」제조가공장치	→피해를 입어 손괴나 고장 →전기가 공급되지 않음(정전) →오퍼레이터의 부재 →원재료가 공급되지 않는다

위의 표에서 인원이 부재, 정전으로 장치나 기기가 가동할 수 없는 시나리오는 어느 중요업무에서도 공통된 사항이며 이것들을 한 가질 정리하는 것이 가능하다. 이 수순으로 ×가 붙은 모든 경영자원의 시나리오를 작성하고 중복을 정리하면 완성이다.

 4

계속전략의 입안

[1] 들어가며

「계속전략」또는「계속대책」(Businewss Continuity Strategies)이란 사업 중단 후 소정의 기한까지 소정의 레벨로 제품의 서비스의 공급을 재개하기 위한 방법을 확립하는 것이며 지금까지의 준비 작업으로 얻은 여러 가지 지표나 방향을 최대한으로 활용하는 프로세스도 있다. 본제에 들어가기 전에 BCP 책정 프로세스의 발자국을 돌아보자.

최초의 비즈니스의 방향으로는 중요한 핵심사업을 특정하고 회사가 피해를 당한 때 우선적으로 지켜야 할 사업의 범위를 좁혔다. 다음의 비즈니스 임팩트 분석에서는 중요한 핵심사업을 구성하는 여러 가지 중요업무군을 특정하고 업무마다 목표복구시간을 추정하였다. 또한 각각의 업무기능을 도맡기 위해 필요한 경영자원과 의존처를 리스트업하였다. 리스트 평가에서는 이들 업무기능을 대상으로 효과적인 리스크의 회피, 저감방법을 모색하였다.

이상의 흐름에서 알 수 있듯이 지금까지는 사업계속의 대책이나 과제를 검토하기 위한 말하자면 준비 작업에 상당하는 것이었다. 앞부분에서 서술한 것처럼「계속」을 위해서 대책이나 과제에는 아직 마주하지 않고 있기 때문이다. 리스크의 회피나 저감은 예방책이며 업무중단에서의 복구시간이 목표복구시간을 넘지 않는, 혹은 거기까지 미치지 않도록 하기 위한 데미지 경감책으로 간주할 수 있다. 그러나 어쨌든 상대는 리스크이므로 경감책의 효과가 확실히 기대된다는 것은 아니다. 그러므로 무엇으로서도 이 그레이 존에 대해 과학적이고 객관적인 방법으로 사업을 중지하지 않게 하기 위한 혹은 조기에 회복하기 위한 대책을 실장하여 가시화해 둘 필요가 있다. 이하에서는 사업의 계속을 가능하기 하기 위한 여러 가지 요건과 그 실현방법에 대해서 설명한다.

[2] 계속의 사고방식

사업계속의 방향성은 3가지 측면에서 생각해 볼 수 있다. 하나는 「시간적 제약」, 다음은 「유효성」, 마지막 하나는 「비용」이다.

① 시간적 제약

목표복구시간(RTO)은 계속대책의 방향성을 결정하는 중요한 지표의 하나이다. RTO를 고려하지 않는 복구대책은 전기나 전화가 복구되지 않으면, 어떠한 행동도 일으킬 수 없으며, 메이커로부터 수리가 오는 것은 다음 주 이후이므로 그 때까지 제조라인을 멈추는 즉흥적인 대응밖에 할 수 없게 된다. BCP에서는 이와 같은 일이 없도록 RTO를 전략적으로 활용한다.

예를 들면 RTO가 몇 시간과 같은 시간적 제약이 매우 엄한 업무에서는 직원의 이동이나 업무시스템의 조달이 곤란하므로 미리 필요한 최소한의 경영자원을 갖춘 대체부지를 확보한다. RTO가 며칠 정도의 업무라면 직원의 이동이나 업무시스템의 조달은 어느 정도 가능하며 소정의 대체거점에 필요한 기재나 설비를 반입해서 업무를 재개하는 것도 가능하다. RTO가 수 주간 또는 그 이상, 즉 복구긴급도가 높다고 간주되고 있는 업무의 경우에는 복구를 보류해서 다른 긴급도가 높은 업무의 복구지원에 임하는 것으로 된다.

② 유효성

계속대책은 주로 피해를 경감, 회피하기 위해 어떻게 할 것인가를 묻는 리스크 대책과는 달리 피해가 현재화한 경우에는 어떻게 대처할 것인가를 묻는 것이다. 모든 업무자산을 한 번에 회복하는 것은 효율적이라고는 할 수 없고, 또한 하나의 대책이 확실하게 기능한다는 보증도 없기 때문에 몇 가지 유효한 옵션을 준비해 둘 필요가 있다.

예를 들면 어느 정밀기계부품가공의 회사가 NC선반가공업무의 계속대책을 검토했다고 하자. 개별 리스크 대책으로서 지진의 충격의 영향을 받지 않도록 하는 가공설치군의 볼트에 의한 고정이나 주위기재의 낙하, 전도를 방지하는 대책은 이미 취해져 있다. 그러나 그렇더라도 가공장치가 영향을 받아 구동될 수 없게 된다면 혹은 부품을 조달할 수 없어진다면 어떨까. 여기서는 다음과 같은 옵션을 생각해볼 수 있다.

- 표준가공부품의 재고에 대해서는 RTO를 만족시키도록 넉넉하게 분산·보관한다.
- 원재료, 부품에 대해서는 복수의 조달처를 확보해둔다.
- 장치군의 리스크 저감대책을 보다 철저하게 하고 강화한다.
- 구 장치의 일부를 매각하지 않고 예비로서 동시에 피해를 입지 않을 원격지의 창고 등에 보관해둔다.
- 작업공정의 일부 또는 전부를 시장성을 고려해서 별도의 지역에도 확보한다(업무의 이중화)
- 중단한 제작중인 물건이나 신규주문품의 작업을 동업자나 협력회사에 위탁할 수 있도록 사전에 계약해 놓는다.

③ 비용

「비용」은 시간적 제약조건이나 유효성과 함께 계속대책의 채용가부를 결정하기 위한 중요한 지표이다. 계속대책에 한하지 않고 연구개발이나 판매촉진의 캠페인 예산, 신규사업의 프로젝트의 예산 등 모든 비즈니스 활동에 대해서 말할 수 있는 것이지만, 비용에 대해서는 아이디어와의 밸런스, 즉 비용 대 효과를 측정해서 처음으로 다음 발판이 얻어진다고 할 수 있다.

단 BCP의 경우 다른 비즈니스 활동의 비용 대 효과의 측정과는 크게 다른 점이 있음에 주의하지 않으면 안 된다. 그것은 다른 연구개발이나 판매촉진 캠페인의 투입예산이 분명하게 현재보다 가치가 향상한다고 기대되는 「투자」로 보는 데에 비해 계속대책의 예산은 만일의 사태에 대비하기 위한 「지출」처럼 간주되기 쉽다는 것이다. 이미 BCP 책정 프로젝트는 고비를 넘기는 단계에 있기 때문에 이 시점에서 중요한 요점인 계속대책예산이 승인되지 않는다는 것은 생각하기 어려울지도 모른다. 그러나 앞서 서술한 것 같은 이유에 의해서 계속대책이 연기나 실패가 될 가능성도 부정할 수 없다. 그래서 계속대책의 비용 대 효과를 생각할 때에는 다음의 것들에 주의하기 바란다.

- 계속대책을 도입하지 않는 경우의 고객에의 영향이나 수익 손실의 크기···(A)
- 계속대책의 도입(실장)에 필요한 비용···(B)
- 계속대책의 유지에 필요한 1년간의 비용···(B)′
- (A)와 (B)+(B)′를 비교

(A) 중에서는 고객에의 영향(고객이탈이나 신용상실, 소문피해)과 같은 무형의 손실도 포함되어 있기 때문에 일개 문자로 산정하는 것은 불가능하지만 그래도 계속대책으로서 유효한 방법이 있다면 (A)>(B)+(B)′로 될 것이다.

또한 현재에는 중소기업의 BCP를 대상으로 한 융자제도도 정착되어 가고 있다. 예산적으로 재고를 해야 하는 씬이 늘어나는듯 하다면 이러한 융자제도를 활용하는 것도 하나의 방법이다. 이들 특정 조건을 만족하는 경우에 이용가능하다는 케이스가 많은 것 같다. 예를 들면 중소기업청이나 각 시군청이 제공하는 BCP의 서식일 것, 혹은 은행 지정의 컨설턴트 단체를 통해서 책정한 BCP일 것, 과 같은 조건이다.

Step❹
2 │ 사업계속을 위한 요건

[1] 대체시설의 검토 - 장소, 거리 등

리스크는 「장소」에 한정되는 것과 그렇지 않은 것이 있다. 전자의 예는 자연재해나 화재 그 외의 사고가 있으며, 후자의 예는 신형 인플루엔자나 컴퓨터 바이러스에 의한 공격 등이 있다. 후자와 같은 위협을 BCP의 리스크 대응에 포함시킬 경우 장소를 이동, 분산하거나 거리를 둔다는 종래의 대책에는 효과가 얻어지기 어려운 것을 기억해두지 않으면 안 된다.

여기서는 「장소」에 한정되는 리스크가 현재화한 때의 계속의 방법에 대해서 생각해보자. BCP에서는 건물이 피해를 당해서 액세스 불능이 된 경우를 생각해서 대체시설, 대체거점을 준비해두는 것이 일반적인 대책으로 여겨지고 있다. 이 경우의 검토사항은 아래와 같다.

① 목적

대책본부, 업무이행을 위한 사무실, 중요한 정보자산의 외부보관장소와 같은 사용목적의 차이에 의해 만족해야 할 조건(필요한 경영자원, 도구, 수량 등)은 여러 가지 레벨로 달라지고 있다.

② 장소

계속대책에는 목표복구시간(RTO)를 만족하는 조건을 우선해서 검토하지 않으면 안 된다. RTO의 값이 작을(단시간이다)수록 장소는 한정적으로 된다. 예를 들어 RTO가 2일이라면 2일 이내에 직원이 이동하여 대체장소에 도착해서 가복구의 준비를 완료하지 않으면 안 된다. 즉 그만큼 가까운 장소를 선택할 것인가, 먼 곳을 선택할 수밖에 없는 경우에는 현지에 급행 가능한 직원(가장 가까운 영업소의 사원 등)을 지명해 둘 필요가 있다.

③ 이동시간과 교통거리

이것은 ②와 조금 겹치지만 목표복구시간 내에 여유를 가지고 직원이 현지에 도착할 수 있을까 아닐까, 현지에서 필시 가복구의 업무에 종사하는 것이라면 직원의 통근의 부하는 어느 정도일까라는 점을 사전에 체크한다. 또한 직원에 따라서는 대체지에의 출장을 원하지 않는 사람이 있을지도 모른다. 인사부 등의 협력을 얻어 이러한 점을 확인해두는 것도 중요하다.

④ 인원수와 용량

이것은 ①과 조금 겹치지만 대책본부, 업무수행을 위한 사무소 등 용도의 차이나 시간의 경과와 함께 수용인수는 변화한다. 고정적으로 파악하면 수용 공간 그 외의 새로운 문제가 발생할 가능성이 있다. 다음과 같은 시나리오를 생각해보자.

임시의 고객대응업무를 위해 협력회사의 회의실을 1주간 빌렸다고 한다. 그리고 3명의 직원이 전화 3대, 노트북 2대를 사용해서 업무 정지 후 4일째부터 대응을 재개한다. 이 때, 이른바 고객대응의 백로그(3일분의 미처리 건수)가 한 번 발생하여 전화나 이메일의 대응을 따라잡지 못하게 되는 정도가 아니라 회선이 연결되는 것조차 어려워지는 것도 생각해볼 수 있다. 이러한 사태를 상정한 뒤에 활동 개시 직후에는 직원이나 도구를 넉넉히 확보하고 그 후는 서서히 줄여가는 등, 인원수와 용량을 조정하는 것이 중요하다.

⑤ 지리적인 이점과 단점

대체지에서의 활동이 예정보다 지연된 경우의 영향을 고려한다. 업무를 재개하는 것에 있어서 고객이나 거래처와의 오고 감이나 커뮤니케이션에 문제는 없는가, 지리적인 리스크 요인은 존재하지 않는가(이와 같은 경우에도 방재 매뉴얼이나 하자드 맵은 역할을 한다), 지방풍습의 특성은 어느 정도인가, 혹은 대체지에서의 새로운 비즈니스 기회는 있는가, 와 같은 점을 검토한다.

[2] 대체기술과 요구수준
① 상용의 대체부지

회사 건물의 일부가 피해를 당해 사용할 수 없게 된 경우, 피해를 면한 회의실이나 사원식당을 이용하는 다른 업무부문의 빈 공간을 공동 이용하는 회사의 부지 내에 조립식 건물이나 대형 텐트를 설치, 설영하는 것과 같은 대책이 취해진다. 일본에서는 이러한 자사대응에 더해 상용의 대체부지 서비스도 찾아볼 수 있게 되었지만 그 종류나 규모, 이용요금 같은 체계는 여러 가지이다. 여기서는 이미 유럽과 미국에서 일반화되어 가는 상용부지 이용의 예를 몇 가지 소개한다.

- 호텔의 회의실 : 화재 등의 국소재해에는 유효하지만 지진 같은 광역재해에는 「선착순」이며 호텔 자체가 받아들이는 것을 거부할 가능성도 있다.
- 고정형의 거점 : 공동으로 이용하는 것이나 전용으로 확보할 수 있는 부지도 있다.
- 이동형의 거점 : 이동형은 트레일러 하우스와 같은 것으로 전기, 전화, 인터넷 등의 유무나 가용성의 레벨은 여러 가지이다.

한편, 다음과 같은 IT의 재해복구지향 솔루션은 일본에서도 설비가 충실하다.

- 핫 사이트 : 유저 기업의 높은 가용성과 신뢰성, 안전성을 갖춘 데이터 센터를 제공. 사무실이나 기계실이 세트로 되어 있고 직원이 도착하는 대로 언제든 이용가능.
- 콜드 사이트 : 유저 기업의 높은 가용성과 신뢰성, 안전성을 갖춘 데이터 센터를 제공, 컴퓨터나 네트워크, 전화는 유저 기업에서 준비.

② 정보자산의 확보

BCP에 있어서 정보자산 전반의 보전방법에 대해서 「4.5 데이터와 문서자산」을 참조하길 바란다. 여기서는 전자데이터를 중심으로 한 계속대책의 포인트에 대해서 설명한다.

전자데이터의 3가지 요건, 「기밀성」, 「안전성」, 「가용성」은 사업계속의 관점에 있어서도 똑같이 중요하다.

- 기밀성 : 사내 및 사외(원격보관) 혹은 복구를 위해 데이터를 회수하는 과정으로 데이터가 도난당하거나 재해의 충격으로 디스크류가 산란이나 분실되지 않게 하는 것.
- 안전성 : 복수의 시스템에서 동시 백업을 해서 데이터의 정합성을 유지하는 것이 필요.
- 가용성 : 데이터를 원격보관할 경우 데이터의 회수에 복잡한 수속을 밟거나 며칠이나 시간이 걸릴듯한 방법은 피한다. 정보시스템이 사용가능한 상태가 된 시점에서 복구하는 데이터가 손안에 있어야 하는 것이 중요.

또한 데이터를 어느 시점으로 복구시킬 것인가, 어느 정도의 데이터량을 복구하면 좋을까와 같은 점도 중요한 포인트이다. 가능한 한 최신 데이터로 복원할 수 잇는 것이 바람직하겠지만 시스템의 처리의 부하가 심하게 크면 새로운 고장의 원인이 될 수 있으므로 주의를 요한다. 또한 이러한 데이터 복구의 문제나 문제를 저감하는 방법으로 외부의 전송 서비스를 이용하는 방법도 있다. 이것에는 유저의 백업시스템을 갖추고 네트워크를 더해서 데이터의 갱신을 행하는 미러사이트나, 데이터의 외부보관에 적절한 서비스로서 테이프 스토리지나 디스크 스토리지 서비스 등도 있다.

Step❹

3 │ 계속대책의 수순

[1] 계속대책 시트의 작성

지금까지 서술해 온 여러 가지 요건이나 사고방식을 여기서는 「계속대책 시트」(표 2.3)에 집약해서 검토해보자. 계속대책의 목적이 기억나는가. 「사업중단 후, 소정의 기한까지 소정의 레벨로 제품이나 서비스의 공급을 재개하기 위한 방법을 확립하는 것」이다. 「소정의 기한까지」란 목표복구시간이며, 「소정의 레벨로」란 목표복구시간에 만족시키는 제품이나 서비스의 최저공급레벨, 계약서에 규정한 서비스 보증 레벨, 경영 맵이 결정한 공급 레벨을 가리킨다. 대상이 되는 것은 복구긴급도가 높은 업무군 및 그 중에 포함된 경영자원과 의존처이다.

이 시트에서는 정밀기계부품가공업무의 계속대책을 검토하고 있다. 이 업무에서는 경험 5년 이상의 기능을 가진 사원이 5명, NC선반, 밀링, 연삭반 3종류의 공작기계를 사용하고 있다. 표의 ①~③을 보는 법은 이하와 같다.

①-②계속대책에 대해서 경영자원마다 검토하는 「개별대책」과 외주위탁이나 프로세스 전체의 대체를 검토하는「종합대책」 2가지의 시점을 마련한다. 또한 각각의 대체책에는 「소요시간」과 「비용」의 란을 마련해 계속대책마다 기입한다. 「소요시간」은 인원이라면 오퍼레이터로서 장치의 앞에 스탠바이할 수 있을 때까지의 시간, 장치라면 수리 혹은 신규로 조달해서 작업장에 설치될 때까지의 시간을 가리킨다.

③표의 우측 상단에는 장치의 복구시간, 구동준비시간, 목표복구시간의 란이 있다. 목표복구시간(3일)＝장치복구시간(2일)+구동준비시간(1일)이다. 「구동준비시간」은 장치의 점검, 조정, 시운전의 견적시간을 가리키지만, 생산공정이라면 원재료가 입하하기까지의 시간, 정보시스템이라면 데이터 복구의 작업시간 등이 포함된다.

이 표에서는 경영자원과 의존처에 대해서 인원, 통신수단과 같은 큰 묶음으로 나누어져 있는 것만으로 비즈니스 임팩트 분석의 시트 B에 기입한 것과 같은 명세항목은 마련되어 있지 않다. 왜냐하면 계속대책은 개개의 중요업무의 「기능」을 얼마나 유지할 것인가라는 문제임과 동시에 그 위에는 「중요 핵심사업으로서의 제품이나 서비스의 공급을 어떻게 유지할 것인가」라는 대국적인 목적이 있기 때문이다.

표 2.3 계속대책 시트

중요업무명	정밀기계부품 가공업무			장치복구시간	2일 ③	
공급레벨	최저이더라도 대기업 10사의 평균적인			가동준비시간	1일	
	주문량을 유지하는 것(긴급품은 제외)			목표복구시간	3일	
분류	개별대책	소요시간	비용	종합대책	소요시간	비용
인원	교대요원의 확보 (경험 5년×5명)	수 시간	－ ①	인재파견 이용	2일	3만엔/일
통신수단	－	－	－	센다이 지점을 중계연락처로 한다	② －	－
장치, 설비	수리, 신규구입 • NC선반 • 밀링 머신 • 연삭반	수리업자의 파견(최단 4일) 신규 구입(1개월)	신규 구입 시 1000만 엔/대	동종의 공작기계를 소유하는 협력회사 X사에게 업무를 위탁	2일	20만엔
데이터	설계데이터는 USB 메모리에 옮겨서 외부보관	－	－	－	－	－
IT	사장댁에 예비 PC를 보관	－	－	－	－	－
의존처	금속가공부품 a, b, c의 대체 구입처를 개척	1개월	－	－	－	－
종합평가, 소견(≤RTO)	장치의 수리, 신규조달에서는 RTO를 만족 시키지 않음	－	－	RTO를 만족시킨다. X사에의 업무 위탁은 경쟁력 저하로 이어지지만, 공급책임과 신용 유지를 위해서는 불가결	－	－

[2] 계속대책의 평가와 경영진에 의한 승인

① 계속대책의 검토

계속대책의 검토는 현장의 직원 전원으로 아이디어를 낸다. 처음부터 목표복구시간이나 비용면을 의식하거나 하지 않고 브레인 스토밍 등을 활용해서 자유로운 발상으로 가능한 한 많은 제안을 낸다. 또한 이미 효과적인 대체책이 강구되어 있고, 계속대책으로서 유효한 것이나 계속대책의 대상이 되기 어려운 항목에 대해서는 공란인 채로 두어도 상관없다. 표의 맨 아래 행에는 「종합평가, 소견」의 란이 있다. 여기에 개별 대책과 종합대책 각각의 전제평가를 행하고, 대강의 방향을 잡아둔다.

② 계속대책의 평가

계속대책 시트에 기입된 여러 가지 옵션에서 유효한 대책을 선택한다. 평가의 기준은 목표복구시간을 만족시킬 것, 계속대책으로서 효과가 기대될 것, 타당한 비용일 것, 등이다. 이 선택은 1개로 한정될 필요는 없다. 앞서 서술한 것처럼 뜻밖의 사태 하에서는 선택한 1개의 방법이 확실하게 기능하리라는 보장도 없으므로 다음 ③처럼 복수의 옵션을 조합해 시나리오 베이스에서 정리하는 것도 가능하다.

③ 평가의 정리

이 표에서는 종합평가, 소견에서 「동종의 공작기계를 소유한 협력회사 X사에 업무를 위탁」하는 것이 최선책으로 생각되고 있는 것 같다. 이와 같이 최종적으로 1개의 대책으로 좁혀지는 것이 가능하다면 이상적이지만, 유효한 복수의 옵션을 조합시킨 시나리오를 만드는 것도 가능하다. 예를 들면 표 2.3에서 「인원」의 개별대책에서는 이미 교대요원이 확보되어 있으며 RTO는 만족시킬 수 있다.

그와 같이 「종합대책」에서는 인재파견도 검토되고 있으며 이것도 RTO를 만족시킬 수 있다. 그래서 이 2가지 유효한 대책을 조합시켜 「교대요원이 현장으로 올 수 없는 경우는 인재파견을 통해서 경험있는 외부의 직원을 수 명 배치한다」같은 시나리오를 준비한다면 보다 유효성을 높이는 것이 가능하다.

[3] 경영진에의 제시와 승인

마지막으로 ③을 통해서 계속대책의 리스트를 작성하고 경영진에게 제출하여 승인을 얻는다. 계속대책의 리스트에는 특별히 결정된 포맷은 없다. 필요한 기재항목은 「중요업무명」, 「구체적인 계속대책」, 「인원의 배치방법」, 「목표복구시간」, 「소요시간」, 「비용」, 「종합평가, 소견」 등이다.

긴급 시의 2가지 대응계획

[1] 들어가며

지금까지는 BCP의 책정 프로세스를 통해서「무엇을 어떻게 지킬 것인가」를 업무의 종류와 경영자원, 업무중단에 의한 영향의 크기를 중심으로 생각해보았다. 여기서는 만일 업무가 중단된 경우 그것들을「누군가가 어떻게」회복하는가를 결정한다. 이것이 BCP에 있어서의 행동계획이다.

BCP의 행동계획은 재해가 발생해서 전원 피난하고 안부를 확인한 후에 사내로 돌아가 피해상황을 체크하는 것과 같은 일련 초기대응이라 부르는 행동계획을 이어받는 형태로 작성된다. 이 초기 대응용의 계획(긴급 시 대응계획)에 대해서는 이미 사내에 방재 매뉴얼이나 긴급대응 매뉴얼 등을 완비하고 있는 경우는 이들 순서를 기본으로 하는 것이 가능하다. 이러한 매뉴얼을 준비하고 있지 않은 회사에서는 BCP의 행동계획의 책정에 앞서서 초기대응용의 매뉴얼 또는 행동계획을 작성할 것인가, BCP의 안에 동등한 요소를 편입시킬 필요가 있다.

이 책에는 이「초기대응~BCP의 발동판정까지」및「BCP의 발동에서 업무의 회복까지」의 프로세스를 광의의 BCP에 포함시키는 것으로 하고,

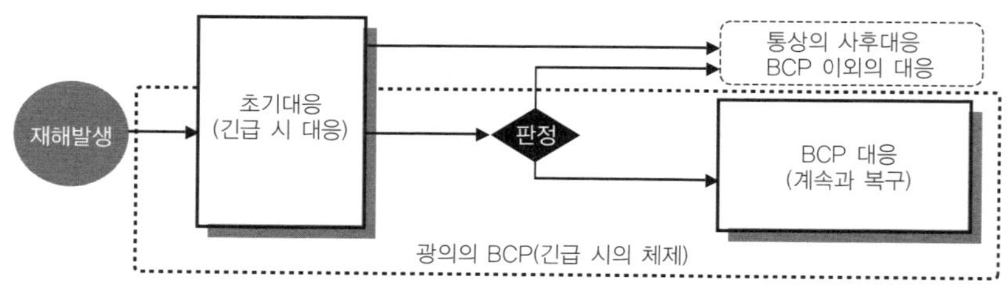

그림 2.7 긴급 시의 대응체제

양자를 합해서 「긴급 시의 체제」라고 부르는 것으로 한다(그림 2.7 참조). 덧붙여 본격적인 사업계속경영의 세계에서는 상위에 포괄적인 위기관리 프로그램을 고정시켜 틀 안에 이러한 긴급 시의 계획이나 사업계속계획을 두는 것이라고 여겨지고 있다.

이하에서는 이 체제를 초기대응부터 BCP 발동까지, BCP의 발동기준, BCP의 발동부터 업무의 회복까지 3가지의 블록으로 나누어 설명한다.

[2] 초기대응부터 BCP 발동까지

재해가 발생하면 즉시 초기대응을 실행한다. 방재계획을 완비하고 있는 기업이라면 소화반이나 피난유도반과 같은 역할을 가진 멤버가 활동하고 잇달아 재해의 규모가 커진다면 대책본부가 설치된다. 긴급사태를 빠져나온 후에는 사원이나 내방객의 안전을 확인하고 직장으로 돌아간다. 다음으로 사원 한 명 한 명, 혹은 지명된 조사팀이 피해상황을 체크하고, 그 결과를 대책본부에 보고한다. 본 절에서는 이 「BCP의 발동기준」([3]을 참조)을 적용해서 피해를 당한 업무의 예상복구시간이 그 기준을 넘고 있을 경우는 BCP의 발동을 단행한다. 한편 기준에 달하지 못한 경우는 통상의 사고대응(개별, 현장 베이스의 복구)을 행한다.

[3] BCP의 발동기준

BCP를 발동해야할지 말지는 어떤 기준으로 결정하면 좋을 것인가. 여기서는 다음 2가지 사고방식이 있다.

하나는 제품이나 서비스의 제조, 공급거점이 분산되어 있는 기업에서는 「자동판정」이 필요한 경우가 있다는 것이다. 예를 들면 A제품의 제조·판매에 도쿄의 본사와 센다이의 공장이 사용되고 있다고 하자. 만약 본사가 재해를 입어 전화, 팩스, 이메일, 온라인에 의한 출하지시 등 모든 통신수단이 두절되어 공장과 연락이 되지 않게 된 경우, 공장의 업무가 정지해서 고립되어 버릴 위험성이 있다. 이 경우, 예를 들면 다음과 같은 기준을 설정해, 이 사태들이 일어난 경우는 자동적으로 BCP를 발동해서, 미리 결정된 수순으로 행동할 수 있는 구조를 준비한다.

> - 본사권에서 진도 6의 지진이 발생했다고 미디어에서 보고한 때
> - 본사권에서 발생한 지진에 의해 통신이 3시간 이상 두절된 때

또 한 가지는 「상황판단」이다. 제품이나 서비스의 제조, 공급이 다른 거점에 영향을 주지 않는 회사, 단일 거점밖에 가지지 못한 회사에서는 「진도 6의 지진」과 같은 기계적인 판정보다도 다음과 같이 「중요한 업무가 데미지를 받았는가, 받았다면 그 영향은 어디까지 확장될 것인가」와 같은 상황판정의 방법이 유연하게 대응할 수 있게 한다.

> - 제품이나 서비스를 공급할 수 없어지는 사태가 발생한다.
> - 중단한 업무의 예상복구시간≧목표복구시간이라 판단된 때

예를 들면 어느 중요업무(목표복구시간을 3일로 한다)가 집중호우에 의한 전기설비의 침수로 정전, 중단되었다고 하자. 피해상황을 확인한 뒤 전기설비가 복구하기까지 2일 있어도 충분하다고 판단한 경우, BCP는 발동하지 않고 끝난다. 반대로 복구가 3일 이상 걸린다고 예상되는 경우는 BCP를 발동하여 대체수단을 실행에 옮기지 않으면 안 된다.

피난권고 등으로 피해가 나오지 않더라도 업무를 중단할 수밖에 없는 경우는 최고직위의 판단이 필요해진다. 즉 이대로의 상태가 계속된다면 업무에 심각한 영향이 나올 것이라고 판단한다면 BCP의 발동은 보류한다. BCP의 발동은 「옳음」인가 「그름」인가와 같은 것이 아닌 위에서 서술한 2개의 상황을 감안해서 유연하게 판정하는 자세도 필요하다.

[4] BCP의 발동부터 업무의 회복까지

BCP의 발동부터 업무의 회복까지의 흐름을 여기서는 「가복구」와 「본복구」 2가지로 나눈다. 이 2가지 단계는 반드시 가복구→본복구의 순서로 실행시키는 것이 아닌, 거의 평행해서 진행하는 것이라 생각하는 방식이 자연스럽다. 이 관계는 그림 2.8과 같다.

　「가복구」에서는 업무계속팀(후술)이 중심이 되어 중단한 중요업무를 최저보증레벨로 재개할 수 있도록 BCP에 규정된 대체전술을 실행에 옮긴다. 잠정적인 업무를 개재할 수 있기까지의 소요시간은 목표복구시간 내를 목표로 한다. 한편 「본복구」에서는 업무계속팀이 가복구에 전념하고 있을 때 재해복구팀(후술)이 건물이나 시설 내의 설비, 비품, PC, 네트워크의 수리, 데이터의 복구를 행해 본래의 부문기능을 정상인 상태로 돌려놓는다.

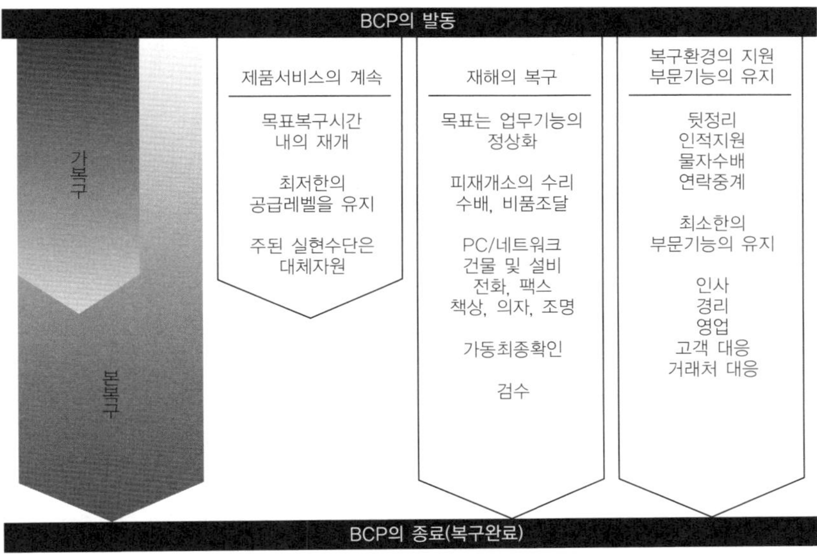

그림 2.8 BCP 발동~종료(복구완료)까지의 흐름

Step⑤
2 긴급대응 페이즈의 행동계획

[1] 계획의 개요

재해발생 직후부터 BCP 발동판정까지의 일련의 초기대응활동에 관한 방침을 규정한 것이 「긴급 시 대응계획」이다. 본격적인 사업계속경영의 경우 이 페이즈에 상당하는 계획은 「인시던트 매니지먼트 계획(IMP : Incident Management Plan)」 혹은 「위기관리계획」(CMP : Crisis Management Plan)이라고 부르고 있으며 원인을 묻지 않고 모든 위기를 관리할 수 있도록 하기 위한 프레임 워크로서 정의되고 있지만 본서에서 서술하는 긴급 시 대응계획은 이러한 포괄적인 위기관리체제 안의 「사업을 중단시키는 돌발적인 사태」에 초점을 두는 것이라 이해하길 바란다. 소규모의 회사인 경우는 재해대응 매뉴얼의 연장으로 간주해도 지장 없다.

긴급 시 대응계획 책정의 흐름은 다음과 같다.
① 긴급 시 대응의 책임자, 이른바 대책본부장을 결정한다. 경영진(사장, 전무 등)이 중심이 되어 대행자로서 총무부장 등이 선출된다.
② 긴급 시 대응계획의 목적과 범위를 결정한다. 이들은 제 1장에서 서술한 BCP의 목적과 적용범위와 일치하지 않으면 안 된다(단, 보다 광범위한 위기관리체제를 정의할 경우 이 정의 중의 BCP의 목적과 범위를 위치 지을 필요가 있다).
③ 긴급 시 대응팀의 멤버와 역할을 결정한다. 이 팀 멤버가 중심이 되어 행동계획을 책정한다.
④ 계획의 구성, 항목, 첨부리스트나 체크 시트의 종류를 결정한다. 이 중에서는 정기적인 연습, 유지 보수에 관한 규정도 포함된다.
⑤ 드래프트를 작성하고, 관계자의 승인과 피드백을 얻는다.
⑥ 계획을 수정한 후 실효성에 대해서 검증(테스트)을 행한다. 이 검증

은 BCP의 검증과 맞추어서 실시하는 것이 효과적이며 시간도 절약
된다.

⑦ 완성한 긴급 시 대응계획을 경영진에게 제출하고 최종승인을 얻
는다.

이하 [2]~[5]에서는 책정에 있어서 가장 유의해야 할 사항으로서 「팀
멤버의 결정」, 「대책본부의 설치와 운영」, 「긴급연락망의 정비」, 「리스크
커뮤니케이션」에 대해서 설명한다.

[2] 팀 멤버의 결정

먼저 이하에서 서술할 긴급 시 대응팀의 멤버를 결정한다. 이러한 팀은
업종이나 회사의 규모, 인원에 요구되는 스킬 레벨, 피해의 경감에 필요
한 최소 인원수 등, 여러 가지 요건이 끼어있기 때문에 「이 역할을 가진
멤버를 이런 구성으로 설치해야 한다」라는 기준을 마련하는 것은 불가능
하다. 여기서는 초기대응 단계에 있어서의 기본적인 3가지 역할 그룹에
대해서 설명한다. 어느 그룹도 담당자 본인만이 아닌 대행자도 지명해
둔다.

① 초동대응 그룹

종래의 재해대응계획이라 한다면 소화반, 구호반, 피난유도반, 안부확
인 등의 역할에 상당한다. 인원수가 적은 중소기업에서는 한 명이 복수의
역할(다른 그룹의 역할도 포함해서)을 겸무하는 것도 생각해 볼 수 있다.

② 대책본부 그룹

재해의 규모가 크거나 피해상황이 심각할 경우, 재해 발생 후 수시간
~24시간 이내에 대책본부를 세우는 것으로 된다. 이 때 사장이나 전무를
대책본부장으로 하는 몇 개의 기능 그룹을 배치하는 것이 효과적이다. 그
들은 진행관리와 플래닝, 복구작업의 지휘와 명령, 물자의 조달과 수배,

중요관계처에 연락, 예산관리 등을 주 역할로 한다.

③ 피해상황조사 그룹

피난 등의 경계태세가 해제된 후, 사원은 자신의 담당 구역으로 돌아와서 피해의 유무를 확인한다. 컴퓨터가 부서지지는 않았는가, 입력했던 데이터가 소멸되지는 않았는가, 처리도중의 제품이 파손되지는 않았는가, 긴급 정지한 라인이 정상적으로 재구동 되는가와 같은 것이다. 개개의 담당자가 체크한 후, 조사그룹을 한데 모아서 대책본부에 상황이 보고된다. 이 피해조사는 BCP의 발동판정을 목적으로 한 잠정적인 것으로 자세한 조사는 BCP 발동 이후에 행한다.

멤버를 결정하기까지의 흐름은 다음과 같다.

① 역할분담의 후보자 목록을 작성

역할분담의 후보자 목록(다음 표를 참조)을 작성하여 인사부문의 협력을 얻어 후보자를 뽑는다. 회사규모에 따라서는 후보자 선출을 위한 미팅을 여는 것도 필요하다. 이 작업은 후술의 BCP 팀 멤버와 세트로 해서 진행한다.

② 팀 멤버의 소집

역할분담의 후보자가 갖추어지면 미팅을 열어서 긴급 시 대응 팀의 멤버를 결정하고, 행동계획의 입안과 작성에 관한 협력요청을 행한다. 미팅에는 후보자뿐만 아니라 대책본부장(사장이나 전무, 총무부장 등)도 출석하는 것이 바람직함은 말할 필요도 없다. 이 작업은 후술할 BCP 팀 멤버와 세트로 해서 진행한다.

표 2.4 긴급 시 대응 팀의 역할분담 후보자 리스트

역할명	내용	후보자
대책본부장	전사통제, 지휘명령, 의사결정 중요거래와의 커뮤니케이션 BCP의 발동, 종식 선언	사장(전무, 총무부장 등)
대책본부그룹	진척관리, 플래닝 중요관계처에의 연락 물자조달 예산, 경비관리 코디네이터(조정역)	기획부장 ○○○(○○○) 생산부 주임 ○○○ 경리부장 경리부장(겸임)
초동대응그룹	소화반 구호반 피난유도반 안부확인담당	〈리더 / 서브리더〉 제조부장 ○○○(○○○) 제조부 ○○○
피해상황조사그룹	부·과, 업무그룹마다 피해 상황의 정리와 보고	〈리더 / 서브리더〉 정보시스템 부장 ○○○ 정보시스템부 ○○○

[3] 대책본부의 설치와 운영

대책본부 설치의 타이밍은 기본적으로 앞서 서술한 BCP의 발동기준과 동등한 사태를 확인한 때라고 생각되지만 최종적으로는 최고직위의 판단에 달려 있다. 최고직위가 경계의식이 높다면 BCP 발동에 미치는 사태인가 아닌가에 관계없이 직접피해가 나오지 않아도 「졸속을 두려워하지 않고」라는 일본속담을 따라 즉시 세우는 경우도 있을 것이다. 대지진처럼 극히 임팩트가 큰 상황에 직면한다면 대책본부를 세우는 것보다도 빨리 BCP 발동의 명령이 내져질지도 모른다. 이하에서는 앞서 서술한 것과 같은 태세 중에서 대책본부를 세우는 것으로 된 때의 설치요건과 기본적인 운영면에 대해서 설명한다.

① **대책본부의 설치장소**

대책본부를 기능시키기 위해서는 먼저 2가지 조건을 규정한다. 첫 번째는 설치장소이다. 적어도 2가지의 거점을 설정할 필요가 있다. 1개소는 사내(회의실이나 식당 등), 또 한 개소는 사내로 출입이 불가능해진 경우의 외부의 대체시설이다. 후자의 예로서는 동시피해의 우려가 있는 비교적 먼 곳의 지점이나 영업소, 협력회사의 회의실, 소규모의 회사에서는 사장이나 전무의 자택 등도 검토해 볼 수 있다. 조건 2번째는 대책본부설치의 지시가 나온 후 이들 거점을 셋업하기까지의 소요시간이다. 예를 들면 사내에 설치하는 경우는 12시간 이내, 사외에 설치하는 경우는 24시간 이내 등으로 한다. 이들 최소소요시간은 직원의 이동시간, 인프라의 가용성, 필요하게 되는 비품이나 도구류의 확보, 조달시간에 의해 좌우된다.

② 대책본부의 인프라 환경

대책본부의 설치에는 앞서 기술한 「2개의 장소」와 함께 다음 인프라가 사용가능한 상태인 것이 필요하다. 긴급 시의 상황을 상정하고 요건을 만족시키는지의 여부가 분명하지 않은 경우는 설치장소를 재검토하는 것도 필요하다.

- 전기(용량확인), 전화, 수도가 사용가능할 것
- 인터넷이 사용가능(=프로바이더와 계약 완료)할 것
- 조명기구가 준비되어 있을(또는 즉시 조달할 수 있을) 것
- 세면대, 화장실 등 최소한의 위생설비가 가까운 곳에 있을 것
- 통기, 환기 설비 등이 있을 것
- (가능하다면)음식, 낮잠용 공간, 공조 설비가 있을 것

③ 대책본부에서 사용하는 비품, 도구, 정보, 그 외 필요물자

대책본부에서 상주, 출입하는 인원수에 있어서 필요한 수량은 다르기 때문에 여기서는 필요하다고 생각되는 기본적인 아이템의 종류를 소개한다. 이 아이템들은 모두 한 번에 갖추는 것은 불가능하기 때문에 사전에 구비품의 일부를 긴급용으로 취해 두고, 동시피해의 우려가 없는 외부의

장소에 보관해두는 준비가 필요하다.

- 전화기, 휴대전화, 팩스
- 노트북(이메일/인터넷/엑셀/워드 등의 어플리케이션)
- 화이트보드, 마카, 문구류, 전자계산기
- 텔레비전/라디오
- 의약품, 구급상자, 임시 식량 등을 비축
- 일련의 사업계속에 관련된 문서(BCP, 매뉴얼, 리스트, 체크시트)
- 관리, 기록용의 용지류

또한 이와 같은 여러 가지 요건에 대해서는 표 2.5와 같은 일람을 작성하는 것으로 효율적으로 작업을 진행하는 것이 가능하다.

④ 대책본부의 운영기능

여기서는 대책본부장을 최고직위로 하는 운영기능을 「재해복구」, 「플래닝/정보관리」, 「조달/직원 관리」, 「사무회계」의 4가지 담당으로 나눈다. 대책본부에는 이들 담당 직원이 각각 한명 내지 수 명 상주하여 현장에서 활동하는 여러 가지 팀의 대응거점으로 된다. 이러한 조직기능은 규모의 대소에 관계없이 어떠한 회사라도 동등한 기능을 맡는 것이 요구되는 것은 아닐까. 각 담당의 역할은 이하와 같다.

「재해복구」 담당은 업무의 계속이나 피해를 당한 직장을 원래의 상태로 돌려놓는 활동의 진행관리나 스케줄 조정을 행한다. 이 담당은 시설관리나 정보시스템 관리와 같은 사내 인프라의 경험자를 몇 명 지명하는 것이 바람직할 것이다. 하드웨어/주변기기. LAN/전기/전화회선의 구성과 수리, 소프트웨어 인스톨, 데이터의 복원/보안설정, 건물과 기기, 설비 등의 수리 및 복구와 같은 가장 파워와 기술적 스킬을 필요로 하는 최전선의 작업이기 때문이다.

「플래닝/정보관리」 담당은 복구 프로세스의 최적화와 외부와의 신뢰관계 유지를 위한 활동이다. 사내 스탭과의 교섭과 조정, 거래처, 고객, 업자와의 교섭과 조정, 중요 관계처에의 연락, 홍보, 계획의 입안, 평가, 예측, 스케줄링과 진행관리 등으로 구성되며 주로 기획입안 등의 데스크 워크에 자신있는 직원이 할당된다.

「조달/직원 관리」담당은 복구인원 그 외 사원의 간호나 물자의 조달, 보급 면에서 서포트하는 작업이다. 식량 그 외의 조달, 사원의 안전 건강 관리, 간호, 기구와 비품과 공구류의 견적과 수배, 물자 그 외 짐의 재고 관리, 식량과 물자와 기재 등의 운반과 배송 등으로 구성되며, 인사, 재고와 재료의 관리, 영업, 배송의 업무경험자를 중심으로 구성한다.

표 2.5 대책 본부 설치 요건 리스트

	후보 1(사내)	후보 2(사외)
설치장소	본관 제 2회의장	○○영업소
설치소요시간	6시간 이내	24시간 이내
설치의 타이밍	발동명령이 내린 시점	후보 1이 사용불능이 된 것을 확인한 시점
가용성의 확인, 연락수단	담당○○○○	담당○○○○ 휴대전화/메일로 확인
설치담당	〈계속팀〉 ○○○○ ○○○○ 〈재해복구팀〉 ○○○○ ○○○○	〈계속팀〉 ○○○○ ○○○○ 〈재해복구팀〉 ○○○○ ○○○○
필요한 인프라 (최소요건)	전기(최저 40A, 콘센트 4개 이상), 전화, 수도, 인터넷, 조명기구, 세면대, 화장실, 통기, 환기설비, 음식, 수면용 공간	
필요한 비품 툴 (최소요건)	전화기(3대), 휴대전화(사용 12대), 팩스(1대), 노트북 5대(이메일/인터넷/엑셀, 워드 탑재), 화이트보드[1], 마카, 문방구, 전자계산기, TV, 라디오, 의약품, 구급상자, 임시의 식량 등의 비축 BCP, 매뉴얼, 리스트, 체크시트의 관리, 기록용 용지류 외	

「사무회계」 담당은 복구활동에 관한 경비처리나 예산의 관리를 행한다. 경비, 급여계산, 기장관리, 복리후생, 보험의 여러 작업, 복구예산의 입안과 관리, 월차보고서의 작성, 회계사와 은행과 보험회사와의 교섭 등으로 구성되며, 주로 회계업무 경험자가 담당한다.

[4] 긴급연락망의 정비

긴급대응팀이 효율적으로 활동할 수 있는가 어떤가를 커뮤니케이션 측면에서 생각했을 때 열쇠가 되는 것은 「초기대응이 일단락된 시점에서 얼마나 신속하게 필요한 상대와 연락을 취하는가, 자연스럽게 참여할 수 있는가」라는 점이다. 피해를 당한 상황 하에서는 무엇이든 당황스럽고 사원도 있거나 없거나 하는 것이 현실이다. 아래의 연락요건에 대해서는 긴급 시 대응계획에 기재하는 것만이 아닌 소형 카드형식으로 해서 모든 사원이 휴대, 사용할 수 있게 한다.

- 긴급연락처 : 병원, 소방, 경찰, 그 외 보고의무가 있는 기관
- 사내 관계처 : 경영진, 종업원, 지점과 영업소 직원 등
- 연락 루트 : 재해를 확인한 자는 어디부터 첫발을 디뎌야 할 것인가, 전한다면 판단은 누가하며, 경영자에게까지 전달될 것인가

[5] 리스크 커뮤니케이션

일반적으로 「리스크 커뮤니케이션」은 대기업 등이 소문피해 등을 발생시키지 않도록 하기 위해 매스미디어나 주요한 거래처에게 발신하는 활동이라 생각하기 쉽지만, 신용유지의 관점에서 본다면 모든 규모의 조직이 긴급 시에 취해야 할 전략이라 말할 수 있다. 리스크 커뮤니케이션을 입안할 때는 다음 4가지의 요건에 착안해주길 바란다.

① 누구에 대한 발신인가

긴급 시에 연락을 취해야 할 스텍홀더의 리스트를 준비하고, 기준으로서 우선순위를 매겨둔다. 이 작업은 계층마다 부서마다 담당업무마다 행

하길 바란다. 주요 스텍홀더는 다음과 같다.

- 경영관계 : 관계회사, 주주, 오너, 은행 외
- 거래처 : 구입처, 납입처, 고객, 그 외 서플라이어
- 법령, 규제당국 : 업종에 따라서
- 매스미디어 : 신문, TV, 라디오, 인터넷 외

② 어떤 방법으로 발신할 것인가

대지진 등에는 며칠이 걸려도 고정전화나 휴대전화를 사용할 수 없는 상황을 상정할 필요가 있다. 지방의 영업소나 협력회사를 중계연락처로 하거나, 인터넷을 이용하는 등의 방법으로 신속하게 전달 타이밍을 가늠하는 것이 중요하다. 또한 정보전달 담당자는 소정의 방법으로 적절한 메시지를 발신할 수 있는가, 전달처와의 연락 루트는 확립되어 있는가 등에 대해서 검증하고 연습이나 훈련을 통해서 기민하게 대처할 수 있도록 한다.

③ 어느 곳으로부터(누가) 발신하는 것인가

「어느 곳으로부터」에는 2가지 의미가 있다. 하나는 「장소」이다. 통상은 대책본부가 이것에 해당하지만, 몇 가지 정보를 발신할 수 있는 조건이 갖추어져 있는 것이 전제가 된다(「[3] 대책본부의 설치와 운영」을 참조). 또 하나는 「권한」이다. 누가 어디를 향해서 정보를 전달하는가를 결정함과 동시에 그 담당자 자신이 부재인 때는 대행자가 전달하지 않으면 안되기 때문에 어느 입장의 직원이 메시지를 발신할 것인가, 전달자의 권한과 전달처, 전달의 레벨을 미리 결정해 둘 필요가 있다.

④ 어떤 메시지를 언제 전달할까

발신담당자는 중요한 전달처는 어디인가, 무엇을 알고 싶어하는가를 이해하고, 상대의 입장에 서서 메시지를 궁리하는 것이 중요하다. 「일어난

사실」이 아닌 받아들이는 쪽이 그 사실을 「어떻게 받아들일 것인가」를 상정하지 않으면 안 된다. 전달이 늦거나 잘못된 인식이나 회의를 주거나 전달하는 것을 잊거나 하는 실수가 생긴다면 소문피해나 신용실추로 연결된다. 적절한 시점에서 재빨리 대응하는 것이 중요하다. 제 4장 「4.2 직원의 확보와 커뮤니케이션 대책」에서는 주로 고객을 대상으로 한 리스크 커뮤니케이션의 발신내용과 그 타이밍에 대해서 서술하고 있으므로 참고하길 바란다.

Step⑤
3 │ 계속·복구 페이즈의 행동계획

[1] 계획의 개요

「사업계속계획」은 BCP가 발동된 후 목표복구시간 내에 가복구를 마치고 그 후 본래의 업무를 재개하기까지의 일련의 복구활동에 관한 방침을 규정한 것이다. 본서에서는 협의의 문서로서 BCP를 지칭할 경우, 「사업계속계획」도 한자로 표기하는 것으로 된다. 사업계속계획은 지금까지 BCP 책정활동의 집대성이라고 해도 지나친 말이 아니다. 먼저 지금까지의 활동으로 얻어진 주요한 아웃풋을 정리해보자.

① 비즈니스 임팩트 분석의 결과부터

중요업무(복구긴급도가 높은 업무군)와 경영자원, 의존처의 리스트. 주요업무는 계속대책의 대상이 되며 경영자원과 의존처의 리스트는 피해를 당한 업무환경을 본래의 모습으로 돌릴 때에 필요하게 된다.

② 리스크 평가부터

리스크 대책 리스트. 계속대책을 실행에 옮기려면 대상이 되는 중요업무를 구성하는 경영자원이 리스크 대책을 통해서 바르게 처치되고 있는 것이 전제가 된다. 즉 계속대책은 리스크 대책에서 리스크가 저감 회피되고 있는 것으로서 입안되고 있다. 리스크 대책의 효과에 의문이 있는 경우는 계속대책의 옵션을 재점검할 필요가 있다.

③ 계속전략부터

목표복구시간과 유효한 계속대책의 옵션. 이들은 중요업무군을 개별 또는 업무횡단적으로 판단해서 소정의 공급 레벨로 목표복구시간 내에 제품이나 서비스를 재개(가복구)하기 위한 시나리오이다.

사업계속계획 책정의 흐름은 다음과 같다.

(1) 사업계속계획의 목적과 범위를 결정한다. 이들에 대해서는 STEP 1
   의 목적과 적용범위를 참조하길 바란다.

(2) 계속·복구 페이즈의 팀 멤버와 역할을 결정한다(이 책에서는 3개의
   팀을 설정). 이 팀 멤버가 중심이 되어 행동계획을 책정한다.

(3) 계획의 구성, 항목, 첨부 리스트나 체크시트의 종류를 결정한다. 이
   중에는 정기적인 연습, 유지·보수에 관한 규정도 포함된다.

(4) 드래프트를 작성하고 관계자의 승인과 피드백을 얻는다.

(5) 계획을 수정한 후 실효성에 대해서 검증(테스트)를 행한다. 이 검증
   은 긴급 시 대응계획의 검증과 합해서 실시하는 것이 효과적이며 시
   간을 절약할 수 도 있다.

(6) 완성된 사업계속계획(＋전술한 긴급시 대응계획)을 경영진에 제출
   하여 최종승인을 얻는다.

이하 [2]~[6]에서는 책정에 있어서 가장 유의해야 할 사항, 「BCP 팀의
구성」, 「팀 멤버의 결정」, 「가복구의 행동계획」, 「본복구의 행동계획」,
「부문기능과 서포트 체제」에 대해서 설명한다.

[2] BCP 팀의 구성

중소기업의 경우 중단한 사업을 회복하기 위해 투입할 수 있는 인원수
도 기술도 한정되어 있다. 소규모의 회사라면 모든 사원이 복수의 역할을
맡는 것도 생각할 수 있다. 그러므로 무리하지 않고 재빠르고 유연하게
움직일 수 있는 컴팩트한 팀을 만들 것을 의식하지 않으면 안 된다. 여기
서는 다음 그림과 같은 팀 구성을 제안한다(그림 2.9를 참조).

① 업무계속팀

「업무계속팀」은 목표복구시간 내에 잠정적으로 업무를 재개하기 위해
활동하는 멤버이다. 업무개별의 계속이라기보다는 회사 전체에서 중요한
제품이나 서비스의 공급을 유지하기 위해 부문횡단적으로 결성된 정예부

대라고 보는 것이 적절할지 모르겠다.

② 재해복구팀

「재해복구팀」은 건물이나 시설, 비품, 사내 인프라(전화, 전기, 네트워크)와 같은 회사의 기반을 회복하고 본래의 정상적인 기능을 돌려놓기 위해 활동하는 멤버이다. 주로 총무부나 정보시스템부 등 시설이나 사업자산, IT 그 외 현장 베이스의 기술적 지식이 있는 사람으로 구성된다.

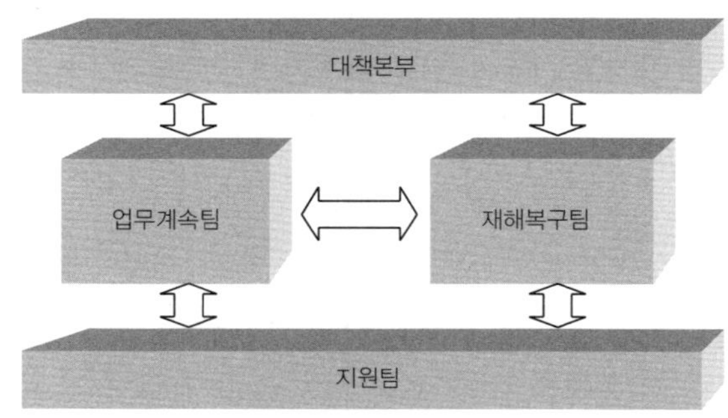

그림 2.9 BCP 팀의 구성

③ 지원팀

부문기능 혹은 본사기능(경리나 영업, 인사 등)을 유지하면서 앞의 2팀의 수요에 응해서 임기응변으로 인원, 연락중계, 물자의 수배 등의 면에서 지원한다. BCP 팀에 참가하고 있지 않은 다른 모든 사원을 대상으로 하기 때문에 특별한 팀 편성은 불필요하지만, 부서마다 리더를 결정해 둘 필요는 있다.

[3] 팀 멤버의 결정

BCP의 행동계획을 작성하려면 먼저 앞서 설명한 각 팀 멤버를 결정한다. 멤버가 결정되면 미팅을 열어 행동계획을 작성하기 위한 협력을 요청한다. 구체적인 수순은 다음과 같다.

① 역할분담의 후보자 리스트를 작성

역할분담의 후보자 리스트(표 2.6 참조)를 작성하고 인사부문의 협력을 얻어 후보자를 뽑는다. 회사규모에 따라 후보자 선출을 위해 미팅을 열 필요도 있다. 이 작업은 앞서 언급한 긴급시 대응 팀 멤버와 함께 해서 진행한다.

② 팀 멤버의 소집

역할분담의 후보자가 갖추어지면 미팅을 열어서 팀의 멤버를 결정하고 행동계획의 입안과 작성에 관한 협력요청을 행한다. 미팅에는 후보자뿐만 아니라 대책본부장(사장이나 전무, 총무부장 등)도 출석하는 것이 바람직할 것이다. 이 작업은 앞에서 설명한 긴급 시 대응팀 멤버와 함께 진행한다.

표 2.6 BCP 팀의 역할분담 후보자 리스트

역할명	내용	후보자(대행자)
업무계속팀	리더 서브리더 ○○프로세스 담당 △△와의 조정담당 대체거점에서의 부품조달계 ⋮	제조부장 ○○○(○○○) 제조부 ○○○ ⋮
재해복구팀	리더 서브리더 IT복구담당 시설복구담당 통신복구담당 ⋮	정보시스템 부장 ○○○ 정보시스템부 ○○○ 총무부 ○○○ ⋮
지원팀	지원팀 리더 복구요원(잠정적인 핵심멤버를 결정해두면 좋다)	상기 팀을 제외한 모든 사원 (수시로 역할을 분담)

[4] 가복구의 행동계획

가복구의 주된 주역은 업무계속팀이다. 앞서 서술한 것처럼 재해복구팀도 동시에 또는 선행해서 복구작업에 착수하는 경우도 있지만, 여기서는 주로 업무계속팀의 행동계획에 대해서 요점을 설명한다.

① 업무계속팀의 행동계획 요점
- 대체거점에의 액세스성, 대체자원의 가용성의 확인
- 확실한 스킬과 지식을 가진 직원의 확보
- 대체거점에의 신속한 이동(이동수단과 소요시간)
- 업무계속에 필요한 레벨의 대체 툴, 자원의 조달
- 대체수단에 의한 목표복구시간 내의 구동 스탠바이
- 공급처에 보증할 수 있는 품질/수량 등의 체크

② 직원의 스킬, 적성, 기동성

이 팀은 「중핵사업으로서의 제품, 서비스의 공급을 유지한다」는 것을 목적으로서 활동한다. 그것을 위한 수단으로서 평상시보다 같은 계열의 업무를 병행적으로 가동해서 한쪽이 정지한 경우는 다른 한쪽으로 직원을 이동, 집약해서 업무를 계속하거나 혹은 업무 과정 그 자체를 제 3자에게 맡기는, 고객이 타사로 흘러가는 것도 각오하고 대담한 옵션을 실행하는 경우도 있다. 어느 방법을 취하는 경우에도 중요한 것은 어떤 스킬과 지식을 가진 직원(및 그 대행자)를 어느 장소에 몇 명 할당하는 것이 좋은가, 지명된 자는 긴급 시에 정말로 그 장소에 나올 수 있는가와 같은 요건이나 가능성을 가시화해 두는 것이 중요하다.

[5] 본복구의 행동계획

본복구의 주된 주역은 재해복구팀이다. 재해복구팀은 이른바 기술집약형의 집단이며 시설이나 기계장치, 정보시스템, 네트워크, 데이터, 전화나 전기의 구내배선과 같은 기술계의 관리경험이나 지식이 요구된다. 또한 이 팀 멤버가 모두 자급자족적으로 수리, 수복을 행하는 것은 아니며 여러 가지 외부의 업자(시공업자, 장치메이커의 엔지니어, 유지 보수 업자 등)와의 교섭이나 견적의 확인, 사양의 작성, 작업의 지시와 같은 역할이 중심이 되고 있다.

① 복구기능별의 역할 예

- 생산부문의 직원 : 업무계속팀이 대체수단으로 가복구하고 있는 사이에 재해복구팀은 손괴된 기계장치나 생산설비의 수복에 임한다.
- 정보시스템 부문의 직원 : 업무시스템, 어플리케이션, 데이터, PC/LAN, 인터넷 외의 수리나 회복.
- 총무부문의 직원 : 건물 및 시설의 수복, 비품, 전화기, 팩스, 복사기 그 외의 수리 및 재조달 등

또한 이들 복구작업에는 수시로 필요에 응해서 지원팀의 멤버를 할당하여 신속한 복구를 목표로 한다.

② 활동개시와 종료의 타이밍

재해복구팀은 BCP 발동 직후부터 본래의 업무환경의 회복과 정상화를 도모하기 위해 활동한다. 도중에 업무계속팀으로부터의 지원요청이 있거나, 혹은 예정보다 본복구가 진척되어서 업무계속팀이 가복구 작업을 서둘러 마치고 재해복구팀에 합류한다는 것도 생각해 볼 수 있다. 본복구 완료의 타이밍은, 예를 들면 IT의 경우 복구한 업무시스템의 시험가동이 정상적으로 완료한 것을 오퍼레이터가 확인하고 검수를 올려 대책본부에 보고한 시점이 된다.

[6] 부문기능과 서포트 체제

업무계속팀이나 재해복구팀에 참가하지 않는 업무(복구긴급도나 목표 복구시간이 1주간 이상의 업무 등)의 직원은 자신의 업무를 속행함과 함께 양 팀에서 요청이 있다면 즉시 지원을 해 줄 준비를 해두지 않으면 안 된다. 업무의 복구긴급도가 낮음에도 상관없이 피해를 당해「도저히 작업을 할 수 없다」,「손을 놓고 지켜볼 수 밖에 없다」와 같은 상황으로 되지 않도록 인사부나 대책본부의 직원관리를 맡은 담당자는 효율적으로 직원을 배분하기 위한 방법을 사전에 확립해 둘 필요가 있다. 주된 부문기능과 지원기능은 다음과 같다.

① 부문기능의 예
- 영업직원 – 고객과 거래처에 대응
- 인사직원 – 안부확인, 사원을 돌봄, 아르바이트생 모집
- 경리직원 – 경비, 급여, 복리후생 관리 등

② 지원기능의 예
- 뒷정리, 물자조달, 연락의 중계
- 업무의 계속에 관한 작업지원(수작업, 고객 따라잡기, 사무처리지원 등)
- 업무의 회복에 관한 작업지원(업자에의 수리수배, 견적, 필요물자의 조달, 데이터의 재 인스톨, 점검, 테스트, 문제점의 보고, 수리의뢰 등)

미국의 재해대응조직

미국에서는 ICS(Incident Command System)이라 부르는 재해대응기능이 있다. ICS는 1970년대에 캘리포니아주 남부에 빈발하는 산불에 대응하기 위해 개발된 시스템으로 오늘날에는 미국 내의 소방서나 경찰부터 시작해서 공공, 민간을 막론하고 여러 가지 위기관리부문에서 도입되고 있다.

ICS는 모든 종류, 이른바 규모의 재해에 대응할 수 있는 유연성과 확장성을 갖추고 있다. 다종다양한 기능 그룹이 지휘명령을 이해하고, 협조적으로 활동할 수 있도록 시스템이 표준화되어 있다. 직접 지휘하는 부하의 인원수를 5명 전후 (3~7명)으로 하고, 관리가능한 책임의 범위를 제한하고 있는 것과 같은 특징이 있다, 이 조직은 다음과 같이 5가지의 기능으로 구성되어 있다.

① 커맨드(Command)

재해대응활동에 대해서 전체의 지휘를 하는 의사결정그룹이다. 업무가 완전히 회복하기까지 책임을 지고 목표나 우선순위의 설정, 활동중의 문제해결, 경영진과의 협의 등을 행한다.

② 오퍼레이션(Operation)

긴급대응이나 재해복구 등의 계획을 실행에 옮기기 위한 그룹으로 「본래의 업무기능으로 되돌린다」는 것을 최대의 임무로 한다. 피해조사나 시설, IT, 통신설비의 복구 등은 모두 이 그룹이 역할을 맡는다.

③ 플래닝(Planning)

현장의 정보를 수집, 평가, 조정하면서 플래닝을 하는 것 외에 플랜의 유지·보수나 보고도 행한다. 중요한 스텍홀더를 특정하고 필요사항을 전달하는 것도 이 그룹의 역할이다.

④ 로지스틱스(Logistics)

2가지 면에서 복구활동에 필요한 지원을 행한다. 첫 번째는 인적 지원으로 직원의 식량이나 구호, 돌보는 것 등이 있다. 다른 한 가지는 물자의 조달이나 시설서비스의 제공이다.

⑤ 파이낸스(Finance)

재해대응활동에 관한 모든 예산이나 경비를 수리하는 그룹이다. 수리나 수선비, 추가저인 인건비 외에 긴급물자의 조달비용, 임금, 복리후생, 보험의 관리 등도 포함된다.

BCP의 문서화

Step❻
1 | 긴급 시 대응계획의 구성과 작성법

[1] 구성

긴급 시 대응계획은 광의의 BCP의 전반에 해당하는 것으로 다음 표와 같은 요소로 성립되어 있다. 중위, 하위의 매뉴얼이나 체크 시트, 리스트 류는 기본적인 것을 취하고 있다. 이들은 긴급 시 대응계획 중에서 수시로 언급되어 문서 상호의 관련짓기를 명확하게 한다. 또한 업무 고유의 규정요건이 있다면 수시 추가하는 것도 필요하다. 부록에는 긴급 시 대응계획의 샘플을 게재하고 있기 때문에 참고하길 바란다.

표 2.7 긴급 시 대응계획의 구성

상위문서	중위문서	하위문서
긴급 시 대응계획	초동대응 매뉴얼 구호, 구원대응 매뉴얼 대책본부 운영 매뉴얼 리스크 커뮤니케이션 매뉴얼	안부확인 체크 리스트 피해조사 체크 시트 긴급 시 연락처 리스트 주요고객, 거래처 리스트 비상 시 비축 리스트 비상 시 지출품 리스트

이 계획은 조직의 규모나 부문 수에 따라 책정하는 종류나 수가 달라진다. 모든 사원이 눈이 닿는 장소에서 업무를 행하는 원 플로어의 오피스에서는 하나면 충분할 지도 모른다. 그러나 제품, 서비스의 공급체제가 도쿄 본사, 센다이 공장과 같이 복수의 부지에 분산되어 있을 경우 긴급시의 대응수순은 분명하게 달라지므로 개별 계획(또는 양방의 요소를 포함한 하나의 계획)이 필요해진다. 조직이 클 경우에는 부문별로 책정하고 이들을 위기관리계획이라는 상위의 계획에 통합한다.

또한 긴급 시 대응계획의 표현형식에 대해서는 다른 경영자료의 포맷이나 문서규정에 맞춘 정식 A4문서로서 작성하는 한편, 사용의 긴급성이나 사용하기 편리한지도 고려해서 언제라도 휴대, 사용이 가능하도록 간편한 리플릿 형식으로 작성하는 방법도 검토한다. 어느 쪽을 선택하더라도 중요한 것은 긴급 시에 「실제로 활용 가능하며 기능하는 것이 아니면 안 된다」는 것이다.

[2] 기재항목

긴급 시 대응계획에는 계획의 목적이나 방침, 긴급사태에 직면한 때 안전하게 피난해서 위험이나 2차 재해의 확대를 방지하는 초동대응의 수순, 피해상황을 확인하는 것부터 BCP에 이르는 발동판정의 기준, 대책본부의 설치와 운영에 관한 규정 등을 최소한으로 적절하게 기술한다. 기본적인 정보는 다음 7항목이다.

① 긴급 시의 기본방침

인명의 안전확보, 피해의 최소화, 지역주민의 구조, 인접한 회사와의 상호협력 등을 명기.

② 역할분담표

초동대응담당의 역할과 담당자 및 대행자명, 휴대전화의 번호 등을 명기.

③ 긴급 시의 연락루트와 연락수단

긴급 시의 보고루트를 명기. 통상의 연락수단을 사용할 수 없는 경우의 대체방법(재해용 전언 다이얼 119 등).

④ 행동방침

a. 취업시간 내의 대응 : 안전 확보와 구조, 가동기기의 긴급정지,

피난유도와 피난장소(지도 첨부)

b. 취업시간 외(출장. 통근 중, 재택 등)의 대응 : 자신과 가족의 안전·안부확인, 공공기관에 의한 상황의 파악, 교통수단의 이용가능성, 회사에의 안부연락, 출근의 판단.

c. 귀가곤란자 대응 : 숙박시설의 확보, 비상용 비축의 제공, 가족에게 안부연락방법 등.

⑤ 피해상황의 확인과 BCP의 발동기준

누가 어떤 방법으로 피해상황을 확인하고 누구에게 보고해야 할 것인가, 조사시간은 몇 분을 한도로 하고 있는가 등. BCP의 발동기준에 대해서 본서에서는 2가지 시점을 서술하고 있지만 업종고유에 의해 객관적인 기준이 있다면 더할 나위가 없다.

⑥ 대책본부의 설치와 운용

대책본부의 자세한 설명은 STEP 5의 「3. 긴급대응 페이즈의 행동계획」을 참조하길 바란다. 여기서는 요점만 설명한다.

a. 대책본부를 세울 조건 : 어떠한 경우, 몇 시간 이내에, 어디에 대책본부를 설치할 것인가, 설치 멤버에는 누가 있는지를 명기. 설치에 필요한 요건(전기, 인터넷, 전화가 사용 가능할 것)의 개요도 적는다(수량 등 구체적인 내용은 매뉴얼로도 좋다).

b. 대책본부의 기능 : 본서에서는 대책본부의 기능을 4가지로 나눈다. 실제로는 여러 가지로 구성이 되기 때문에 사전에 검토하길 바란다.

c. 대책본부의 운영규정 : 입실, 퇴실의 수속(보안 상의 이유), 활동시간대(시간 외 규정을 포함), 낮잠, 식사하는 장소, 활동에 임하는 직원을 돌봄(부상, 피로, 복리후생) 등

⑦ 계획서의 운용규정

a. 배포와 반각, 취급 시의 주의 : 개정 후의 구판의 취급, 보관방법 등

b. 훈련과 재점검 : 방재훈련을 포함한 강습회의 실시 등

c. 계획서의 작성자 : 이 부분은 계획서의 앞부분에 기재하는 것도 가능

d. 버전 관리표 : 이 부분은 계획서의 앞부분에 기재하는 것도 가능

칼럼

매뉴얼에 적어야 할 것, 적어서는 안되는 것

긴급 시에는 매뉴얼의 수순을 느긋하게 한 스텝씩 확인하고 있을 여유는 없다. 제품의 조작설명서처럼 상세하고 구체적인 스텝을 작성한 방재매뉴얼은 정상적인 수순을 모방한 것이라면 매우 제 역할을 할지도 모르겠지만, 일련의 스텝 중 하나를 가로막는 사태에 직면한 때, 그 앞으로 나아갈 수 없어져 버릴 가능성이 있다.

일련의 상세한 수순이 아닌 그 수순의 앞에 있는 달성목적 혹은 방향을 적는다. 예를 들면 「A를 확보하라」라고만 썼다고 하자. 그 사이의 구체적인 단계는 현장레벨의 대응과 책임에 맡긴다. 즉 이 대응수순을(방재 매뉴얼이 아니다) 업무 매뉴얼에 명기해서 일상 업무의 기본 규칙으로서 정착시켜, 긴급 시에는 매뉴얼을 보지 않아도 반사적으로 실행할 수 있도록 하는 것, 매뉴얼대로 하지 않는 때에는 경험적 판단을 우선시하는 것 등을 사원에게 철저히 주지시킨다.

Step❻
2 사업계속계획의 구성과 작성법

[1] 구성

사업계속계획은 광의의 BCP의 후반에 해당하는 것으로 다음의 표와 같은 요소로 성립하고 있다. 중위, 하위의 매뉴얼이나 체크 리스트, 리스트류는 기본적인 것을 취급하고 있다. 이것들은 사업계속계획 중에서 수시언급하며(「상세한 내용은 ○○매뉴얼을 참조」 등의 표현) 문서

표 2.8 사업계속계획의 구성

상위문서	중위문서	하위문서
사업계속계획	중요업무계속 매뉴얼 IT설비 복구 매뉴얼 데이터 복구 매뉴얼 기계장치 복구 매뉴얼 건물, 시설 복구 매뉴얼 부·과별 업무 복구 매뉴얼	백업 리스트 벤더 리스트 외주업자 리스트 중요 리소스 리스트 플로어 맵 업무 프로세스 맵 진행상황보고서

상호의 관련을 명확하게 한다. 또한 업종이나 업무고유의 규정요건이 있다면 수시로 추가하는 것도 필요하다. 부록에는 사업계속계획의 샘플을 게재했으므로 참고하길 바란다.

이 계획도 긴급 시 대응계획과 같이 조직의 규모나 부문 수에 따라서 책정하는 종류나 수가 달라진다. 모든 사원이 1층의 장소에서 업무를 행하는 표준적인 원 플로어의 오피스에서는 1층만으로 괜찮을지 모르지만 BCP의 적용범위에 포함되는 제품, 서비스의 공급체제가 「도쿄 본사」와 「센다이 공장」과 같이 분산되어 있는 경우, 서로 연계한 2개의 계획(또한 양방의 요소를 포함한 1개의 계획)이 필요해진다. 조직이 큰 경우에는 부문별로 책정해서 상위의 위기관리계획에 통합하는 경우도 있다.

또한 사업계속계획의 표현형식에 대해서는 다른 경영자료의 포맷이나

문서규정에 맞추어서 정식 A4문서로서 작성하는 한편, 사용의 긴급성이나 편의성을 고려해서 언제라도 휴대, 사용이 가능하도록 간편한 리플릿 형식으로 작성하는 방법도 검토하길 바란다.

[2] 기재항목

사업계속계획에는 BCP 발동 후에 계속대책을 실행하기 위해 필요한 수순(직원의 이동, 대체시설의 확보, 대체자원의 조달이나 배분 등), 계속대책과 병행해서 피해현장을 원래의 업무환경으로 돌리기 위한 수순(건물, 시설, IT설비 등의 수복, 회복 등), 업무의 계속이나 직장환경의 복구를 지원하는 서포트 태세에 관한 규정 등을 최소한으로 그리고 적절하게 기술한다. 기본적인 정보는 다음 8항목이다.

① 기본방침

회사에 있어서 BCP의 의의, 운용방침 등을 규정하는 것으로 다음 2가지가 있다.

- a. BCP의 목적 : 자신의 조직이 경영상 가장 중시하고 있는 요소(사회적 의의나 성공요인)를 예로 들어서 사업 중단의 위기에 처했을 때에는 BCP를 통해서 이들 요소를 지켜내는 방침임을 명기.
- b. 중핵사업(BCP의 운용범위)으로서 어느 제품, 서비스를 BCP의 대상으로 할지를 명기.

② 당사가 대처해야 할 리스크

피해상정 중에서 리스크 대책의 긴급도가 높은 것을 중심으로 쓴다. 단순히 지진이나 홍수 같은 명칭을 드는 것이 아닌, 예를 들면 「○○천의 침수에 의한 △△장치군 손괴」와 같이 피해 시나리오로서 나타내는 방법이 좋을 것이다.

③ BCP 팀의 역할

이 책에서는 피해를 당한 후의 대응팀을 「업무계속팀」, 「재해복구팀」, 「지원팀」의 3개로 나누고 있다. 각각의 팀의 사명과 주된 기능, 팀을 구성하는 멤버 명, 리더와 서브리더, 역할, 긴급연락번호 등을 명기한다.

> a. 업무계속팀 : BCP에 규정한 대체수단을 통해서 중단한 중요업무를 목표복구일 시간 내에 재개시킨다.
>
> b. 재해복구팀 : IT시스템과 통신설비(전화, LAN, 인터넷 등), 건물, 시설을 중심으로 업무 기능의 정상화를 목표로 한다.
>
> c. 지원팀 : 인적지원, 물자조달, 연락업무 등을 통해서 위의 2팀을 지원. 동시에 인사, 경비관리, 고객대응 등의 부문기능을 유지한다.

④ BCP의 발동과 종료

긴급 시 대응계획에도 기재했지만, BCP의 진행 프로세스의 일환으로서 발동 및 종료선언의 판단기준과 타이밍, 선언자 등을 명기한다.

⑤ 가복구의 행동방침

계속대책을 실행에 옮긴다는 것은 대체수단을 통해서 목표복구시간 내에 업무를 가복구하는 것이지만 그 방법은 특정 중요업무를 대상으로 하는 것도 있고 업무횡단적으로 실행하는 경우도 있으며, 계속전략에 의해서 달라진다.

> a. 가복구의 준비 : 업무계속팀의 소집(연락)방법, 가복구를 하는 대체거점과의 연락, 받아들이는 태세의 확인방법, 목표복구시간 등을 명기.
>
> b. 가복구의 실시 : 몇 명의 직원이 몇 시간 이내에 어디로 이동해서 어떤 방식으로 며칠 이내에 가복구를 완료하는가를 명기.
>
> c. 복구긴급도가 높은 업무군에 대해서는 목표복구시간, 대체수단과 함께 일람으로 정리하면 좋다.

⑥ 본복구의 행동방침

계속대책과 병행해서 피해를 당한 업무기능을 본래의 형태로 되돌리기 위한 활동이다. 건물의 수복, 컴퓨터나 네트워크의 회복, 비품의 조달이 중심이다.

    a. 본복구의 준비 : 재해복구팀의 소집(연락)방법, 본복구를 실시할 수 있는 조건(전기, 전화 배선, 외부서비스 등)의 확인방법, 필요한 받아들이는 태세의 확인방법, 목표복구시간 등을 명기.

    b. 본복구의 실시 : 직원 몇 명을 투입시켜 어떤 방법으로 복구를 완료하는가를 시행이나 IT, 통신 등 복구목적별로 규정한다.

    c. 가동 확인 : 재해복구팀이 물리적으로 수리, 회복시킨 업무기능에 대해서는 부서마다 업무담당자가 가동 확인(데이터의 안전성이나 정합성 등)을 행한다.

⑦ 지원팀의 행동방침

지원팀은 총무, 영업, 회계와 같은 각 부서에서 온 필요한 직원을 소집하여 업무계속팀과 재해복구팀의 지원에 해당하는 것이다. 통상의 부문기능을 유지하면서 어떤 루트로 누가 지원요청을 받을지 등을 규정한다.

⑧ 계획서의 운용규정

    a. 배포와 반각, 취급 시의 주의 : 개정 후 구판의 취급 보관방법 등

    b. 훈련과 재점검 : 방재훈련을 포함한 강습회나 연습, 교육 실시 등

    c. 계획서의 작성자 : 이 부분은 계획서의 앞부분에 기재하는 것도 가능

    d. 계획서의 버전 관리표 : 이 부분은 계획서의 앞부분에 기재하는 것도 가능

 7

BCP의 검증

[1] 검증의 필요성

막 완성한 긴급 시 대응계획이나 사업계속계획은, 말하자면 설계도를 근거로 해서 조립한 시험작품과 같은 것이다. 시험작품은 그대로는 판매가 불가능하다. 각 계획도 그와 같이 지금까지의 책정활동을 통해서 수집한 여러 가지 데이터나 합의, 승인사항이 방침이나 수순에 바르게 반영되어 만일의 경우에 잘 기능할 것인가, 빠뜨림이나 모순, 중복, 애매한 점은 없는가와 같은 검증을 할 필요가 있다. 구체적인 목적은 다음과 같다.

- 행동방침이나 수순에 부적절한 부분이나 모순은 없는가
- 대체수단은 바르게 기능하는가
- 업무에 불가결한 경영자원의 종류와 수량에 과부족은 없는가
- 피해상정과 그 대책에 허점이나 맹점은 없는가
- 필요한 매뉴얼이나 리스트, 체크시트는 완비되어 있는가

이 책에서는 「테스트」라는 용어를 「각 계획 및 그 부수자료(매뉴얼 등)에 규정된 수순이나 수속의 타당성을 검증하는 것」이라 정의한다. 팀 멤버의 기능이나 지식의 향상, 그 문제의 해결 등을 목적으로 한 일련의 활동에 대해서는 제 3장에서 설명한다. BCM 가이드라인이나 참고서에 따라서는 「테스트」나 「연습」의 정의가 몇 가지 면에서 달라지는 것도 있다. 테스트의 정의의 차이나 바리에이션, 상세한 방법에 대해서는 각 가이드라인이나 전문서를 참고하기 바란다.

이하에서는 별로 시간이나 수고를 들이지 않는 간편한 방법으로서 「문

서 체크」, 「개별 테스트」, 「시뮬레이션 테스트」. 이 3개의 테스트를 소개한다. 테스트를 할 때에는 각각의 목적에 응한 체크시트를 작성하면 좋을 것이다. 또한 필요에 응해서 화이트보드나 카드, 포스트잇, 휴대전화 등을 활용하거나 테이블의 배치를 궁리하거나 해서 참가자 전원이 문제점을 공유하거나 진행상황을 상상하거나 할 수 있도록 궁리한다. 여기서는 주로 사업계속계획의 테스트에 대해서 서술하지만, 기본적인 수순은 긴급시 대응계획과 같다.

[2] 문서 체크

가장 기본적인 문서의 체크작업이다. 앞으로의 기본적인 개정수속의 하나로서 루틴화를 하자. BCP 팀이 모여 순서대로 회독하고, 일련의 방침이나 수순(긴급연락 루트의 체크 등도 포함)에 대해서 불명확한 점이나 불비, 모순점 등을 파악한다. 대상이 되는 문서는 BCP 본편과 각 매뉴얼 첨부 리스트이다. 요점은 다음과 같다.

- 출석자는 BCP 책정 멤버, BCP 팀 멤버로 한다.
- BCP의 범위를 결정해서 한 사람씩 읽는다.
- 청자는 문자를 쫓는 것이 아닌 상황을 머릿속에서 생각한다.
- 긴급대응~BCP 발동~업무계속~복구의 구간을 결정해서 체크한다.
- 중요 리소스 리스트나 체크시트에 대해서도 확인한다.

BCP 본편과 부속자료(매뉴얼 류나 체크시트, 리스트)와의 정합성에도 주의하길 바란다. BCP 본편에 명기된 상위의 행동방침이 하위의 매뉴얼이나 부속자료에서 어떻게 구체화되고 있는가, 그 수순에 모순이나 판단에 불명확한 표기는 있지 않은가 등을 체크한다.

[3] 개별 테스트

여기서는 실제로 테스트가 가능한 것과 그렇지 않은 것을 채택한다. 실제로 테스트가 가능한 것에는 연락루트의 확인이나 자동화되고 있는 업무의 수작업에 의한 시행, 데이터의 복구(재인스톨), LAN기기의 접속이나 설정작업 등이 있다. 실제로 테스트가 곤란한 것에는 대체수단을 외부에서 조달하는 경우 등이 있다.

① 실제로 테스트가 가능한 2개의 테스트

첫 번째는 연락루트의 확인이다. 참가자에게 테스트 일시를 미리 통지해두고 BCP에 규정된 루트로 실제로 콜아웃을 해본다. 가상 테스트와는 달리 전원이 같은 테이블에 대해서 행하는 것은 아니며, 각각 자신의 담당 구역에서 대기한다. 발재 현장의 제 1통보자를 누구로 할 것인가, 전화를 받을 사람이 전화기 앞에 없을 때는 루트를 어디에 바이패스할 것인가 등, 몇 가지 조건을 바꿔서 해보자.

또 한 가지는 컴퓨터나 기계장치에 의해 작업이 진행되지 않을 때 수작업으로 바꿔서 처리하는 것을 BCP에 규정하고 있는 경우, 업무에 지장이 없는 요일이나 시간대를 이용해서 실제의 수작업으로 행하여 처리시간이나 처리량을 체크하여 예상했던 것과의 차이가 있는지 조사한다. 또한 데이터의 복구(리커버리)나 LAN기기의 접속, 소프트웨어의 재인스톨, 재설정 등의 수순에 대해서는 시스템 관리자가 중심이 되어 실시한다. 요점은 다음과 같다.

1. 사외의 보관 장소에서 백업 데이터를 가져온다
2. 데이터의 복구를 실시
3. LAN기기의 접속이나 설정을 행한다
4. 수순 미스의 유무, 복구 가능 여부, 소요시간

② 실제로 테스트가 불가능한 것

기계장치나 설비가 사용할 수 없게 된 때 외부의 협력회사에 업무를 위탁하거나 대체장치를 가져오도록 규정되어 있는 경우는 실제로 테스트하는 것은 곤란하다. 이와 같은 경우는 조달방법이나 입수의 확실성, 소요시간, 품질 등을 체크한다. 요점은 아래와 같다.

1. 대체수단의 조달에 필요한 소요시간을 상대에게 확인한다.
2. 품절 등으로 대체수단을 조달할 수 없게 될 가능성은 없는가
3. 대체수단의 달성레벨(처리시간, 처리량, 품질 등)을 확인한다.

[4] 시뮬레이션 테스트

이것은 「연습」의 하나로 간주하는 것도 가능하다. 시뮬레이션을 통해서 몇 가지 뜻밖의 사태를 설정하는 것으로 보다 사실적으로 검증을 행할 수 있다. 여기서는 진행역이 피해를 당한 시나리오를 제시하고 각자 팀의 담당자에게 시나리오에 기초한 판단이나 액션을 구두로 설명시킨다. 요점은 다음과 같다.

1. 출석자는 BCP 책정자, BCP 팀 멤버로 한다.
2. 피해 시나리오는 현실적으로 상상하기 쉬운 것을 준비한다.
3. 시나리오는 쉬움→어려움으로 복수의 패턴을 준비한다.
4. 멤버는 BCP를 참조하고 신속하고 정확하게 대처방법을 제시한다.
5. 신속하게 응답할 수 없을 경우, 그 원인을 해명한다.
6. 각자 다른 팀 멤버의 판단이나 행동의 타당성에도 배려한다.
7. 익숙해졌다면 상정 외의 사태를 추가해서 레벨을 올린다.

시뮬레이션 테스트에서는 전원이 진행상황의 이미지나 갑자기 발생한 문제점을 리얼 타임으로 공유할 수 없다면 의미가 없다. 가능한 한 화이트보드나 달력, 시계, 휴대전화, 역할분담을 기입한 카드 등을 활용해서 궁리해보자.

[5] 검증 플랜과 피드백

BCP의 검증에는 참가자로부터 여러 가지 의견이 제기되거나 의문점이 지적되거나 한다. 이것들은 BCP의 완성도를 높이기 위한 귀중한 피드백

으로서 흡수하지 않으면 안 된다. 검증작업을 가능한 한 효율적으로 실시하여 효과적인 피드백을 입수하기 위해서라도 다음 페이지의 표와 같은 검증플랜의 템플레이트를 사전에 작성하는 것을 권한다.

[2]에서 서술했던 몇 가지의 테스트를 통해서 BCP의 문제점(비현실성, 의문, 모순, 비효율성, 과부족 등)이 명확해진 항목에 대해서는 다음의 수순으로 최종판을 완성시킨다.

1. 문제가 있는 기술(記述)에 대해서는 그와 같이 「기술한 근거」와 테스트에서 문제를 지적한 「이유」의 양방을 비교·검토한다.
2. 문제점을 정리해서 관계부서의 담당자에게 행동방침이나 대책의 재검토를 의뢰한다.
3. 다시 한 번 미팅을 열어 참가자 전원의 합의를 얻는다.
4. BCP의 최종판을 완성시켜 경영자에게 제출한다.

표 2.9 검증 플랜 템플레이트

테스트의 종류	개별 테스트	테스트명	연락 루트의 확인
실시일시	○월 ○일 AM 7시~PM 10시	BCP 관리 담당자	○철수(작성자) ○동수(진행역)
목적과 목표		참가자	
실시수순		실시요건	
검증방법			
과제, 개선점			

지구온난화에 의한 비즈니스에의 영향

지구온난화의 문제는 종종 뉴스나 환경프로그램 등에서 선풍적으로 전해지고 있다. 해면상승으로 투발루의 국토가 사라져가고 있는 것, 빙하가 녹아 네팔 오지의 마을들이 토석류 재해의 위기에 노출되어 있는 것, 각국에서 이상기상이 빈발하고 있는 것 등등. 이러한「눈에 보이는」위협은 매우 충격적이고 인상 깊은 것이지만 한편으로 우리들의 마음 어딘가에「내일의 생활에 바로 영향을 주는 것은 아니니까」라는 방관적인 의식이 있는 것도 사실이다.

그러나 지구온난화의 또 한 가지 위협, 즉「눈에 보이지 않는」위협은 착실하게 우리의 배후에서 살며시 다가오고 있다. 이런 종류의 위협이 가장 명료한 형태로 나타나는 것이 비즈니스에의 영향인 것은 아닐까.「강 건너 불구경」이라는 편리한 속담이 들어맞지 않는 사례가 있다고 한다면, 실로 지구온난화의 비즈니스에의 영향이 틀림없다.

비즈니스는 리소스 집약형의 활동이다. 원재료나 노력, 에너지를 투입해서 부가가치를 더한 제품이나 서비스를 새롭게 만들어낸다. 이러한 원재료나 노력, 에너지 투입의 사이클에서는 많은 이산화탄소가 배출된다. 공장과 같은 생산현장만이 아니라 책상의 컴퓨터의 디스플레이가 놓여있을 뿐인 심플한 오피스 환경에서도 똑같이 말할 수 있다고 생각한다. 그런 오피스 환경을 유지하기 위해 건물내부의 각 설비는 도대체 얼마만큼의 이산화탄소가 배출되고 있는 것일까.

지구온난화의 문제가 초래하는 비즈니스에의 영향은 다종다양하다. 예를 들면 다음과 같은 것을 생각해 볼 수 있다.

- 법적으로 강제력이 있는 다종다양한 이산화탄소 삭감의무나 규제의 발효(앞으로의 동향으로서)
- 수송비용이나 에너지(석유, 전력), 원재료, 그리고 폐기물 처리의 비용 증대
- 이산화탄소 삭감의무를 태만히 한 사회적 평가나 신용의 실추
- 이산화탄소 배출삭감을 노력하는 선진국에 비해 경쟁력이 서서히 저하

지구온난화의 문제는 방치한다면 자연히 해소되는 누군가가 획기적인 환경기술로 해결해 줄 수 있는 것은 아니다. 신흥국의 발전이나 그에 따른 생활수준의 향상, 이산화탄소 삭감을 지향하지 않는 나라들의 존재, 이산화탄소 삭감 시책이 잘 돌아가지 않는 등의 이유에 의해 지구 전제의 이산화탄소 배출은 더욱 증가하는 경우에 있기 때문이다.

이러한 사태는 어떠한 규모의 회사에도 적용되는 문제이며 그것이야말로 지구

상의 모든 사람들이나 조직이 한 덩어리가 되어 몰두하지 않으면 해결되지 않는 긴박한 문제이다.

그래서 앞서 서술한 것처럼 물리적인 리스크나 비즈니스 상의 리스크는, 어딘가에서 본 적이 있어 라고 생각한 사람도 많지 않을까요. 정말 그대로, 실은 지구온난화의 리스크는 BCP가 대상으로 하는 리스크와 여러 가지 면에서 겹치는 곳이 많다. 사업에의 영향을 평가하는 작업이나 BCP의 운용단계에 있어서도 몇 가지 공통점이 보인다고 생각한다. 이 칼럼에서는 BCP나 BCM에 이산화탄소 대책을 편입시키기 위한 접근에 대해서 생각해보기로 한다.

BCP나 BCM에는 도입 시에 원칙으로서 삼지 않으면 안 되는 것이 몇 가지 있다. 그런 요소 중에서 특히 지구온난화 대책과 관련짓는 것이 의미있다고 생각되는 것은 다음 3가지이다.

- 비즈니스 임팩트 분석
- 리스크의 평가와 리스크 대책
- 연습, 교육

먼저 「비즈니스 임팩트 분석」이다. 이것은 「회사가 뜻밖의 사태에 직면한 때 우선적으로 지켜야 할 중요업무와 그 경영자원을 파악한다」는 목적이 있다. 회사라는 것은 오랜 시간에 걸쳐 여러 가지 활동을 통해서 개개의 사업단위, 부·과단위의 조직이 달라붙거나 떨어지거나 하고 있는 사이에 비대화하거나 기능부전에 빠지는 업무도 나오고 있다. 그러한 업무에 투입되는 경영자원도 같은 경향을 가진다고 생각해도 좋다. 비즈니스 임팩트 분석에 참가한 부장이나 과장 중에는 「이게 정말 필요한 걸까?」나, 「아무래도 효율이 나빠 보이는군」이라고 의문을 품을 만한 업무기능이나 프로세스도 몇 가지 나오고 있다고 생각된다.

만약 이렇게 존재의의가 불확실한 업무기능이나 비효율적인 프로세스가 신경쓰인다면 실로 거기에 지구온난화 대책의 포인트가 있다고 생각된다. 한 마디로 말하면, 그러한 업무기능이나 프로세스에는 많든 적든 자원이나 에너지의 쓸데없는 사용, 비용의 쓸데없는 부분이 있다고 생각되기 때문이다. 비즈니스 임팩트 분석을 통해서 그 쓸데없는 부분을 특정하는 것이 가능하다면 이산화탄소 억제를 위한 새로운 아이디어(중복 리소스의 유효활용이나 업무 프로세스의 재점검을 통해서)가 생길 것이 틀림없다.

다음으로 「리스크의 평가와 리스크 대책」이다. 이것은 지구온난화가 환경이나 사회, 경제에 어떠한 영향을 초래할 것인가를 BCP의 리스크 평가의 시점에서 생각한다면 바로 이해할 수 있는 것이라 생각한다. 여기서는 다음 2가지로 나눈다.

- 물리적인 리스크
- 비즈니스 리스크

물리적인 리스크. 지구온난화가 초래하는 태풍의 대형화, 건조화(산악지대의 보수력의 저하도 포함)나 갈수와 같은 이상사태는 이미 일본에서도 현재화되어가고 있는 것 같다. 일본의 BCP에서는 대표적인 리스크로 주로 대지진이나 태풍 2가지를 상정하는 것이 많지만 리스크의 범위를 넓혀서 그것들의 발생가능성과 피해 상정레벨을 지금보다 더 높게 잡아놓지 않으면 대처할 수 없는 것은 아닐까.

비즈니스 리스크. 지구온난화의 영향이나 문제라는 것은 「바람이 불면 언덕집이 돈을 번다」 혹은 더 스마트한 방식으로 말한다면 「나비효과」를 염두에 두고 임할 필요가 있다.

한마디로 말하면 다종다양하고 예상도 되지 않을 듯 한 비즈니스 리스크가 잠재하고 있을 지도 모르는 것이다. 예를 들면 전형적인 예로서는 이산화탄소 억제 시책으로서의 「규제」나 그것을 준수할 수 없는 기업에 대한 패널티, 이산화탄소 배출형의 기술이나 에너지를 계속해서 사용하는 것에 대한 비용의 상승, 사회적 평가나 신용의 실추 등을 들 수 있다. 또한 물리적인 리스크와의 관련에는 지구 온난화의 영향을 받는 나라로부터의 원재료의 수입이 두절되거나 품절상태가 되어 가격이 상승하거나 그러한 다종다양한 원재료나 에너지 자원 수급의 밸런스가 무너지는 것에 의해 공급이 두절되어서 생산정지나 폐업으로 몰리는 등의 사태도 이미 일어나고 있다.

이러한 여러 가지 리스크를 한번에 BCP의 리스크 평가나 대책에 몰두하는 것은 현실적이지 않지만 가능한 범위에서, 예를 들면 과거에 한번이라도 바닥 아래 침수를 경험해 본 기업이라면 「이번에 폭우가 온다면 바닥 아래가 침수될지도……」와 같은 한 단계 위의 경계의식을 가지는 것, 그것에 상응하는 대책을 강구하는 것이 중요한 것은 아닐까.

지구온난화 대책과 관련짓는 것이 의미있다고 생각하는 사업계속 프로세스의 3번째는 「연습, 교육」이다. 이것은 정확하게 말하면 BCM(BCP의 운용관리)의 일환으로서 행할 것이다.

BCM에서는 단계적으로 사원의 리스크 의식을 높이거나 재해대응수순에 자신감을 더욱 가지거나 하면서 사내에 사업계속의 문화를 침수시켜 가는 구조로서 사원의 교육이나 연습을 실시한다. 예를 들면 BCP 팀을 대상으로 한 방재훈련,

리스크 의식향상을 위한 교육, 세미나 등이 생각된다. 또한 이러한 교육이나 트레이닝은 경영진도 솔선해서 참가하는 것이 바람직하다고 여겨진다. BCM을 회사 전체에 정착시켜서 재해복구능력을 단계적으로 높여 가기 위한 예산을 확보하려면 경영진의 방재나 위기관리에 대한 이해나 의식을 유지, 향상하는 것도 필요하기 때문이다.

BCM에 있어서 이들 교육이나 훈련은 여러 가지 점에서 지구온난화 대책의 교육과 겹치는 부분이 많다. 기업의 지구온난화 대책이라 함은 무언가 대대적인 이산화탄소 삭감기술의 도입이나 카본 오프셋과 같은 기술적인 것을 상상하기 쉽지만, 실제는 이와 같은 교육을 통해서 사원 한명 한명의 일상이 작은 습관을 개선하는 것이야말로 중요하다.

예를 들면 자신의 차로 통근하는 습관이 있는 사람은 가능한 한 도보와 대중교통을 조합해서 이용하여 왕복한다. 출장의 타입과 긴급도를 미리 정의해 두고, 우선순위를 정해서(중요 거래처=1, 지점의 정례미팅에 참가=3 등) 쓸데없는 출장을 회피한다. 이것들에 의해 이산화탄소 삭감과 동시에 긴급 시의 사원의 행동 루트나 소재를 파악하기 쉬워진다. 직장 내에서의 절전, 그 외에 성 에너지 대책에 대해서는 말할 필요도 없다. 이러한 아이디어는 브레인 스토밍 등을 통해서 제안하고, 찬성다수의 아이디어에 대해서는 하루라도 빨리 실행에 옮긴다. 이것이 중요한 것은 아닐까.

지구온난화의 문제가 여러 가지 물리적인 리스크나 비즈니스 리스크의 형태를 취하는 것은 앞에서도 설명했지만 이러한 리스크를 회피, 방지하기 위해 기업은 어떻게 대처해야 할까를 과제별로 분류하면 다음 5가지로 정리할 수 있다.

① 피해상정 레벨의 확장

이것은 상세하게 설명하지는 않을 것이다. 지구규모의 기상변동에 의해 태풍의 대형화나 격한 한온의 차, 집중호우, 이상 가뭄, 혹은 이미 이러한 이상기상의 영향을 받은 해외의 서플라이어로부터의 공급부족·정지, 가격의 상승 등이 생각된다.

② 이산화탄소 배출규제에의 대응

일본에서는 현재 이산화탄소의 배출규제를 부과하는 시책에는 적극적이지 않지만 세계는 규제를 강화하는 방향으로 진행해가고 있는 모양이다. 규제라고 해도 여러 가지여서 기업에 직접 배출제한(수치목표 등)을 부과한다던가, 공공교통기관이 고도로 발달한 도시에서는 차량세나 가솔린세의 인상, 차량노선 연장 금지구역의 확대와 같은 것도 있을지 모른다.

③ 성 에너지, 성 전력기술의 도입

가까운 예로는 IT 기기(서버 등)의 소비전력을 억제하는 기술적인 궁리나 오피스의 조명, 팩스, 복사기의 절전대책, 종이의 사용제한(복사기의 버튼을 누르기 전에 종이사용의 필요성이 있을까 생각해 본 적이 있는가?) 등이 생각된다. 성 에너지나 성 자원의 사고방식은 1980년대 후반의 에코 붐으로 일시적인 인기가 있었지만 그것은 문자 그대로 붐으로 끝났다. 이번에는 진심으로 임하지 않으면 안 된다.

④ 카본 오프셋의 실시

유럽과 미국은 카본 오프셋(자사의 이산화탄소의 배출삭감이나 흡수를 그 대가를 지불해서 다른 조직에 인수시키는 비즈니스적 수법)이 보급되어 가고 있다고 말하고 있다. 경제활동에 손해를 보지 않는 유효한 방법으로서 기대되고 있다. 이산화탄소를 발생시키지 않는 노력을 하지 않고 돈을 지불해서 끝내려는 것은 태만한 것이 아닌가? 라는 시각도 있지만 결국 이것은 기업이 「비용」으로 인식하는 것이며 그 비용을 줄이는 노력이 추구되는 것이다. 다른 수단과 조합해서 유효하게 활용하면 좋겠다.

⑤ 사회적 신용의 유지

지금부터는 기업 스스로 적극적으로 지구온난화 대책에 임해서 스텍홀더의 요구에 응해서 그 노력이나 성과를 공표할 수 없다면 시장에서 외면당하고 배제되는 시대가 왔다고 해도 과언이 아니다. 소규모의 회사에서도 홈페이지나 명함 등을 통해서 그 노력을 어필하는 것이 가능하다.

최후의 정리로서, 사업계속 프로세스의 3가지 요소, 「비즈니스 임팩트 분석」, 「리스크의 평가와 리스크 대책」, 「연습, 교육」을 지구온난화 대책의 과제별 분류와 관련지으면 아래 표와 같이 된다.

	위협, 영향	CO_2배출 규제	성에너지·성전력	배출량 거래	사회적 신용
비즈니스 임팩트 분석	○	○	−	−	○
리스크의 평가와 리스크 대책	○	○	○	○	−
교육, 훈련	−	−	○	−	○

제3장

사업계속경영

연습

3.1.1 ● 개요

[1] 들어가며

BCM은 스포츠와 같이 「실천」과 떼어서 생각할 수 없다. 가라데나 유도에는 선배가 오랜 세월의 노력과 경험을 쌓아서 획득한 오의나 극의와 같은 것이 있다. 이러한 오의나 극의를 실제에서 살리려면 그것을 자신의 몸으로 체득하고 반복하는 수밖에 없다. 아무리 세련된 고도의 필살기라 하더라도 「이렇게 하면 좋다, 저렇게 하면 좋다」라는 이론, 이치를 머리로 이해하는 것뿐이라면 의미가 없다.

BCM도 그와 같아서 조직의 경험과 지혜를 결집해서 겨우 구축한 합리적인 행동방침이나 수순이 그곳에 있더라도 그것이 분명하게 기능한다는, 문제에 직면해도 해결할 수 있다는 실감이나 그것을 「가시화」하는 구조가 없다면 앗하는 순간 움직이지 않게 되고 자신감도 가질 수 없다. 그렇지 않아도 바쁜 매일을 보내는 중이라 뜻밖의 사태에 대비하려 하는 마음이 되지 않는데 하물며 사업계속을 위해 자신이 어떤 공헌이 가능한지의 발상도 떠오르지 않는 것이 현실이다.

BCM에 「연습」이 필요불가결이 되는 이유는 거기에 있다. 연습을 실천한다는 것은 1년에 1회의 방재훈련에 마지못해 참가하는 것은 아니다. 최고 직위나 리더의 통제력이 기능할 것인가, 필요한 때에 적절한 타이밍에 필요한 상대와 커뮤니케이션할 수 있는가, BCP의 수순을 규정대로 지킬 수 있을 것인가, 혹은 돌발적으로 발생한 문제를 임기응변으로 해결할 수 있는가를 발휘할 수 있도록 매일 연습과 훈련을 태만히 하지 않는다. 사업계속의 태세와 같이 그야말로 「연습 없이는 BCM은 없다」이다.

[2] 연습의 종류와 정의

BCM의 연습에 관한 종류나 정의는 여러 가지이다. 해외의 웹사이트에서 이들 자료를 입수하면 이름이 비슷해도 내용이나 정의가 미묘하게 다른 용어가 많이 보인다. 필자가 의역한 명칭을 포함하면, 「가상 연습(테이블 탑 엑서사이즈)」, 「드릴」, 「정보 섹션」, 「워크 스루」, 「페이퍼 워크 스루」, 「워크 어라운드」, 「기능연습」, 「전 규모 연습」, 「센터 시뮬레이션」, 「야외 연습」, 「전규모 업무정지훈련」 등이 있다.

어느 것으로 해도 중소기업의 규모나 예산을 생각한 경우, 대대적인 연습, 예를 들면 회사 전체규모로 업무를 정지하는 것과 같은 연습을 하는 것은 거의 불가능하며 아무래도 「별로 업무에 지장이 없는 범위에서」 실시할 수밖에 없다. 그래서 이하에서는 전형적인 연습의 종류를 서술한 뒤, BCM을 도입한 중소기업이 그 규모나 업종을 묻지 않고 업무에 지장이 없는 범위로 실시할 수 있는 연습형식으로서 「테이블 탑 엑서사이즈」의 방법과 테크닉에 중점을 둔다.

[3] 연습의 개요와 특징

연습의 종류에는 「훈련」, 「가상 연습(테이블 탑 엑서사이즈)」, 「기능연습」, 「전 규모 연습」 등이 있다.

① 훈련(Dril)

이른바 방재(소화, 피난, 구조 등)훈련에 해당하는 것으로 지진이나 화재 등의 위협을 대상으로 한다. 건물, 구내의 모든 인원, 또는 부문마다 연 1, 2회 정도 실시한다. 실제로 사람이 이동하거나 대응에 액션을 취하는 점에서는 유효하지만 형식화되기 쉽다는 단점이 있다.

② 가상 연습(Table Top Exercise)

긴급 시 대응계획이나 사업계속계획의 기본적인 수순을 이해하기 위한 훈련으로 참가팀 멤버에 의한 토론형식으로 진행한다. 방재훈련 등을 경험한 초심자가 본격적인 긴급 시 대응이나 사업계속의 흐름을 파악하기 위해 적절하지만, 가상에서의 훈련이기 때문에 리얼리티는 기대할 수 없다. 1년에 2회~4분기마다 1회 실시한다.

③ 기능 연습(Functional Exercise)

사람이나 기재를 실제로 이동시키거나 하는 것은 없지만, 업무계속이나 복구에 필요한 기능을 회복하기 위한 수순으로 대화적으로 실시한다. 계획의 타당성이나 복구순서를 마스터하는 것은 가능하지만 직원의 기능향상을 주된 목적으로 한 것은 아니다. 통상은 1년에 1회 정도 실시한다.

④ 전 규모 연습(Full Scale Exercise)

실제에 의한 재해 시뮬레이션으로 역할을 부여한 참가자는 신속하게 임기응변으로 상황에 대응하지 않으면 안 된다. 팀이 장소를 이동하거나 필요한 경영자원을 반출, 수입하거나 한다. 취업 시간 중에 연습을 발동하는 경우도 있다.

이들 난이도와 연습의 리얼리티의 관계는 그림과 같이 나타낼 수 있다.

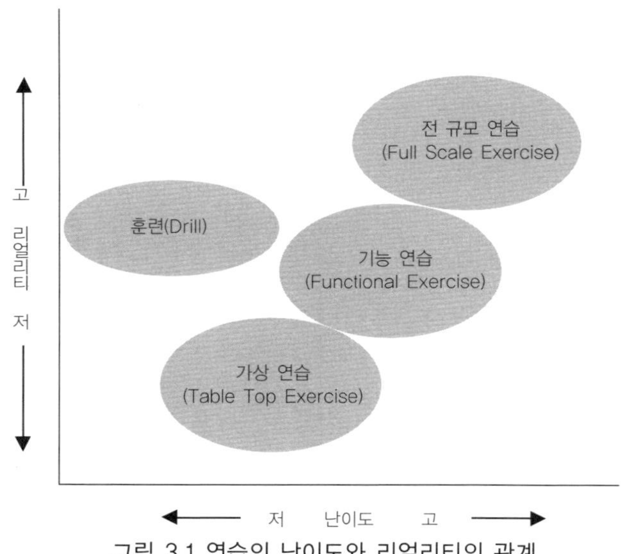

그림 3.1 연습의 난이도와 리얼리티의 관계

3.1.2 ● 연습 프로그램의 입안과 승인

[1] 목적, 범위, 스케줄, 정보수집 등

① 목적

구체적인 목적을 보인다.

예「판데믹 경계 레벨 [5]가 발동된 시점에서의 위생관리와 외출도중이나 방문처에서의 대처방법, 감염위험 구역에 있는 거래처, 고객과의 정보공유방법을 확인한다」

② 범위

리스크 평가에서 가장 염려되는 사태를 중심으로 검토한다. 범위에 포함되는 영역, 집단과 포함되지 않는 영역, 집단을 명확히 한다.

예「신형 인플루엔자에 의한 판데믹 경계 레벨 5의 사태를 대상으로 한다. 본사 및 3개 지점의 영업부원을 대상으로 하고, 본사 내 근무자는 포함되지 않는다」

③ 스케줄

연습의 기획, 입안, 정보수집, 시나리오의 작성 등에 필요한 시기와 연습을 실시하는 일정을 결정한다.

예「기획입안~실시까지 3주간, 연습의 실시시간은 2시간, 연습 후의 반성회를 30분」

④ 정보수집

이미 전회의 연습 데이터가 있다면 그 내용(목적, 범위, 달성도) 등을 비교·검토할 수 있다. 달성도에 큰 폭의 갭이 있다면 그 요인을 체크한다. 지금까지 밝혀지지 않은 단면이나 난이도가 높은 시나리오를 작성하는 경우는 사전에 ②의 범위부터 정보를 수집하여 ①의 목적과 조합한다.

[2] 연습의 역할

① 진행역(조력자)

시나리오 전체의 흐름을 파악하고 중립적인 입장에서 진행을 관리한다. 필요에 따라서 액션 메시지를 낸다. 이 역할은 모든 연습에서 필수가 된다. 기능 연습과 전 규모 연습에서는 진행역을 보좌하고 각 장면에서의 방향이나 판단을 촉진하는 역할로서「컨트롤러」도 참가한다.

② 참가자(플레이어)

긴급대응이나 업무계속, 재해복구의 역할을 맡는 팀이나 부서마다 직원이 중심이 된다. 연습의 주역으로서 참가하는 사람들이다.

③ 엑스트라

부상자나 도보기자, 거래처, 시민 등의 역할을 연기한다. 전 규모 연습 등으로 시나리오의 리얼리티를 높이기 위해 채용한다.

④ 옵저버

연습의 달성상황을 모니터링 및 기록한다. 평가대상이 되는 업무의 지식이 있다는 것이 전제된다. 참가자의 행동이나 판단, BCP의 효과를 측정한다. 전 규모 연습에 채용한다.

[3] 시나리오의 작성과 평가～승인까지

① 시나리오의 작성

효과적인 시나리오를 만들어내기 위해서는 먼저 리스크 평가로 상정한 위협과 리스크, 연습의 목적이나 범위를 기초로 해서 시나리오의 줄거리를 작성한다. 시나리오의 상정시간(「○월 ○일 ○시 ○분, 후지산 기슭에서 대규모 토석류가 발생」 등)이나 시나리오를 개시하는 계기, 시나리오의 개요, 기대되는 결과 등, 미리 대강의 흐름과 포인트를 리스트로 정리해두면 좋을 것이다. 이 플롯은 플로차트로 가시화된다면 더 명료해질 것이다. 다음으로 참가자(플레이어)를 특정하고, 그들에게 「뜻밖의 사태」에 직면시키기 위한 트리거(계기)를 고안한다. 그러기 위해서 취업시간 중에 참가자 앞으로 이메일로 발동을 통지하거나 긴급통보 시스템 등이 설치되어 있는 경우는 그 시스템을 통해서 송신하는 것도 가능하다.

시나리오는 리얼리티가 있으며 (오해를 두려워하지 않고 말한다면) 게임 감각이 느껴질 정도로 참가자는 연습에 열중하고, 진지하게 임하는 경향이 있다고 말하고 있다. 이 경우 리얼리티란 연기를 피우거나 붉은 불로 화재를 연출하는 것이 아닌, 「현장에서 실제로 일어날 수 있는 사태」라는 의미이다. 연습 시나리오는 가상의 영역을 넘을 수 는 없지만, 판에 박힌 것이 아닌 참가자가 시나리오 안에 자기 자신을 두어(예를 들면 가상의 연습이라 해도) 현실적인 긴장감이나 절박감이 느껴질 수 있는 것, 문제나 의문점이 제시되면 참가자끼리 시간의 경과도 잊고 의논에 열중할 수 있는 환경을 만드는 것이 바람직하다고 말할 수 있다.

② 평가 방법

플레이어의 행동이나 전체의 연습결과에 대해서는 합격/불합격, 성공/실패라는 판정은 하지 않는다. 평가의 시점은 여러 가지이지만 기본적으로는 플레이어를 통해서 BCP의 수순의 타당성을 검토함과 함께 그들에게 기대되는 역할이나 행동이 어느 정도 달성되고 있는가를 확인하고 각 참가자가 자신의 위치나 역할, 다른 멤버와의 관련성, 판단이나 행동의 방법을 이해하고 자신감을 가지는 것이다. 이를 위해서는 예를 들면 다음과 같은 사고방식에 기초해서 정량적, 정성적 달성지표를 준비해 둘 필요가 있다.

- 플레이어가 연습에 참가하기 전에 레벨을 어떻게 측정할까
- 연습에 의해 기대되는 「바람직한 결과」, 「갖춰야 할 모습」은 무엇인가
- 플레이어가 연습에 참가하고 난 다음에 레벨을 어떻게 측정할까

- 바람직한 결과와 실제 결과의 갭을 어떻게 측정하고서, 다음 단계에서 어떻게 활용할까

③ 경영진의 승인

연습의 목적, 범위, 스케줄, 기대되는 결과, 평가방법, 필요한 예산 등이 결정된 시점(시나리오의 상세한 작성은 이 후에)에서 연습실시 계획서로서 정리해서 경영진에 제출해서 정식으로 승인을 얻는다. 이들은 연습을 위한 예산승인을 목적으로 하고 있을 뿐인 것만은 아니다. 연습만이 아닌 BCM 전반에 대해서 말할 수 있지만, 최고 경영진의 참가(책임에 따른 정식 약속)가 없다면 또 그 참가를 표명받지 못하면 아무리 숭고한 목적, 목표를 가진 활동도 성공시킬 수 없게 되기 때문이다.

예를 들면 연습프로그램 담당자인 당신이 경영진의 정식 승인을 거치지 않고 동료나 부·과장에게 「이번에 연습을 할 테니까 가능한 한 참가해주시오」라고 이메일로 요청했다고 하자. 그러나 필시 거의 대부분의 사람은 「공교롭게도 바빠서 시간을 낼 수 없다」, 「또 한다고? 3개월 전에 하지 않았는가」라는 부정적인 회답이 돌아올 것이다. 반복해서 말하지만, 연습을 성공시키는 열쇠는 경영진의 의견을 받아들여 관리자 층을 통해서 전 사원의 벡터를 맞추는 것이다.

3.1.3 ● 연습 프로그램의 실시

[1] '가상 연습'의 실시 예

여기서는 일반적으로 행해지고 있는 「가상 연습」을 기초로 설명한다. 테마는 「BCP의 대응수순의 검정」이다. 이 연습은 다른 방법에 비해서 비용 대 효과가 우수하고, 순서를 정하는 것이나 실시의 스타일 등도 일반적인 사내연수와 닮아 있기 때문에 특별한 도구준비는 필요없이 업무에의 영향도 거의 없다. 이하의 내용은 몇 가지 가상 연습의 패턴의 참고로 필요하다고 생각되는 일련의 요소를 조합시킨 것으로 모든 가상 연습이 이 스텝의 순서, 내용대로 전개하는 것은 아니다.

이 가상 연습의 목적은 현실적인 업무중단의 시나리오를 제시하는 것에 의해 BCP의 실효성을 검증함과 함께 계획의 개선 포인트를 찾는 것, 임무를 받고 있는 직원의 대응력을 높이는 것이다. 준비단계에서 필요한 작업으로서는 연습의 대상이 되는 모든 참가자를 특정해 두는 것, 참가자에게는 역할을 전해서 미리 BCP의 필요한 요소를 숙독해서 수순이나 행동의 방법을 이해해둘 것을 요청하는 것 등이 있다. 연습의 구성 멤버는 진행역, 재해복구팀 멤버, 업무부문의 책임자(과장, 주임 등), 기록계 외에

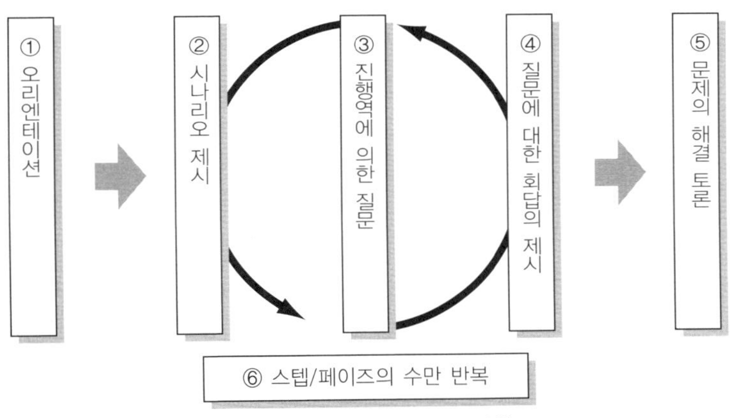

그림 3.2 가상 연습의 진행방향

필요에 따라서 옵저버의 참가도 요청한다. 연습의 소요시간은 수시간 (2~4시간)이 일반적이지만, 의논이 뜨거워진 경우를 고려해서 미팅 룸의 예약시간은 조금 길게 확보한다.

[2] 내용의 설명

앞 그림 각각의 항목 ①~⑥에 대해서 설명한다.

① 오리엔테이션

가상 연습의 특징과 진행방향에 대해서 설명한다. 연습은 합격 여부를 테스트하는 것이 아니라는 것, 현실적인 시나리오를 채용하고 있다는 것, 모든 문제를 그 자리에서 해결할 필요가 없다는 것, 토론은 계획의 실효성을 높이는 것 등을 설명한다.

참가자의 소개, 연습의 목적과 목표, 연습의 규칙, 전제조건(대응수순에 대해서의 지식이 있는 것 등) 평가방식(개인이 아닌 팀으로서 평가), 대상이 되는 업무 프로세스, 연습의 포맷, 연습의 각 질문의 타이틀, 문제제기와 토론, 결과보고회에 대해서 개요를 설명. (※「연습 규칙」이란 참가자는 누구라도 자유롭게 발언할 수 있고, 무언의 경우 동의로 간주, 시나리오는 필요에 따라서 변경하는 경우가 있고, 외부로부터의 끼어듦은 금지, 등을 가리킨다.)

② 시나리오 제시

시나리오에는 「배경 시나리오」와 「개별 시나리오」 2가지가 있다. 전자는 문자 그대로 전체의 배경정보를 제시하는 것으로 이른바 나레이션에 해당한다. 후자는 그 중 구체적인 장면이나 조건제시에 해당하는 것으로 참가자에게 하는 질문의 계기가 되는 정보를 준비한다. 개별 시나리오를 3개, 각각에 대해서 2개씩 질문을 준비한 경우, 전부 6개의 질문이 필요해진다.

a. 「배경 시나리오」의 예시

「8월 1일 정오(쾌청), 갑자기 큰 흔들림과 함께 파일 캐비닛 몇 기가
떨어짐. 흔들림이 멈춘 뒤「진도 6의 지진」이 일어났다는 통보가 왔
다. 전기설비, 공조설비, 전화, 네트워크가 모두 정지하여 실내에서
는 흙먼지와 무더위가 충만되어 있다. 계단은 사무부문의 직원 수
명을 제외하고 모두 외출 중이다.」등

b. 「개별 시나리오」의 예시

「"방재 총괄책임자의 업무부장으로부터 중요한 시스템이 멈추어 있
지는 않은가 바로 조사하도록", 이라는 지시가 있었다」

시나리오의 종류에는 일반적인 것에는 수 시간의 정전, 창고로부터의
화재, 제조관련에서는 생산라인의 정지나 주문-출하처리 시스템의 정지,
IT관련에서는 중요한 어플리케이션이나 데이터의 파괴, 네트워크의 끊김
등이 있다.

③ 진행역에 의한 질문

질문은 연습의 「목적」에 따른 것이 아니면 안 된다. 예를 들면 긴급 시
대응의 연습이라면 피해를 당한 직후에 최초로 일어나는 액션은 무엇인
가, 최초로 통보하는 상대는 누구인가, 와 같은 초동대응수순에 관한 질
문을 설정해둔다.

a. ②에 관한 질문 예

「어느 시스템이 중요하다고 여겨지고 있는가?」
「시스템이 피해를 받은 것을 확인하는 수단은?」
「어느 시스템에서 복구하면 좋을까?」

④ 질문에 대한 회답(해결책)의 제시

참가자는 질문의 상황을 이해하고 판단하고 팀 및 자신의 역할에 기초
해서 적절한 행동의 방법을 답한다. 이 때 계획 상의 수순을 검증하는 것

과 함께 틀린 점이나 새롭게 발견한 문제 등을 지적하는 것이 가능하다.

⑤ 다음 시나리오의 개시

연습의 목적이 5가지 있을 경우는 5가지 목적에 따른 복수의 시나리오를 준비하고 순차 ②→④를 반복한다.

⑥ 문제의 해결, 토론

가상 연습이 종료되면 진행역과 참가자는 BCP의 대응수순에 관한 문제점이나 신경 쓰였던 점을 제시하여 의논한다.

[3] 연습결과의 평가

연습은 참가자의 회답의 옳고 그름이나 합격 여부를 묻는 것이 아님을 이미 서술했지만 연습 그 자체에는 명확한 성공과 실패가 있다. 연습에 있어서 성공이란 다음의 포인트에 관해서 적절한 대답이나 방향을 이끌어 낼 수 있는가, 라는 것이다.

- 연습에서 계획한 시나리오의 목적을 달성했는가
- 긴급 시 대응계획이나 사업계속계획의 방침이나 수순에 개선해야 할 점은 찾았는가
- 직원의 대응은 기대하는 레벨에 달해 있는가
- 수순이나 직원의 대응 레벨에 대해서 앞으로의 연습의 빈도나 목표 레벨을 어디에 설정해야 하는가

이것들을 만족시키려면 리얼리티와 달성가능성이 있는 어떤 목표설정, 그리고 명쾌한 구성을 가진 연습 평가 플랜을 작성하지 않으면 안 된다. 그러나 BCM의 스타트 라인에 막 선 회사라면 먼저 가장 몰두하기 쉬운 가상 연습 등을 실시하여 위에서 서술한 것 같은 토론이나 피드백을 통해서 연습의 성과를 확인하는 방법도 생각해 볼 수 있다(효율적인 피드백의 수집에는 설문조사 용지나 평가 시트를 빼놓을 수 없다).

재점검과 유지·보수

3.2.1 ● 개요

[1] 재점검과 유지·보수의 필요성

비즈니스는 항상 변화의 한복판에 있고, 어느 활동을 취하더라도 어제와 같은, 한 달 전과 같은, 혹은 1년 전과 정말 같은 상태를 유지하고 있는 것은 없다. 사원의 입사와 퇴사, 인사이동, 업무자산의 변동, 조직이나 업무기능의 신설, 통폐합, 사업전략이나 방침의 방향전환, 고객 수요의 변화나 거래처로부터의 여러 가지 요청 등 모든 요소가 매일같이 바뀌고 움직이고 있다.

그리고 이러한 움직임에 관련해서 여러 가지 사내, 사외지향의 업무문서가 개정, 변경되고 있지만, 현실문제로서 바쁜 일상 업무 중에 필요한 문서류를 적시에 유지 보수하는 것은 용이한 것이 아니다.

바쁨에 어지러울 때 어느 사이엔가 개정이나 변경이 게을러지는 오래 지속 못하는, 파일함에 새 것과 오래된 것이 불명확한 팜플렛이나 매뉴얼이 혼재되어 있는 것과 같은 문제는 종종 일어난다.

더구나 「실효성의 유무」가 모든 것인 BCM에 있어서 바른 유지·관리가 행해지지 않으면 공들인 사업계속체제도 「그림의 떡」으로 끝나버린다. 만일의 경우 필요한 담당자와 연락이 취해지지 않고, BCP가 규정한 대체구입처를 모르고 있는 사이에 도산해버리는 사태가 일어난다. 그래서 이와 같은 일이 일어나지 않도록 BCP에서는 적절한 유지 관리 방법을 정리해 놓는 것이 필요하다. 이하에서는 「재점검과 유지 보수」라는 2가지를 연계한 활동을 통해서 BCM을 효과적으로 운용하기 위한 구조에 대해서 설명한다.

[2] 재점검의 기회

사업계속경영에 있어서의 재점검의 기회는 무엇일까. 바로 생각나는 것은 인사이동이나 입·퇴사에 따르는 BCP 팀 멤버의 변경이나 IT기기의 교체 등에 따르는 경영자원 목록의 갱신 등이다. 물론 이것들은 재점검 요구를 발생시키는 중요한 요인 중 하나이지만, BCM의 틀 안에서는 조금 더 폭넓은 동기를 고려할 필요가 있다. 여기서는 기본적인 재점검의 계기로서 다음 ①~③을 설명한다. 복잡해서 규모가 큰 기업의 BCM에서는 보다 많은 계기가 있을 것이다.

① 정기적, 형식적인 재점검

기간 중에 특별히 눈에 띈 변경이나 재점검의 요구가 없어도 어쨌든 반년에 1회, 1년에 1회와 같은 간격으로 재점검 활동한다. BCP 문서나 중요 리스트(고객 리스트나 벤더 리스트)만이 아닌 비즈니스 임팩트 분석, 리스트 분석 등의 방법, 운용관리의 방침, 수속 등도 재점검의 대상이 된다. 이들 방침, 수순, 수속 등을 재독한다면 시간의 경과나 환경의 변화에 따라서 은밀하게 생기고 있던 갭이 현재화할 지도 모른다. 예를 들면 첫회의 비즈니스 임팩트 분석에는 방법 X를 이용했지만 실제로는 적절하지 않아 방법 Y로 변경하는 쪽이 좋다, 라는 판단이 가능하다.

② 사업활동에 따른 재점검

이것은 상위와 하위로 나눠서 생각할 수 있다. 상위는 신제품의 시장투입이나 사업부문의 통폐합에 의해「재해 시에 지켜야 할 중요 핵심사업을 변경할 필요가 생긴」경우나 내외의 소스를 활용한 계속대책 리스크 대책과 같은 전략, 전술레벨의 재점검 등이 포함된다. 고객의 요청이나 계약이 있다.

③ BCM 운용에 따른 재점검

전형적인 것으로서는 BCP의 검증(테스트)에 따르는 오류나 모순, 비효율적인 수순의 발견 등이 있다. 또한 연습이나 교육의 효과를 평가하고 참가자와의 질의응답을 통해서 제기된 의문점이나 개선을 요구하는 피드백에서 재점검의 요구가 나오는 경우도 있다. 재점검, 유지·보수 프로그램의 운용관리방법 중에 개선이 필요함을 발견하게 될지도 모른다.

[3] 작업의 흐름

재점검과 유지·보수의 흐름은 다음 그림과 같다. 각각의 항목의 상세한 내용은 다음 페이지 「3.2.2 재점검, 유지·보수 프로그램의 입안과 실시」를 참조하길 바란다. 이 그림에서는 재점검의 종류를 「정기적, 형식적 재점검」과 「개정요구에 따르는 재점검」으로 나눈다.

재점검의 담당자	BCM사무국(변경관리원)	BCM 팀 멤버 / 관계자
	〈정기적, 형식적인 재점검〉	
	1. 재점검의 의뢰	
2. 재점검 실시 3. 개정, 갱신 파일 제출	4. 개정, 갱신 파일 수리 5. 버전 관리	6. 통지 / 배포
	〈개정요구에 따른 재점검〉	
1. 재점검 요구	2. 재점검 내용의 검토, 평가 3. 필요에 의한 검토의 의뢰	
4. 재점검 실시 5. 개정, 갱신 파일 제출	6. 개정, 갱신 파일 수리 7. 버전 관리	8. 통지 / 배포
	〈구 버전〉(종이, 전자파일)의 폐기, 처분	

그림 3.3 재점검 ~ 유지·보수 프로세스

3.2.2 ● 재점검, 유지·보수 프로그램의 입안과 실시

[1] 책임자(담당자)의 결정

BCM 사무국과 실제의 재점검, 유지·보수를 행하는 각 활동그룹(BCM 책정 멤버나 긴급대응팀, 연습과 훈련 담당자 등)의 담당자를 결정한다. 어느 직원도 자신의 본래 업무와 겸무하게 되기 때문에 과한 부하가 걸리지 않도록 주의할 필요가 있다. 이 결정 방법에는 회사의 규모에 따라 2가지의 사고방식이 있다.

① 비교적 규모가 큰 회사의 경우

BCM 운용관리 상의 재점검, 유지·보수 담당자는 「사무국」으로서 기능하고 실제의 개정 재점검 작업은 각 부서나 각 활동그룹의 담당자에게 의뢰한다. 사무국에서는 정기적으로 재점검을 하며 스케줄에 따라 각 담당자에게 재점검 의뢰를 통지하고 개정, 갱신된 문서(파일)을 회수한다. 부정기의 긴급 재점검 요구가 있는 경우는 소정의 루트, 소정의 재점검 기준과 타이밍에 기초해서 재점검을 실시한다.

② 비교적 규모가 작은 회사의 경우

소수 인원의 회사는 BCM 사무국에 상당하는 담당자가 재점검, 유지 보수의 실무를 혼자서 맡는 것도 생각할 수 있다. 이 경우 정기적인 재점검 스케줄에 따라 각 담당자에게 재점검 의뢰의 통지를 보내기까지는 같지만 원본 파일은 모두 사무국 담당자가 보관하고 있으며 활동팀마다, 부서마다의 담당자가 지적한 사항을 모두 사무국에서 유지·보수를 하는 사례도 생각해 볼 수 있다.

[2] 재점검, 유지·보수 프로그램의 작성

재점검, 유지·보수 프로그램은 이들 작업을 효율적으로 실시하기 위한 구조를 규정하는 것이다. 여기서는 앞의 그림 3.3에서 보인 「정기적, 형식적인 재점검」과 「개정요구에 따른 재점검」 2가지로 나누어서 설명한다.

「정기적, 형식적인 재점검」에서는 미리 재점검 항목의 리스트와 재점검의 빈도를 규정해두고 적절한 시간에 각각의 재점검, 유지 보수 담당자 앞으로 재점검의 의뢰를 송부한다. 각 담당자는 재점검을 행한 뒤 변경부분을 색으로 분류하는 등으로 해서 구별된 개정, 갱신 파일을 사무국에 반환한다. 사무국에서는 전체의 개정, 갱신레벨을 판정하고 적절한 버전 번호를 붙여서 관계자가 배포함과 함께 구 버전의 처리(일부 교체, 전부 파기 등)를 지시한다.

「개정요구에 따른 재점검」에서는 각 활동 그룹에서 개정, 갱신 신청을 수리하여 그 필요 여부를 판정해서 다음 작업으로 옮긴다. 개정, 갱신의 필요는 사무국 담당자가 자신이 판정 가능한 것과 보다 상위의 BCM 책임자나 경영진의 승인을 필요로 하는 것이 있다. 이 판단레벨에 대해서도 프로그램으로 규정하는 것이 바람직하다. 재점검 대상이나 내용에 따라서 긴급도는 달라진다. 미리 A, B, C 등의 우선순위를 매겨 두면 판단이 틀리지 않는다. 개정, 갱신이 필요한 경우는 적절한 버전 번호를 붙여서 관계자에 배포함과 함께 구 버전의 처리(일부 교체, 전부 파기 등)를 지시한다.

두 사례 모두 배포에 대해서는 다음 점에 주의해야 한다.

① 버전번호의 규칙

업데이트나 페이지의 단위의 변경에 대해서는 0.1 단위로 1년에 1회 재발행하는 경우는 1.0단위로 버전을 바꾼다.

② 재점검이 완료된 내용의 배포방법

한 자 한 구의 정정이나 일부분 담당자의 변경을 위해 모든 페이지, 파일마다 「약간의 수정」이나 「페이지 단위」의 교체 의뢰로 끝낼 수 있도록 한다.

③ 구 카피의 교체나 파기

이들에 대해 종이, 전자파일, 담당자가 보관하는 것도 원격지에 보관한 것을 대상으로 그 방법이나 타이밍 등도 포함해서 규정하길 바란다.

[3] 프로그램의 구성일람

[1]과 [2]에서 서술한 내용을 정리하면 다음 표와 같이 된다.

표 3.1 재점검 프로그램의 예

분류	재점검 항목	재점검 담당	정기 재점검	부정기 재점검	배부처
형식면	긴급 시 대응계획	김필호	B	A`	모든 팀
	사업계속계획(BCP)	최동진	B	A`	모든 팀
	부속 매뉴얼	이동원	C	A	모든 팀
	컨택트 리스트	·	D	A	·
	서플라이어 리스트	·			·
	체크 리스트	·			·
	벤더 계약서	·			·
	BIA의 수순				
	RA의 수순				
사업활동면	중요 핵심사업의 종류				
	경영전략				
	조직의 신설, 통폐합				
	RTO와 공급 레벨				
	계속대책				
	리스크 대응책				
	경영자원의 도입, 폐기				
	인사이동, 입·퇴사				
운용면	연습의 방법, 빈도				
	교육의 방법, 빈도				
	테스트의 방법, 빈도				
재점검 레벨의 내역	A`=긴급도에 응해서 / 경영진의 승인 필요 A=긴급도에 응해서 / BCM 리더의 승인 필요 B=원칙으로서 반년에 1번 / 경영진의 승인 필요 C=원칙으로서 1년에 1번 / BCM 리더의 승인 필요 D=원칙으로서 1년에 1번 / 승인 불필요				

[4] 승인과 실시

완성된 재점검, 유지·보수 프로그램은 경영진의 승인을 거쳐 회사에 주지시킨다.

[5] 자기평가

본격적인 사업계속경영 시스템(BCMS)의 세계에서는 내부감사, 외부감사, 그 중간기에 실시하는 자기평가 등이 있다. 이들은 재점검이라기보다는 문자 그대로 「감사」 프로그램의 일환으로서 실시되는 것이지만 여기서는 자기평가를 재점검, 유지·보수의 연장으로서 언급해두고 싶다. 내부, 외부감사의 설명에 대해서는 전문서를 참고하길 바란다.

사업계속경영의 자기평가란 뜻밖의 사태에 대한 자위조직의 준비, 대응상황, 바꿔 말하면 그러한 태세, 역량의 달성도를 평가하는 것을 말한다. 복구탄성력의 측정이라 해도 좋을 것이다. BCM의 활동상황에 대해서 목표로 하는 레벨에 도달해 있는가 어떤가를 현재상황과 비교해서 평가하고 갭을 분명히 한다. 이 때문에 「성숙도 평가」, 「현재 상황 평가」라고도 부른다. 현재 상황을 평가하고 그 갭을 명확히 하는 것으로 BCM이 계속적으로 돌아가는 것의 중요성을 경영진에게 어필함과 함께 전 사원의 동기부여 향상에도 역할을 한다.

자기평가를 행하기 위한 간편한 방법으로는 BCP나 BCM 가이드라인의 첨부자료로서 입수 가능한 체크 시트 등을 이용하는 것이 있다. 예를 들면 내각부의 「기업방재 페이지」에서 공개하고 있는 「사업계속 가이드라인 제 1판」에서는 사업계속의 상황을 평가하기 위한 체크 리스트가 첨부되어 있다. 중소기업 BCP 책정 운용지침의 다운로드 파일에도 자기평가 시트를 작성할 때 참고가 될 정보가 게재되어 있다(하기 url 참조). 또한 이들 정보를 기초로 사업계속에 필요한 요구항목을 정리, 분류하고 엑셀의 워크 시트나 그래프 기능(봉 그래프나 레이더 차트) 등을 구사해서 자기평가 시트를 작성하는 방법도 있다.

- 기업방재 페이지 :
  http://www.bousai.go.jp/kigyoubousai/jigyou/index.html
- 중소기업 BCP 책정 운용지침 :
  http://www.chusho.meti.go.jp/bcp/index.html

기업문화로의 정착

3.3.1 ● 개요

[1] BCM에 있어서 교육 프로그램의 의의와 목적

「BCM」이라는 말은 종종 오해받기 쉽다. BCM을 도입하는 것에 의해서 긴급 시에도 당황하지 않고 사업을 계속할 수 있는, 혹은 시간을 들이지 않고 신속히 복구할 수 있는, 무언가 특별한 고기능의 시스템과 같은 것을 상상하는 사람이 있을지도 모르겠다.

그러나 지금까지 서술해 온 것처럼 사업계속체제를 유지하기 위한 전략적 플랜을 실제로 손에 넣고, 방침이나 수순을 이해해서 행동으로 옮기는 것은 다름 아닌 우리들 자신일 것이다. BCP의 완성 후, 사업계속 관리규정에 따라 대강 연습이나 훈련을 마쳤다고 해도 그것이 BCM을 통한 경영층의 통제력(탑 다운의 영향력) 향상이나 기업가치에의 이해촉진, 종업원 한 명 한 명의 대응능력의 강화로 연결되지 않으면 의미가 없다.

사내 교육을 통해서 「BCM 문화」를 조직에 뿌리내리게 하는 이유가 여기에 있다.

그렇다고 해도 매일 바쁜 업무활동에 시간을 내서 각각의 집단에 BCM의 문화를 정착시키는 것은 어려운 것이다. 사원의 입·퇴사나 이동이 있다면 BCM에 대한 의식수준도 그것에 따라서 변화하거나 원점으로 되돌리기 위해 우상향의 성과를 기대하는 것은 현실적이라 할 수 없지만 무엇보다도 중요한 것은 「반복」을 통해서 한 걸음 한 걸음 착실히 실시해가는 것이다.

다행히도 사업계속경영의 틀에는 연습이나 훈련, 재점검과 함께 BCM 활동을 반복하면서 착실히 뿌리내리게 하기 위한 후속조치가 준비되어 있다. 그것이 여기서 소개하는 「교육 프로그램」이다. 교육 프로그램이라 해도 전문가가 건축하는 것처럼 어려운 것을 상상할 필요는 없다.

BCM의 교육 프로그램에는 다음과 같은 목적이 있다.

1. 모든 사원에게 BCM의 기본적인 의미와 의의, 목적을 이해시킨다.
2. 최고 경영진이 BCM 문화를 사내에 정착시키려는 결의인 것, 그 활동을 중장기 목표로서 자리매김하고 있음을 표명한다.
3. 역할이나 책임을 부여받은 특정 직원이나 계층의 지식, 기능의 향상을 도모한다.
4. 사업의 계속에 필요한 사원의 교육요건이나 갭을 특정하고, 평가한다.

또한 교육 프로그램은 「교육」에 특화된 특별한 활동이 있는 것이 아닌 그 현실수단은 지금까지 서술해 온 것과 같은 연습이나 훈련 외에 연수, 혹은 사내의 웹사이트(인트라넷)나 메일에 의한 캠페인이라는 것에 주의하길 바란다.

[2] 교육 프로그램의 전체 흐름

교육 프로그램에서는 BCM 활동의 현재 상황을 평가하고, 지금까지의 달성목표와의 갭을 포착한 뒤에 그 갭을 묻으려면 어떠한 교육의 기회를 제공하면 좋을까, 혹은 다음 단계로서 어떠한 수준 향상을 도모하면 좋을까를 생각해서 실행에 옮긴다. 이 수순은 다음과 같다.

① 교육 프로그램의 책임자를 결정한다

이 프로그램은 평가나 입안의 면에서 연습, 재점검 등의 활동과 중복되는 부분이 있기 때문에 이들 책임자가 교육 프로그램의 담당을 겸무하는 것도 생각해 볼 수 있다. 또한 인사부의 기능이나 역할과 공통인 부분도 많기 때문에 인사부의 직원을 기용하는 옵션도 있다.

② 현재 상황의 평가

BCP나 긴급 시 대응계획, 매뉴얼류가 적절하게 유지·보수되고 있는가, 지금까지의 연습이나 훈련의 성과는 어느 정도인가, 재해가 발생한 경우는 그 활동 결과 등에 대해서 BCM 활동의 각 리더로부터 경청하는 것과 함께 문서정보를 수집한다.

③ 전회의 목표와의 갭을 측정, 분석

교육 프로그램에서 이미 전회의 목표가 설정되어 있다면, ②의 현재 상황 평가와 비교해서 달성도의 갭을 분명히 한다.

④ 달성해야 할 목표의 설정

기능이나 지식, 자세 등에 대해서 ③의 갭이 있는 경우는 그 갭을 묻기 위한 방법을, 갭이 거의 없는 경우나 전회의 목표를 상회하는 결과인 경우는, 다음의 새로운 목표와 달성방법을 입안한다. 필요에 따라서 BCM 활동 팀 리더가 모여서 의견을 주고 받는 것도 필요하다.

⑤ 교육계획의 제출과 실시

④의 개선방법의 옵션이 갖추어지면 각각의 예산을 검토한다. 이들 내용을 교육 프로그램 실시계획에 추가하고 경영진의 승인을 얻는다(승인 후에는 스케줄에 따라서 실시한다).

⑥ 경영자에게 결과 보고

교육 프로그램의 결과보고를 제출하고, 승인을 얻는다. 결과보고에는 기본 사항(언제, 누가, 무엇을 실시했는가)에 더해 어떠한 갭을 묻기 위해 어떤 목표를 설정하고, 어떻게 실시했는가, 그 결과 어떠한 성과가 있었던 것인가를 명확히 한다.

3.3.2 ● 교육 프로그램의 입안과 실시

[1] 들어가며

BCM의 교육 프로그램은 모든 사원이 일률적으로 실시하는 것만으로는 앞서 서술한 것과 같은 목적을 만족시킬 수 없다. 역할이나 입장마다 몇 가지 그룹으로 나누고 각각의 수준에 맞는 연습이나 캠페인, 연수를 실시할 필요가 있다. 여기서는 다음 그림과 같이 교육의 대상자를 「복구긴급도가 높은 업무의 직원」, 「각 부·과의 사원」, 「모든 사원」 3가지 그룹으로 나누어 설명한다.

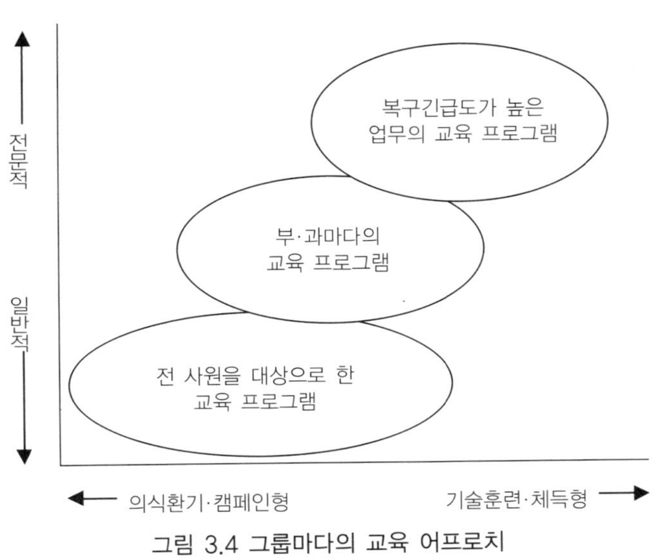

그림 3.4 그룹마다의 교육 어프로치

「복구긴급도가 높은 업무의 직원」을 대상으로 하는 경우 재해대응력의 기능이나 BCM의 지식, 실동훈련 등이 중심이 되기 때문에 외부의 연수 기관이나 컨설턴트에 의한 세미나의 이용이 바람직할 것이다. 또한 목표 복구시간은 업무기능마다 다르기 때문에 각각의 시간요청에 따른 연습을 행할 필요가 있다. 「각 부·과의 사원」의 경우는 자신의 담당 구역뿐만 아니라 중요업무의 계속과 복구의 지원도 병행해서 하지 않으면 안 된다. 조직이 일체로 되는 협력태세를 육성하기 위한 훈련이 요구된다. 「모든 사원」을 대상으로 하는 교육에서는 방재훈련이나 신입사원·재교육 연수 등을 통해서 BCM의 메시지를 알린다. 또한 폭넓게 고지하기 위해 사내 신문이나 뉴스레터, 게시판, 사내 웹사이트, 이메일 등을 이용한다.

[2] 복구긴급도가 높은 업무의 교육 프로그램
① 목적

복구긴급도가 높은, 업무가 정지한 경우의 영향, 사업의 계속이나 복구에 필요한 수단(대체자원의 종류나 그 조달장소, 수순 등)의 이해, 직원의 역할이나 책임의 자각, 지식·기능의 향상. 직원에게 필요한 교육요건이나 갭의 특정과 평가 등.

② 실시방법

인사부와 협력해서 인재개발 프로그램을 책정. BCM의 능력개발을 정식 경영활동에 넣는 것으로 예산신청과 승인, 실시운용, 평가 프로세스가 루틴화·객관화된다. 최저 연 2회는 관련된 모든 직원을 대상으로 가상연습 등의 효과적인 연습을 실시.

③ 평가방법

부·과장과의 인터뷰, 연습결과의 평가, 특정 테마에 관한 BCM 활동팀에 의한 토론(발언의 자발성이나 내용 등), 실제로 재해를 경험한 경우는 그 때의 반응이나 대처의 방법을 인터뷰하는 것 등.

[3] 부·과마다의 교육 프로그램
① 목적

BCP 팀의 구성이나 역할을 설명. 긴급사태 하에 있어서의 부문기능(생산, 영업, 회계, 기획 등)과 복구 지원 기능의 구별, 재해 시에 특히 기능강화를 추구하는 부서(IT, 총무, 인사, 홍보 등)의 역할이나 책임의 종류,

지식과 기능의 향상, 사업의 계속에 필요한 사원의 교육요건이나 갭의 특정과 평가, 부분 전체를 대상으로 한 기초적인 연습의 실시 등.

② 실시방법

인사부와 협력해서 일부 기능집약형의 업무 직원(제조부문이나 정보시스템, 네트워크 관리자 등)을 대상으로 인재개발 프로그램을 책정. 방재훈련에의 참가, 신입사원·재교육 연수 등을 통해서 상기 목적을 달성.

③ 평가방법

부·과장과의 인터뷰, 연습결과의 평가, BCM의 인지도, 이해도에 대해서 설문조사를 한다. 실제로 재해를 경험한 경우는 그 때의 반응이나 대처의 방법을 인터뷰해본다.

[4] 모든 사원을 대상으로 한 교육 프로그램

① 목적

BCM의 기본적인 의미와 의의, 목적을 이해시킨다. 최고 경영진이 BCM 문화를 사내에 정착시키는 결의를 했음을 표명한다. 회사로서의 긴급 시의 행동방침을 이해시킨다. 일반 사원의 교육 요건이나 갭을 특정하고 평가한다.

② 실시방법

사내 웹사이트에 BCM 전용 페이지를 만든다. 사내 신문이나 이메일의 특정 장소에 정기적으로 BCM 캠페인 메시지를 첨부한다. 방재훈련에의 참가, 신입사원·재교육 연수 등을 통해서 상기 목적을 달성한다.

③ 평가방법

BCM의 인지도, 이해도에 대해서 설문조사를 한다. 일반 사원을 대상으로 이해도 체크 테스트를 한다. 실제로 재해를 경험한 경우는 그 때의 반응이나 대처의 방법을 인터뷰하거나 BCM 활동 팀 멤버의 재점검 시에 자발적으로 참가하는 자가 늘었나 줄었나 등.

제4장

여러 가지 대책

귀가 및 출근 곤란 대책

대기업에 비해 사원 규모가 작은 중소기업에서는 복구인원이나 업무계속 직원이 한명이라도 빠지면 그것이 보틀넥(복구가 지연되는 원인)이 될 가능성이 있다. 여기서는 인원확보의 주요한 테마인 귀가, 출근곤란의 문제와 평가방법, 및 귀가 지원 맵의 유효한 활용에 대해서 설명한다.

[1] 들어가며

방재대책의 기본요건 중 하나인 「귀가 곤란자 대책」을 BCP의 관점에서 생각할 경우, 단순히 「사원이 귀가할 수 없는」 일시적으로 개인적인 문제로서 다룰 뿐이면 불충분하다. 「귀가할 수 없다」는 것은 「출근할 수 없다」는 것과 표리일체이다. 이것은 업무의 회복·계속에 관한 인적 리소스 확보의 문제이며 항상 세트로 생각하지 않으면 의미가 없다. 이상의 이유에서 본서에서는 「귀가 곤란자」의 문제를 다음과 같이 확장해서 생각한다.

> **■귀가·출근 곤란자■**
>
> 광역적 또는 국소적 재해에 의해 목적지(회사나 자택)까지 이동이 곤란하게 된 사원이나 고객, 방문자를 말함. 회사→자택의 한 방향만이 아닌 회사→회사, 자택→회사에의 도달이 곤란한 경우도 포함된다.

귀가 곤란자의 문제에 대해서는 개인적으로서 어떻게 움직여야 할 것인가, 행정적으로서 어떻게 대처해야 하는가, 라는 관점에서 여러 가지 정보나 사고방식이 제언되고 있다. 그러나 BCP의 시점에서 개개의 기업이 어떻게 대처해야 할 것인가에 대해서는 별로 클로즈업되지 않았다. 하물며 피해를 당해서 출근이 곤란해진 사원을 복구요원으로서 어떻게 복귀시킬 것인가에 대해서는 손대지 않은 문제라고도 할 수 있다. 여기서는 먼저 귀가 및 출근 곤란 상황 하에서 일어날 수 있는 것, 사원의 업무에의 복귀가능성 평가의 두 가지 점에 대해서 귀가 및 출근 곤란의 문제와 대책을 생각할 수 있다.

[2] 귀가 및 출근 곤란에 의한 영향

평소 무심코 이용하고 있는 교통기관이 갑자기 두절된 경우, 먼저 생각할 수 있는 것은 평상시의 활동 사이클이 방해받아 물리적, 심리적, 경제적으로 사업운영에 심각한 영향이 나올 가능성이 있는 것이다. 귀가, 출근 곤란 상황 하에서 일어날 수 있는 영향은 다음 3가지 점으로 나눌 수 있다. 상정으로서는 수도권에서 한신 아와지 대지진급의 피해가 있었다 하더라도 도심의 오피스와 근교의 각 현을 왕복하는 사원, 상용으로 수도권 내를 이동중인 사원이 교통기관이나 주요 도로가 토막나게 될 것이라고 가정하고 있다.

① 업무에의 영향

공공교통기관이나 주요 도로가 토막나게 된다면 먼저 출근이나 귀가 도중, 상용으로 외출중인 사원에게 영향이 간다. 교통의 정체와 동시에 전화 등의 연락수단이 끊어져 소재가 파악이 안 되게 된다. 그 날(이후) 예정하고 있던 업무나 상담이 이루어지지 않고 사업이 계속될 수 없게 된다. 시간적 제약이 큰 서비스나 제품을 제공하는 업무의 경우, 「사원이 출근할 수 없다」는 변명은 통용되지 않으며, 고객의 신용상실이나 주문의 취소에 직면한다. 물류업무를 담당하는 사원이 없다면 입출하가 정체되어 생산이나 거래에 큰 영향이 나온다.

② 마인드에의 영향

재해에 의해 교통기관의 마비가 길어진 경우 업무를 수행할 수 없는 초조함이나 책무 외에 다른 스트레스가 더해진다. 자택의 피해나 가족의 간호, 원거리라는 등의 이유로 자택대기를 어쩔 수 없이 하거나 스스로 지각, 조퇴를 신청할 수밖에 없는 사원은 수입 감소에 대한 불안, 사기의 저하, 상사나 동료에 대한 의심, 은퇴하게 되는 것은 아닌지, 와 같은 회사에 대한 불신이 생기고 톱니바퀴가 돌아가지 않게 된다. 특히 이것이 중요업무를 담당하는 사원이나 BCP 팀 멤버인 경우, BCP에서 계획한 업무계속·복구전술이 원활하게 기능하지 않게 될 가능성이 있다.

③ 재무적 영향

중요업무를 담당하는 사원이 출근할 수 없는 경우나 원거리라 매일 통근이 곤란한 사원이 있는 경우 몇 가지 대체수단을 강구하게 된다. 예를 들면 전문능력을 가진 임시사원의 고용이나, 동업자의 설비나 공간의 차용에 의한 대체생산, 아웃소싱, 사내나 가까운 호텔에 사원을 숙박하게 하는 대책을 취한다. 이러한 대책에 의해 임시 인건비나 교육비, 숙박, 식비, 출장비가 협력회사에 업무위탁한다면 그 만큼 기회손실이나 특별비용이 발생한다. 또한 간접적으로는 복구 직원을 충분히 동원할 수 없기 때문에 복구활동이 둔해지고 결과적으로 비용 증가와 연결된다.

귀가, 출근 곤란에 의한 비즈니스에의 영향은 이상과 같지만 이들은 BCP를 통해서 어떻게 회피하면 좋을 것인가. 다음에서는 BCP의 리스크대책(사전대책)의 일환으로서 「사원이 어느 정도 출근 가능한 것인가」를 평가하는 방법에 대해서 서술한다.

[3] 사원의 출근 가능성 평가

「출근 가능성 평가」는 공공교통기관을 이용 못하게 된 사원이 어느 정도 업무에 복귀 가능한가, 혹은 어느 정도 대체요원의 투입이 가능한가를 나타내는 지표라는 의미로 사용하는 것으로 한다. 사원의 출근 가능성을 평가하는 것에 의해 귀가, 출근 곤란에 빠지기 쉬운 사원을 특정하고 업무의 계속이나 재해복구에 필요한 인원을 예측해서 합리적으로 배치할 수 있다. 이 평가의 수순은 다음과 같다.

① 출근 가능성 평가의 단면

사원 업무에 복귀하기 쉬운 정도를 측정하려면, 여러 가지 방법이 생각되지만 여기서는 다음 2가지 지표를 사용하는 것으로 한다. 평가치는 출근 가능성의 고→저의 순서로 각각 3~1로 하며, 예를 들면 다음과 같이 설정한다.

표 4.1 출근 가능성 평가의 단면

통근능력	회사-자택 간의 통근 능력을 조사한다. 도보로 다닐 수 있는 거리=3, 조금 멀지만 자전거라면 다닐 수 있는 거리=2, 원거리이므로 전차, 자동차가 유일한 통근수단=1로 한다.
업무에의 액세스성	업무환경이나 도구와의 관계로 조사한다. 어느 정도 자택에서도 가능한 업무라면 3, 조건에 의해 자택이나 대체지에서도 작업이 가능한 경우는 2, 전용설비나 도구가 필요하기 때문에 사내에서 밖에 할 수 없는 경우는 1로 한다.

② 설문조사의 질문 예

출근 가능성 평가는 모든 사원을 대상으로 간단한 설문조사 방식으로 실시한다. BCP 팀 멤버만이 아닌 모든 사원을 대상으로 하는 이유는 긴급사태 하에서 인원수 부족에 빠지기 쉽고, 모든 사원을 교대요원으로서 고려해 둘 필요가 있기 때문이다. 다음 질문 예를 참조하길 바란다.

Q1 공공교통기관이 움직일 수 없게 된 경우 대신할 통근수단으로 다음 중 적절한 것을 골라라.

----

  1. 원거리를 도보/자전거/오토바이 중 어느 것도 사용 못한다.

  2. 자전거/오토바이가 있다면 통근 가능

  3. 도보로 무리 없이 통근 가능

Q2 현재 담당하고 있는 업무를 계속하기 위한 조건으로서 다음 중에서 적절한 번호를 기입하시오(업무의 달성수준이나 품질은 묻지 않는다).

----

  1. 전용 설비나 도구가 필요하므로 업무는 사내에서 밖에 할 수 없다.

  2. 기본적인 조건[※]이 갖추어지면 자택이나 대체장소에서도 업무를

할 수 있다.

3. 기본적인 수작업만이기 때문에 언제 어디서든지 업무를 할 수 있다(※전화, 전기, PC를 사용할 수 있을 것 등).

③ 집계와 평가

위의 설문조사 결과는 다음과 같은 표로 정리해서「통근능력」과「업무에의 액세스성」2가지를 곱해서 평가를 결정한다.

표 4.2 출근 가능성 평가표

부·과명	사원명	통근능력	업무 액세스성	평가
A사	A씨	1	2	2
B사	B씨	1	1	1
C사	C씨	3	3	9
D사	D씨	3	2	6

위의 표에서는 B씨→A씨→D시→C씨의 순서로 평가치가 커지고 있다. 이 표로부터 교통기관이 두절된 경우, 출근 가능성(업무복귀 가능성)이 가장 낮은 것은 B씨이고 가장 높은 것이 C씨인 것을 알 수 있다.

출근 가능성 대책은 출근 가능성의 평가치를「높이는」것에 의미가 있다는 것과는 조금 다르다. 평가 자체는 불가피한 기정의 사실에 기초하고 있으며 높이는 것에는 곤란한 경우가 있기 때문이다. 예를 들면 B씨가 원거리 통근자라 해도「뜻밖의 사태에 대비해서 회사에서 가까운 곳에 이사 가고 싶다」라고는 말하지 않는다.

그 대신 긴급 시에 자택이 무사하다는 것을 알았다면 회사의 옆(사장댁 등)에서 묵고 업무계속이나 복구업무에 전념하는 것과 같은 대책이라면 가능하다고 생각한다.

[4] 귀가 지원 맵의 유용한 활용

귀가 지원 맵은 마음을 든든하게 해주는 동료이다. 예를 들면 귀가도중, 어떠한 재해가 발생해서 전차가 정지했다고 하자. 정지한 장소에서 자택까지 수 시간 정도라면 (그리고 천후가 나쁘다고 한다면) 귀가 지원 맵의 도움을 받아 도보로 돌아가는 것이 가능할 것이다.

단, 귀가 지원 맵이라고 해도 「과거의 기록」인 것임은 변하지 않는다. 특히 도시부는 재개발 등에 의해 끊임없이 변화의 파도에 노출되어 있다. 또한 지도에 기재되어 있는 시설은 언제라도 이용할 수 있다는 생각도 위험하다. 맵에 기재되어 있는 여러 시설은 사회시스템이 정상적으로 기능하고 있는 한 시점의 정보에 지나지 않는다.

앞서 서술한 것처럼 귀가 지원 맵의 장점이나 단점을 알고, 여차할 때 효과적으로 맵을 사용하기 위한 6가지 요점을 서술해본다.

① 자신의 체력과 기력, 목적지까지의 거리를 견적한다

목표지점까지의 대강의 거리, 현재의 시간, 기상조건, 자신의 체력과 기력을 고려하여 자신이 없다면 가장 가까운 피난소 등에서 대기한다.

② 기재정보는 「이용할 수 없다」는 것을 전제로 한다

지원 시설이나 편의점, 화장실 등의 기재정보는 사회시스템이 정상적으로 기능하고 있는 것을 전제로 한 것이다. 큰 재해에서는 이러한 시설은 사용할 수 없다고 생각하고, 지나친 기대를 하지 않는 것이다.

③ 물과 식료는 조달 가능한 범위 내에서 필요 최소한을 확보한다

물이나 식료를 확보할 수 있는 장소에 도착했다면 그 장소에서 조달한다. 「지금은 목이 마르지 않으니까 지도에서 1km 앞에 있는 편의점에서 조달하면 된다」 등으로는 생각하지 않는다. 다음 번에도 조달 가능하다는 보장이 없다.

④ 본적도 없는 장소에서 지도에 의지해 가까운 길을 찾으려 하지 않는다

맵 상의 주요 루트에 따르는 것을 원칙으로 하고 편하게, 혹은 빨리 도착하고 싶다는 이유로 가까운 길을 가려고 하지 않는다. 차와는 달리 도보로 길을 헤매면 급속도로 체력과 기력이 소모된다.

⑤ 지리적인 특징을 대국적으로 파악한다

처음 보는 장소에서는 언덕이나 내리막길, 터널, 철탑, 주요도로의 분기점 등을 표식으로 해서 걷는다(예 : 지금, ○번 국도의 고가도로 아래를 가로질렀다. 여기서 1킬로미터 앞에는 △우편국이 있을 것이다…).

⑥ 우회 루트를 사전에 결정해 둔다

큰 재해에는 교각의 낙하, 깊은 물에 빠지거나 산사태 등이 가로막거나, 주요도로를 걷는 것 자체로 위험과 곤란을 초래한다. 맵으로 시뮬레이션할 때에는 주요한 다리, 육교, 지하도, 그 외 대규모의 시설 쪽으로 통하는 루트가 불통이 되었다고 가정하고 몇 가지 우회로를 결정해두는 것이 중요하다.

직원의 확보와 커뮤니케이션 대책

앞 절의 귀가 및 출근 곤란의 문제와 평가에 계속해서 여기서는 직원의 확보와 커뮤니케이션 대책에 대해서 다룬다. 재해복구 초기의 단계에서 적절한 수의 직원을 확보할 수 없다면 BCP는 시작도 못할 지도 모른다.

[1] 들어가며

재해나 사고로 공공교통기관이나 간선도로가 두절되거나 마비된다면 귀가나 출근이 불가능해질지도 모른다, 라는 불안은 누구나 가지고 있다. 그리고 실제로 이러한 사태에 직면한 때는 이것을 사원 개인의 불운 탓으로 하거나 어쩔 수 없기 때문에 업무에 지장이 생긴 것이라고 생각하며 서로 용서하고 상대도 이해해줄 것이다, 라고 생각해버리기 쉽다. 그러나 여차할 때 이러한 자세밖에 취해지지 않는다면 모처럼 설정한 목표복구시간이나 업무의 복구우선순위는 무의미한 것이 되어 버린다.

귀가 및 출근 곤란 대책의 목적이 무엇인가를 말하자면 귀가나 출근이 곤란해진 사원의 안전을 확보하고 불안을 제거함과 함께 흩어진 사원 간의 행동상황을 직접 또는 간접적으로 파악하면서 가능한 한 빨리 업무의 계속 또는 복구에 착수할 수 있도록 하는 것이다. 필요한 멤버를 적시에 소집하는 것은 BCP에 직면하여 신속한 복구전술을 개시하기 위한 기본요건이라 할 수 있다. 여기서는 아래 그림과 같은 3개의 측면에서 직원을

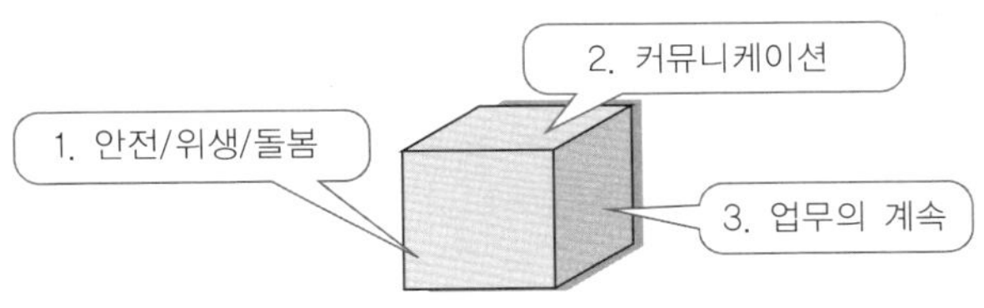

그림 4.1 직원 확보의 3가지 측면

확보하기 위한 기본적인 대책을 제시한다.

또한 이러한 재해 직후 단계의 대책은 모든 정규사원을 대상으로 하는 것이 이상적이지만, 회사의 규모에 따라서 한 번에 손길이 닿지 않는 경우도 있다. 그러므로 맨 처음에는 BCP 팀 멤버나 복구우선도가 높은 업무를 담당하는 사원으로 「출근 가능성 평가」가 낮은 사람끼리 모여서 대책을 세우고 이후의 BCP의 재점검과 유지·보수를 통해서 서서히 대상범위를 넓혀 가면 좋을 것이다.

[2] 안전/위생/돌봄

여기서 말하는 「안전」이란 피해를 당한 직후부터 수일간을 사내에서 살아남기 위한 서바이벌 대책이고, 「위생」은 이 사이를 사내에서 지낼 때의 위생대처를, 「돌봄」은 복구기간 중 사원의 심리적인 문제의 해결을 의미한다. 여기서는 다음 3가지 점에서 정리한다.

① 비상시에 비축해야 할 수량은?

예산에 여유가 있다면 모든 자원 분을 완비하는 것이 이상적이지만, 당사는 귀가 곤란자(앞서 서술한 출근 가능성 평가가 낮은 사원 등)의 인원수에 상당하는 양(비상시의 비축수량＝귀가 곤란자 수×2~4여분)으로 좋다고 생각된다.

② 비축한 내용물은?

비축품 리스트나 1인당 섭취량/일 등에 대해서는 지자체의 사이트나 방재 전문 사이트에서 구할 수 있다. 여기서는 공간 사정으로 요점만 정리했다.

    a. 보존식은 적절한 정도의 맛과 영양이 기대되는 것이 좋을 것이다. 보존식이나 미네랄 워터는 연 1회의 방재훈련 등을 할 때 사내에서 소비한다.

    b. 아웃도어용품을 중심으로 선택한다. 방재에 특화된 제품은 내구

성이나 용도, 응용면 등에서 조금 의문이 남는다.

c. 위생대책. 특히 화장실 대책을 경시하면 만일의 경우 크게 곤란해진다. 시판중인 간이 화장실을 구입한다. 소형의 골판지 십 수 매, 비닐봉지 10매를 준비해두면 간이 화장실에도 다른 용도에도 사용할 수 있다. 또한 화장실용 물로서 보온병(2리터의 빈 병을 이용)×수십개는 준비해야 한다.

③ 사원의 마음을 돌봄

165페이지의 「② 마인드에의 영향」에서 서술한 것처럼 긴급사태 하에서는 상황에 따라 사원의 의식이 부정적으로 되는 경향이 있다. 사기의 저하나 의심에 빠지는 것 외에 여러 가지 육체적 정신적 스트레스가 발생하고 모르는 사이에 복구에 방해가 됨을 생각할 수 있다. 심각한 피해체험을 거친 후에는 불면증이나 불안, PTSD(심리적 외상 후 스트레스 장해) 등도 일어나기 쉽다고 말할 수 있다. 이러한 증상은 복구작업의 분주함이나 어수선함에 휩쓸려 간과할 수도 있기 때문에 사전에 인사부 등이 중심이 되어 예방책이나 해결책을 입안해 둘 필요가 있다.

[3] 커뮤니케이션

대지진 등에는 공공교통기관 등의 두절과 동시에 전화 등의 통신수단도 사용할 수 없어질 가능성도 있다. 통근 도중이나 외출중인 사원의 안부를 알 수 없거나, 소재가 파악이 안 되거나, 회사나 자택과의 연락이 되지 않는 상황에 대해서는 다음 2가지 측면에서 대책을 세운다.

① 연락을 취하기 위한 수단을 복수 준비한다

a. 사원의 연락처 번호를 2개 준비(특히 중요한 멤버에 대해서)

b. 119 구조대 전화번호 (119)/휴대전화, 인터넷의 재해용 전언판의 이용

c. 휴대전화 메일의 활용(통하기 어려운 음성보다도 도달의 확실성

을 중시)

   d. 연락 중계점(재해의 영향이 없는 먼 곳의 지점이나 협력회사)의 설정

   e. 공중전화의 이용(전용의 고정전화보다 통화하기 쉽다)

② 연락이 되지 않을 경우의 행동방침을 정해둔다

   a. 회사로서의 「지시」와 사원의 자주적인 행동방침을 결정한다.

   b. 사내, 외출중, 출근 및 귀가 도중, 재택의 4가지 케이스로 생각한다.

[4] 업무의 계속

소수 인원의 회사는 복구인원이나 중요업무 직원이 한 명이라도 빠지면 그것이 보틀넥이 될 가능성이 있다. 여기서는 다음 3가지 측면에서 인적인 업무계속성을 검토한다.

① 인원의 집중적·유동적 배치

   a. 통근이 곤란한 중요 직원은 사내 숙소/가장 가까운 숙박시설을 거점으로 출근

   b. 가장 가까운 지점, 영업소를 거점으로 해서 업무를 계속할 수 있는가 확인

   c. 출근할 수 없는 경우의 자택근무의 가능성을 검토

② 대체성을 가지게 하는 업무 리스크의 분산

   a. 업무일지 등을 통해 사원 간 업무의 진행상황을 공유

   b. 업무순서, 조작 매뉴얼을 완비

   c. 사내연수를 통해서 업무 노하우나 스킬을 계승

   d. 인재파견 직원에 의한 업무의 대행(파견업자 리스트의 완비)

③ 직원의 기술 평가표의 작성

BCP 팀을 고정적으로 파악하면, 「필요한 때에 필요한 기술을 가진 직원이 없다」는 것으로 될지도 모른다. 비교적 사원수가 많은 회사에서는 여러 가지 스킬을 가진 직원을 활용할 필요가 있다. 기술 평가표의 작성에는 자기신고에 의한 평가나 제 3자(상사나 인사부)에 의한 평가 등을 한다.

마지막으로 귀가 및 출근 곤란 대책 중에서도 특히 출근 곤란한 사원의 대처방법에는 주의가 필요하다. 아무리 중요한 직원이라도 최우선해야 할 것은 본인과 그 가족이다. 회사로서는 본인이 기탄없이 출근하고 복구활동에 전념할 수 있도록 의사를 확인한 뒤에 작업에 임하게 하는 것이 중요하다.

4.3

정전

정전은 가장 친숙한 피해인 것임에도 불구하고, 그 위험에 대한 대비는 가장 허술한 것이 현재 상황이다. 이 배경에는 「자주 있는 일이다. 기다리면 바로 회복된다」라는 방심이 잠재되어 있다.

[1] 정전의 리스크

우리들의 생활은 사생활에서도 일에 있어서도 모두 전기에 의존하고 있다. 특히 하루하루의 업무처리는 전력집약형의 활동이라 해도 과언이 아니다. 업무활동 중의 정전에 의한 주된 리스크로는 시스템 다운에 의한 데이터의 소실, 하드웨어의 장해, 업무의 정지, 고정전화나 팩스, 복사기, 프린터의 사용불능 등이 있다. 우리는 소규모의 정전에 익숙해져 있다. 그러나 BCP를 전제로 하는 한, 「조금만 기다리면 회복한다」라는 지금까지의 생각을 버리지 않으면 안 된다. 정전의 리스크에 대비하기 위해서는 다음 3가지를 특정해 두는 것이 중요하다.

① 업무의 어느 부분이 얼마 만큼의 전력공급이 필요한가

업무공헌도가 높은 기계장치나 정보시스템 등 전기로 작동하는 중요한 툴을 가리키며 특히 핀포인트(pinpoint)적인 정전대책에는 불가결한 정보이다.

② 업무가 정전으로 정지한 경우 어떠한 영향이 나올까

영향이 크기를 특정해 두는 것으로 정전시의 업무복구 우선순위를 결정하는 기준이 된다.

③ 정전에서 회복할 때 그 업무를 즉시 재개할 수 있는가

전기를 사용하는 장치에 따라서는 정전시의 전원을 자르는 순번, 회복

시의 전원을 넣는 순번에 주의해야 한다. 타이밍을 잘못 맞추면 데이터의 소실이나 하드 장해를 일으키는 원인이 된다.

[2] 기본적인 정전대책

일반적인 정전대책으로서 IT장치 등을 대상으로 한 UPS, 발전기 등이 있지만, 지극히 생활과 가까운 대책으로서 채광의 확보, 수작업, 정기적인 백업 등이 생각된다.

① UPS

무정전 전원장치라고도 부르며 정전이나 전압변화 등의 전원 트러블이 발생한 때 내부 배터리를 전원으로 컴퓨터나 주변기기 등에 전원을 공급하는 장치이다. 단 모터나 에어컨, 레이저 프린터 등 UPS의 사용에 적절하지 않은 것도 있기 때문에 주의가 필요하다.

② 발전기

용도에 따라서 여러 가지 사이즈의 발전기가 있다. 소규모의 회사가 재해 시의 비상용 전원으로서 사용할 수 있는 포터블 가스 발전기 외에 통신설비, 조명설비, 배수 등의 백업에 적절한 본격적인 정전용 엔진발전기 등도 있다.

③ 채광

하루 중 블라인드나 커튼을 닫고 조명을 키거나 창을 파일 캐비닛 등으로 막아서 일을 하고 있는 직장이 보이기 시작했다. 적어도 하루 중의 정전 시는 실외의 밝기를 최대한 이용할 수 있도록 해둘 필요가 있다.

④ 수작업

책상에서 하는 일만이 아닌 공장 그 외 생산현장에 대해서도 정전으로 PC 그 외의 장치가 사용할 수 없어진 경우, 수작업으로 진행할 수 있는 작업을 특정해두는 것이 중요하다. 이것은 중요업무의 대체수단의 일환으로서 검토한다.

⑤ 수시로 백업

중요한 문서를 작성중인데 어플리케이션 에러나 하드디스크 장해에 의해 데이터가 소실되는 경우도 누구나 경험했을 것이다. 이것은 정전에도 적용할 수 있다. 최종 사용자 레벨에서 중요한 입력 데이터는 성실히 보존하고 정기적으로 CD-R이나 USB 메모리 등에 백업해둔다.

정보시스템의 데이터 복구

IT 세계에서는 일찍이 재해복구의 수순이 확립되어 있었다. 여기서는 정보시스템의 데이터 복구의 지표인 RTO와 RPO에 대해서 설명한다.

[1] BCP에 있어서 데이터 복구의 요건

정보시스템의 재해복구 플랜을 입안하는 것은 정보시스템의 부문, 소규모의 회사라면 시스템 관리자일 것이다. 그들이 먼저 착수하는 것은 BCP 책정 멤버의 협력을 얻어 중요한 정보시스템을 운영하고 있는 부서를 특정하고, 그 의무의 복구우선순위(목표복구시간)를 확인하는 것이다. 다음으로 피해를 당한 시스템을 복구할 때에 어느 시점까지 거슬러 올라가 데이터를 복원할 것인가를 결정하는 지표로서 사용된다.

한편 목표복구시간 내에 의무를 재개하려면 피해 당한 정보시스템의 「대체시스템」을 확보하고 목표복구시점의 데이터 회복을 실현하려면 「백업방법과 격납장소」를 결정하지 않으면 안 된다. 이것들은 모두 재무적으로 큰 지출이 따르는 현안 사항이며 대기업이나 중견기업 대상의 대책이지만 이 책에서는 BCP의 데이터 복구의 기본적인 사고방식으로서 한 번 설명한다.

[2] RTO와 RPO의 결정

영향도 조사로 얻어진 데이터를 기초로 정보시스템의 RTO(목표복구시간)를 확인하고 각각의 시스템의 RPO(목표복구시점)를 설정한다. 이 수순은 다음과 같다.

① BIA 리포트에서 필요한 정보를 파악한다

중요업무와 그것을 구성하는 경영자원 리스트를 참조하여 정보시스템

(수·발주 시스템이나 고객 데이터 베이스 등)을 포함하는 업무를 리스트 업한다. 설문조사의 회답에서는 시스템이 정지하는 것으로 현재화하는 영향이나 업무중단의 허용시간(목표복구시간)을 분명히 한다. 이 시점에서 업무의 복구우선순위가 결정되어 있다면 그 리스트를 활용하는 것으로 작업이 진척된다.

② 정보시스템의 리스트를 작성한다

정보시스템 용어에는 목표복구시간을 RTO로 줄여 부르지만 여기서는 RTO의 가치가 낮은 순서로 다음과 같은 표를 작성한다.

표 4.3 중요한 정보시스템의 리스트

RTO가 낮은 순서로 정보시스템의 일람을 작성   각각의 RPO를 결정

부·과명	중요 업무명	정보 시스템명	RTO	RPO
영업부	SC관리	수발주시스템	2일	18시간
설계부	설계업무	설계데이터 동기 시스템	3일	24시간
영업부	고객대응업무	고객 데이터 베이스	5일	24시간

③ RPO를 결정한다

RPO는 목표복구시간(Recovery Point Objective)의 약칭으로 재해나 사고로 데이터를 소실한 경우 데이터를 어느 시점까지 거슬러 올라가 복구시킬 것인가를 나타내는 지표로 백업의 필요 빈도를 결정하기 위해 사용한다.

예를 들면 오전 9시의 지진에 의한 임팩트로 PC가 파손되어 즉시 예비 PC를 조달해서 백업 데이터로 복구를 한다. 이 때 백업이 어제 오전 9시에 취득한 것이라면 24시간 전의 t점의 데이터를 복구한 것이 되며 RPO=24시간이라 나타낸다. RPO는 그 숫자(시간)가 작을수록 최근의 데이터가 필요하다는 것을 의미하고 그만큼 백업의 빈도나 운용에도 비용이 들게 된다. 이 점에 입각해서 RPO를 결정하길 바란다.

[3] RTO와 RPO를 만족시키는 요건

RTO(목표복구시간)을 만족한다는 것은 업무를 처리하기 위한 시스템이 파손이나 고장으로 가동할 수 없기 때문에 대체수단을 실행에 옮기는 것을 의미한다. 즉, 피해를 당한 시스템과는 별도로 대체 시스템으로 가동할 수 있는 환경을 확보한다는 것이며 이 때문에 원격지의 지점이나 대체복구부지를 제공하는 업자를 이용하는 것이 바람직하다.

또한 RPO(목표복구시점)를 만족시키기 위해서는 백업의 방법과 격납 장소를 결정해야 한다. 데이터를 복수의 디스크장치에 분산해서 성능과 내장해성을 동시에 확보하는 기술에 RAID가 있지만, 대지진이나 화재, 수해 등에 대해서는 도리가 없다. 그러므로 사외의 별도의 장소(지사나 업자가 제공하는 부지)에 네트워크를 경유해서 데이터를 복사하거나 사내에서 작성한 백업을 사외의 보관 장소로 수시 이송한다는 구조와 규칙을 마련할 필요가 있다.

데이터와 문서자산

정보자산의 백업은 어느 기업에서나 습관화되고 있다고 하지만, 광역재해 등을 상정해서 별도의 보관 장소에 중요데이터를 보관하고 있는 회사가 많다고는 할 수 없다. BCP의 리스크 대책에는 이러한 점에도 입각하여 정보자산의 보전방법을 재점검할 필요가 있다.

[1] 정보자산의 보호

「정보자산」에는 2가지 종류가 있다. 하나는 「데이터」로 일상의 업무활동을 통해서 정보시스템 등으로 생성되는 데이터나 엔드 유저의 PC의 하드디스크에 격납되어 있는 중요한 서류, 설계도 등의 원본파일을 가리킨다. 계약서나 권리서, 소프트웨어 라이센스, 고객 리스트, 경영이나 재무, 노하우에 관한 기밀문서 등도 포함된다. 정보자산을 보호하기 위한 대책의 개요는 다음과 같다.

① 중요 데이터·문서 리스트의 작성

PC의 하드디스크에는 매일의 업무활동을 통해서 생성된 방대한 수의 데이터 파일이, 또 파일함이나 서랍에도 많은 서류가 보관되어 있다. 그 중에는 업무를 처리하기 위해 절대적으로 필요한 것이고, 일시적으로 사용하기 위해 작성된 것 등이 혼재되어 있다. 그래서 먼저 비즈니스 임팩트 분석으로 명료해진 중요업무를 대상으로 이 업무에 불가결한 정보자산을 리스트업 한다.

- 중요고객, 거래처 리스트
- 각종 매뉴얼, 제조사양서, 판매 노하우
- 각종 폼(장표, 재무기록 외)
- 중요서류의 복사본(증명서, 계약서, 권리서, 도면지) 등

리스트에는 타이틀이나 보존·보관형식(데이터라면 워드나 엑셀, 혹은 종이 등), 격납장소, 다른 부서나 외부에서 온 정보라면 그 소스를 그리고 보관의 기한이나 갱신의 사이클 등도 기입한다. 보안상 액세스 제한인 정보에 대해서는 그 요건(「요구 비밀번호」 등)을 추가하길 바란다.

다음으로 A, B, C 등의 기호를 이용해서 사회적 요청도가 높은 순으로 우선순위를 정한다. 예를 들면 법령으로 보관이 의무화된 의의가 정해져 있는 문서나 계약서 등은 상위로, 다음으로 경영이나 노하우에 관한 자료, 그리고 각 부서 내에서 사용하는 지역적인 정보와 같은 순서로 한다.

② 사외의 보관 장소의 확보

데이터의 백업은 정보자산보호의 관점으로 많은 기업에서 습관화되어 있다. 그러나 모처럼 백업을 했어도 같은 사내에 보관하는 것 뿐만으로는 충분한 리스크 대책이라고는 할 수 없다. 대지진이나 화재, 수해 등으로부터 귀중한 정보자산을 지키려면 파손이나 멸실의 위험을 분산시키는 것이 중요하다. 사내에 데이터나 중요문서류의 복사본을 보관하는 것의 중요성이 여기 있다.

데이터나 중요문서의 보관 장소가 문제이지만 중소기업에서는 고도의 보관환경을 정비한 상용의 보관시설을 이용하는 것은 비용면에서 조금 어려운점이 있다. 후보지로서 가장 유력한 것은 동시 피해의 우려가 없는 지점이나 영업소를 보관 장소로서 이용하는 것이다. 또한 협력회사와 기밀보호계약을 체결한 뒤에 보관하는 방법도 있다. 이 경우 쌍방이 BCP를 도입하고 있다면 이해도 얻기 쉽고 원격보관의 운용도 수월하게 행할 수 있을 것이다. 또한 보관환경의 요건으로서 충격, 진동, 낙하, 자기, 화기, 침수, 습기, 도난의 위험이 없는 장소를 선택하길 바란다.

서플라이어와 고객

BCP에서 간과하기 쉬운 것은 서플라이어와 고객의 위험대책이다. 서플라이어가 피해를 당해서 자사에의 공급이 두절되거나 자사가 피해를 당해서 고객에 공급할 수 없어진 상황을 상정해보면 그 대책의 중요성이 보일 것이다.

[1] 서플라이어의 리스크 평가

제 1장, 「사업계속의 기초」에서는 어떠한 기업도 많은 스텍홀더(이해관계자)와 연결되어 있다는 것을 설명하였다. 또한 제 2장의 스텝 3, 「리스크에의 대응」에서는 피해가 그 원인으로부터는 생각지도 못할 결과를 초래한다는 것을 지적했다. 재해가 일어난 때에 이 2가지 사항이 가장 현저한 형태로 맺어지는 것이 서플라이어나 고객과의 관계이다.

본 절의 전반에서는 서플라이어의 리스크에 대해서 생각해본다. 서플라이어란 일반적으로 구입원이나 납입업자 등을 의미하지만 여기서는 제품(원재료)이나 서비스를 공급하는 모든 사업자라는 의미로 사용한다. 서플라이어로부터의 공급이 두절되면 어떠한 비즈니스도 행할 수 없어진다. 제품이나 원재료는 물론 중요한 판촉 도구를 제공하는 광고대리점이나 인쇄회사의 피재(서비스의 공급정지)도 큰 영향을 받게 된다. 모든 것은 상호의존의 관계로 성립하고 있기 때문이다.

이러한 사태를 피하기 위해 BCP에서는 적극적으로 서플라이어의 리스크를 조사하여 평가하고 그 리스크를 회피하기 위한 대책을 취한다. 이 구체적인 지침에 대해서는 제 1장, 「1.2 중소기업과 사업계속의 가치」에서 서술한대로 이지만 서플라이어의 리스크 대책을 필요로 하고 있는 것은 대기업만이라고는 할 수 없다. 오히려 어떠한 규모의 회사에 있어서도 공급이 두절되는 리스크는 피해야만 하는 중요한 과제이다.

여기서 제안하는 서플라이어의 리스크 대책은 서플라이어의 「리스트 작성」, 「리스크 평가」, 「리스크 대책」 3가지이다.

① 서플라이어의 리스트 작성

중요업무에 필요한 모든 서플라이어의 리스트를 작성한다. 이미 서술한 것처럼 여기서는 서플라이어를 제품(원재료)이나 서비스를 공급하는 모든 사업자라 정의한다. 그러므로 인터넷 서비스 제공업체나 정보시스템, LAN 외의 네트워크의 관리를 외주하고 있다면 그 외주업자 등도 포함된다. 원재료나 부품의 구입원인 경우는 어느 수준의 서플라이어인가에 대해서도 염두에 둔다.

② 서플라이어의 리스크 평가

다음으로 작성한 서플라이어의 리스트를 이용해서 다음의 항목에 대해서 조사와 평가를 행한다.

a. 서플라이어의 방재능력

현재 서플라이어는 방재계획이나 방재대책을 대비하고 있는가를 직·간접적인 방법을 조사한다. 이미 BCP를 도입하고 있다면 우선 이 요건은 클리어한 것으로 한다.

b. 공급이 두절된 경우의 영향

서플라이어로부터의 공급이 두절된 경우의 영향을 검토한다, 이러한 영향의 평가는 비즈니스 임팩트 분석에서 행하지만 리스크 평가나 일상 업무에 있어서의 거래처 평가의 일환으로서 실시하는 것도 가능하다.

c. 공급이 두절된 경우의 보증내용

계약서에는 이른바 SLA(서비스 보증)가 포함되어 있는 경우가 적지 않다. 통상의 방법으로 공급할 수 없었던 경우의 대체공급 방법이나 최저공급수준, 공급불능이 된 경우의 보증금액의 과부족 등을 확인한다.

　d. 공급정지 후의 지속가능기간

　　이 서플라이어로부터 공급이 두절된 경우 언제까지 업무가 계속될 수 있는가를 생각한다. 수중의 평균재고량이나 대체조달처의 유무 등을 고려해서 검토한다.

③ 서플라이어의 리스크 대책

서플라이어의 리스크 대책은 「특정 서플라이어에 대한 대책」, 「자사에서 대응하는 대책」의 2가지로 나눌 수 있다.

　a. 특정 서플라이어에 대한 대책

　　희귀한 제품, 부품, 원재료 등을 공급하고 있는 중요한 서플라이어에 대해서는 「피재시의 전달수단과 타이밍」, 「지원·협력 방법」, 「대체공급수단」, 「공급할 수 없는 경우의 보증내용」 등에 대해서 확인, 결정을 한다.

　b. 자사에서 대응하는 대책

　　수중의 재고나 입하의 타이밍의 조달, 혹은 자사에서 완성한 성과물을 납입처로 인도하는 타이밍 등을 재검토하고 공급이 정지한 때의 탄력성을 가지게 한다.

　이러한 서플라이어의 리스크 대책은 자기완결적으로 행하는 것은 불가능하며 어떠한 경우에도 서플라이어의 협력이 필요하게 된다. 비용이나 납부기한의 유리함만으로 연결되어 있는 관계는 취약한 것이다. 뜻밖의 사태에 직면한 상호 지원·협력 가능한 관계를 평소부터 형성 가능하도록 해두는 것이 중요하다. 위에서 서술한 것처럼 교섭이나 확인을 구하는 때에 이것은 BCP 대응의 일환임을 전달하면 서플라이어의 대다수는 이해를 해 줄 것이다. 만약 적극적인 자세를 보여줄 수 없었던 경우에는 다른 서플라이어로 교체할 결단도 필요하다.

[2] 고객의 리스크＝자사의 리스크

서플라이어와 마찬가지로 고객에 대해서도 재해 시의 리스크를 고려해 두는 것이 중요하다. 고객과의 사이에 생기는 리스크란, 예를 들면 자사가 피해를 당해 그 후의 복구의 지연 등에 의해 고객이 빠져나가는 것, 피해를 당해 고객의 주문이 취소되어 매상 베이스가 떨어지거나 자사의 수익이 격감하는 것을 상정할 수 있다. 어느 경우든 막대한 재무적 손실을 입을 가능성이 있다.

그러므로 고객과의 관계는 한쪽이 피해를 당하더라도 다른 쪽이 무사하다면 문제가 없는 것이 아닌, 항상 쌍방향의 리스크가 혼재하고 있음을 염두에 두어야 한다. BCP가 고객을 리스크의 대상에 포함시키는 이유는 여기에 있다. 물론 그 목적은 다른 리스크처럼 스트레이트로 상대를 피하는 것이 아닌 양자간에 혼재하는 리스크를 저감하는 것에 의해 「서로를 지키고, 쌍방의 관계를 유지한다」는 것에 있다.

고객의 리스크는 「당사가 피해를 당한 경우 고객에 미치는 영향」과 「고객이 피해를 당한 경우 당사에 미치는 영향」 이 2가지 측면에서 생각할 필요가 있다.

① 당사가 피해를 당한 경우 고객에 미치는 영향
   a. 고객과의 계약을 이행할 수 없었던 경우의 위약금이나 손해보증금과 같은 것이 설정되어 있는가.
   b. 당사로부터의 공급이 두절된 때 고객에 대해서 어떻게 대응할 것인가 결정해 놓았는가.
   c. 당사로부터의 공급이 두절된 때, 고객측으로의 영향은 어느 정도인가(서플라이 체인 등의 경우는 쉽게 상상될 것이다).

② 고객이 피해를 당한 경우 당사에 미치는 영향
   a. 고객이 피해를 당하는 것에 의해 당사에게는 얼마 만큼의 영향이 있는가.

b. 고객이 피해를 당해서 주문이 없어지거나 취소된 때의 처리방법을 쌍방으로 결정해 놓았는가.

c. 고객이 피해를 당해서 주문이 오지 않게 된 때 당사는 용이하게 다른 고객을 찾을 수 있는가.

고객의 리스크 평가에 대해서는 BCP 책정 멤버가 영업부에 조사협력을 요청하고 피드백 받는다. 그 중에는 평가가 어려운 것, 고객에 잘 맞지 않는 것이 섞여있을지도 모른다. 앞으로 고객과 기업이 다같이 BCP의 도입을 진행하면, 이러한 긴급 시의 문의나 결정 등도 수월하게 진행될 것이라 생각한다.

[3] 고객의 리스크 대책

고객의 리스크 대책은 커뮤니케이션 대책과 앞서 기술한 리스크 평가에 기초해서 범위를 좁힐 수 있다. 먼저 커뮤니케이션 대책에는「중요고객」에「어느 타이밍」으로「무엇」을 전달할까를 검토한다. 이것에 대해서는 다음 2가지를 고려한다.

① 중요고객

중요고객이란 기본적으로는 매상공헌도가 높은 고객, 계약내용이 엄한 고객, 사회적 공급책임이 높은 고객 등을 가리키지만, 커뮤니케이션의 필요성이라는 의미에서는 재해 시에 수주하고 있던 고객이야말로 가장 중요한 고객이라 할 수 있다. 이 점을 잘못 알면 중요한 고객에 연락을 놓치거나 피해를 당해서 연락처 번호나 주문서를 분실하는 등의 일이 일어날지도 모른다.

② 연락할 타이밍과 전달내용

다음 표를 참조하라.

표 4.4 연락할 타이밍과 전달내용

타이밍	전달내용
피해를 당한 직후	회사의 피해를 당한 대강의 정도와 수주품의 납입이나 서비스 공급의 가부. 가능하다고 하면 그 품질이나 수량, 납기예정 등을 연락한다.
서비스복구의 방향이 결정된 시점	목표복구시간 내에 대체수단으로 업무를 재개할 것인가, 현장의 수리로 회복 가능할까를 결정하고, 연락한다.
복구완료의 전망이 나온 시점	업무의 복구완료가 임박해진 시점. 고객은 하루라도 빨리 주문을 재개하고 싶고, 발주한 제품을 받고 싶다고 생각하고 있다.

③ 리스크 평가에 기초한 주된 대책의 수순

a. 주요 고객 리스트를 작성한다. 리스트에는 사명이나 주소, 연락(담당자명) 등의 기본정보를 기재한다.

b. 다음으로 이 리스트에 고객마다의 매상공헌도나 계약조건의 엄격함, 사회적 공급책임의 크기 등을 추가한다. 매상이라면 과거 1년간의 실적이나 구매빈도, 사회적 책임도라면 A, B, C 등의 평가가치를 이용한다.

c. 가능하다면 고객의 리스크 환경(지진이나 홍수와 같은 과거의 재해에서의 피해를 입었는지의 유무)을 추가한다.

d, 마지막으로 이상의 여러 가지 요소를 감안해서 고객 리스트의 등급을 매긴다. 고객의 상황은 매일 변화하므로 주의해야 한다.

등급이 매겨진 고객 리스트는 예를 들면 다음과 같은 대책에서 활용한다.

① 계약조건이 엄격한 고객

매상공헌도나 사회적 책임의 크기, 수주빈도 등을 감안해서 재해 시에 이 고객에 대해서 어떻게 대처해야 할 것인가 BCP의 측면(목표복구시간이나 대체수단)에서 검토하고, 대응수순을 확립한다.

② 과거에 재해로부터 피해를 입은 고객

이 고객의 매상공헌도가 매우 높은 경우, 고객이 피해를 당하여 매상 베이스 그 자체가 격감할 가능성이 있으므로 더욱 고객을 개척하고 이러한 종류의 재무적 리스크를 분산한다.

건물과 설비

재해에 의해 반드시 오피스나 점포가 붕괴하거나 설비나 비품이 전부 소실되는 것은 아니지만 건물의 내진보강이나 최악의 사태에 대비해서 다른 장소에 사업거점을 설정해 둘 필요가 있다.

[1] 최대의 피해 상정

BCP라고 해도 재해에 대해서 만능은 아니다. 자연재해나 화재 등이 발생하면 건물이나 설비자산이 중대한 피해를 입고 사업계속전략의 근간이 흔들리는 사태가 될 가능성도 있다.

건물이나 설비에의 중대한 피해를 먼저 생각해야 하는 것은 사상자를 낼 우려가 있는 것, 처리도중의 중요한 데이터가 소실되거나, 귀중한 문서자산이 소실이나 침수 등으로 사용할 수 없게 된 경우, 그리고 무엇보다도 고객이나 거래처에 대해서 약속하고 있던 납입품이나 서비스의 공급이 정지해서 크게 폐를 끼치는 것, 비즈니스의 양호한 관계도 두절되어버리는(회사로부터 떨어지는) 것 등이다. 업무자산의 물건 피해에 더해 이러한 경영상의 여러 가지 손실도 생각해보면 그 재무적 손실은 가늠할 수 없을 정도의 것이 될 것이다.

[2] 사업거점·시설·비품의 확보

지진이나 화재에 의한 오피스나 점포의 붕괴, 설비나 제품의 소실은 너무나 그 피해가 심각하기 때문에 가능하다면 생각하지 말고 끝내고 싶을 테지만, 워스트 케이스(최악의 사태)를 전제로 하는 BCP에서는 몇 가지 방재상의 대책과 함께 이러한 사태에 직면한 경우의 대체책을 준비하지 않으면 안 된다. 여기서는 「시설·비품 등의 방재대책」, 「대체시설의 조건」, 「대체시설의 후보지」에 대해서 생각해보자.

① 시설·비품 등의 방재대책

다음의 요건을 검토하고 실시한다. 또한 화재의 원인이 되는 요소는 여러 가지이다(커피포트나 재떨이, PC나 주변기기의 코드, 테이블 탭의 과잉배선이 집중하는 통기성이 나쁜 곳, 방치한 골판지 더미 등). 필요에 따라서 소방서의 조언을 받자.

    a. 일상의 안전점검(비상구·엘리베이터·소화기·급탕실 등)

    b. 건물이나 시설의 내진보강, 기계장치나 파일함의 고정

    c. 화재나 침수의 위험이 있는 장소는 중요자산의 보관장소를 변경

    d. 재해·지진보험의 가입·보상조건의 재확인

② 대체시설의 조건

다음의 요건을 검토하여 실시한다. 이들 대체시설은 BCP 발동 시에는 대체대책본부로서 복구단계에는 사무처리 등의 후방지원업무의 가설 오피스로서 사용한다.

    a. 동시피해를 당할 우려가 없는 장소

    b. 전기·전화·인터넷 회선이 공급 가능한 장소

    c. 종업원이 무리없이 다닐 수 있는 장소

    d. 고객이나 거래처와의 대응에 지장이 없는 장소

③ 대체시설의 후보지

다음의 요건을 검토하여 실시해본다. 또한 정보시스템의 복구를 중심으로 한 대체후보지에 대해서는 비용 대 효과를 고려한 뒤 설비업자가 제공하는 렌탈 IT시설 등을 검토하는 것도 선택지 중 하나이다.

    a. 피해를 면한 부지 내의 창고나 별동 건물

    b. 회사의 지점·영업소 등 동시피해의 우려가 없는 장소

    c. 거래처, 협력업자 간의 리소스의 공유(사전에 합의가 필요)

    d. 동시피해의 가능성이 낮은 지역의 임대건물(부동산 업자와 상담)

    e. 그 외

신형 인플루엔자에의 대응

금세기에 들어 세계각지에서 조류 인플루엔자의 감염 사례가 보고된 이래, 사람에서 사람으로 감염, 이른바 신형 인플루엔자로 변이하여 최악의 경우는 판데믹(세계적인 대유행)을 일으킬 위험성이 지적되고 있다. 이제 기업은 대지진과 같이 조급하게 이 위협에 대한 대책을 강구해야 한다.

[1] 들어가며

신형 인플루엔자의 무서움은 단순히 감염자 본인의 문제로 그치지 않는다. 인류에게는 면역이 없기 때문에 폭발적인 판데믹(지역을 초월한 대유행)을 일으킬 가능성이 있는 것, 수도직하지진이나 동해, 동남해 지진과 같이 「일어날 것인가」가 아니라 「언제 일어날까」가 문제인 것, 그리고 만약 판데믹으로 발전하면 세계 경제가 큰 타격을 받는 것에 착안할 필요가 있다. 표 4.5는 WHO(세계보건기구)가 정의하는 판데믹 페이즈를 표로 나타낸 것이다. 각 페이즈의 숫자는 감염이 퍼지는 정도를 나타내며 치사율이나 중증화되기 쉬운 정도를 반영한 것은 아니다. 경계행동을 일으키는 기준은 페이즈 「3」이지만, 한 가지 주의해야 할 것은 「3」 다음에 「4」 …으로 단계적으로 퍼지는 것은 아니며 한번에 「5」나 「6」이 될 가능성도 있다. 이 때문에 신형 인플루엔자 대응의 BCP는 가능한 한 조속히 단계에 책정해두는 것이 바람직하다.

사업계속의 관점에서 신형 인플루엔자 대책을 생각하려면 어떤 측면에서 착안하면 좋을 것일까. 하나의 기준이 되는 정보원으로서는 일본의 후생노동성이 발표한 「사업자·직장에 있어서의 신형 인플루엔자 대책 가이드라인」[※]이 있다. 이 가이드라인은 사업계속계획을 염두에 둔 신형 인플루엔자 대책에 대한 것을 언급하고 있으므로 대강의 방향성을 평가할 수 있다.

(※2009년 2월 17일 발행)

표 4.5 판데믹 경보 페이즈(출처 : 일본 후생노동성 자료)

구분	정의	WHO 페이즈
전 판데믹 시기	사람에서 새로운 유형의 인플루엔자는 검출되고 있지 않지만, 사람에게 감염될 가능성을 가진 형태의 바이러스가 동물에서 검출	1
	사람에서 새로운 유형의 인플루엔자는 검출되고 있지 않지만, 동물에서 사람으로 감염될 리스크가 높은 바이러스가 검출	2
판데믹 비상 시기	사람에게 새로운 아시아형의 인플루엔자 감염이 확인되고 있지만, 감염집단은 작게 한정되어 있다.	3
	사람에서 사람으로의 새로운 유형의 인플루엔자 감염이 확인되고 있지만, 감염집단은 작게 한정되어 있다	4
	사람에서 사람에게 새로운 유형의 인플루엔자 감염이 확인되어, 판데믹 발생의 리스크가 크고, 보다 큰 집단발생이 보인다	5
판데믹 시기	판데믹이 발생하고 일반사회에서 급속도로 감염이 확대하고 있다	6
후 판데믹 시기	판데믹이 발생하기 전의 상황으로 급속하게 회복하는 시기	–

여기서는 신형 인플루엔자의 경계수준이 「4」아래 (이후는 「판데믹」의 용어를 사용)의 상황을 전제로서 생각해보자. 먼저, 이러한 사태가 지금까지의 「긴급시의 체제」의 틀에 맞는가 아닌가를 비교·검증한다. 다음으로 판데믹의 리스크와 그 대응을 「인적영향」과 「비즈니스에의 영향」으로 나누어 더욱 「교육과 연습」을 통해서 어떻게 리스크를 회피할 수 있는가를 연구한다.

[2] 지금까지의 BCP에서 본 판데믹의 특징

일반적으로 BCP가 발동되는 정도의 재해에는 피해를 당한 직후에 조업레벨이나 생산성은 한번에 제로까지 떨어지지만 BCP가 구현되고 있다면 회복시간은 수일이나 수주간 정도에 그친다. 그러나 판데믹의 경우는 감염이 현재화해도 업무 실적은 제로까지는 떨어지지는 않지만, 회복시간은 장기화해서 수개월 ~1년 이상에 달할 것이라고 한다. 사업계속전략의 요체인 목표복구시간도 도움이 안 된다. 양자에는 다음과 같은 상이함이 보인다(○=BCP, ●=판데믹).

① **사업에의 영향**
　○ 피해를 당한 직후에 조업수준이 급강하. 조기복구에 의해 그래프 상승으로 회복(회복시간은 수일~수주간)
　● 감염확대에 따라 조업레벨은 서서히 저하. 그 후 수개월~1년 이상에 걸쳐서 회복

② **리스크의 특징**
　○ 자연재해나 사고 등의 리스크는 발생장소의 속성이며 고정적·한정적
　● 감염 리스크는 인간활동의 속성이며, 매우 유동적·광역적

③ **계속대책**
　○ 원격거점이나 대체자원의 활용을 주된 계속수단으로 한다.
　● 감염은 장소를 가리지 않고 물리적인 파괴를 동반하지 않는다. 원격거점이나 대체성이 유효하다고는 할 수 없다.

④ **교육과 연습**
　○ 계속수단이나 복구 수순의 확인, 지식이나 기능의 향상 등은 재해발생 후의 회복기를 주된 대상으로 한다.
　● 감염이 현재화한 후만이 아닌 감염이 퍼지지 낳는 단계에서의 방비에도 중점을 둔다.

[3] 인적 영향

먼저 감염의 리스크를 줄이려 사내 전반의 대책으로서 사원의 몸 상태나 결근율의 모니터링, 외부로부터의 감염정보의 수집, 손씻기, 책상이나

파티션의 배치, 불특정 다수의 사원이 출입하는 방, 공동사용의 기기(팩스나 복사기), 긴급 시의 비축(마스크, 의약품 등) 등, 위생 면에서의 대책을 강화한다. 개인수준의 대책에 대해서는 회사 전체 연수나 교육 캠페인을 통해서 사원 한 명 한 명이 「자기의 위생관리」를 철저히 하도록 지도한다. 심리적인 영향도 큰 위협이 된다. 불안이나 과잉반응은 「미지」에 대한 두려움이 원인이다. 조속히 대처방법을 확립하여 다음에 서술하는 것처럼 사내 교육을 통해서 위생대책이나 안전한 행동에 대한 바른 지식을 주지시킴과 함께, 최전선에서 활동하는 직원에게는 연습을 통해서 자신감을 가지게 할 필요가 있다. 이상의 내용을 요약하면 다음과 같다.

① 감염의 리스크
- 통근 시나 고객을 방문, 찻집 등에서 기다리는 시간 중, 출장 중의 감염 리스크
- 가족이나 친구와 같이 있을 때, 거리를 지나거나 여행 갔을 때와 같은 개인적인 활동시간중의 감염 리스크

② 심리적 영향의 리스크
- 불안이나 경계심, 스트레스, 의심에 의한 생산성의 저하나 출근 거부
- 구매자 심리의 현저한 위축, 저하에 의한 구매보류나 소비의 침체

[4] 비즈니스에의 영향

① 높은 결근율에의 대응

모든 기업에서 일제히 결근자가 나오는 것은 생각하기 어려울지도 모르지만, 단속적, 돌발적으로 발생할 가능성은 부정할 수 없다. 기업의 신형 인플루엔자 대책의 중요한 포인트는, 얼마나 필요한 기술을 가진 사원을 신속히 확보할 것인가에 있다. 경보 페이즈와 피크 시(1주간 등)를 가정해

서 사원의 결근율을 10, 30, 50%로 바꿔서 계속대책을 입안하는 것과 같은 것도 중요하다(다음 표 참조). 직원의 확보에 대해서는 「4.2 직원의 확보와 커뮤니케이션 대책」을 참조하길 바란다.

표 4.6 BIA에 의한 결근율 시뮬레이션의 한 예

중요 업무	직원수	결근율	조업 저하도	최저조업도 와의 차	재무적 영향	고객에의 영향	소문 피해	계속 대책
고객 대응	20	10%	▼20%	+30%	L	L	L	×
		30%	▼40%	+10%	M	M	L	△
		50%	▼70%	−20%	M	H	M	○
개발 설계	12	10%						
		30%						
		50%						

(영향도 : L＝저, M＝중, H＝고)

② 취업시간의 단축·규모의 축소·업무정지에의 대응

이런 종류의 문제는 앞서 서술한 「높은 결근율」과 기업의 자발적인 「감염회피행동」에서 기인한다. 통상보다 적은 사원수이더라도 최소한의 생산성이나 업무 실적을 유지할 수 있도록 비즈니스 임팩트 분석을 통해서 이들의 수준을 특정해둔다. 또한 외근형, 내근형, 통근루트와 같은 사원의 행동패턴이나 인터넷이나 화상회의 기능을 도입한다면 자택이나 가장 가까운 영업소에서도 업무는 가능하다는 업무의 성질을 분류해 각각의 그룹마다 판데믹 대응기간 중의 행동계획을 책정하는 것도 중요하다.

③ 캐시플로의 악화에의 대응

거래은행 등에서 감염자가 나온 경우, 은행이 창구를 닫고 운영자금을 조달할 수 없게 되며 주문이 있어도 가동할 수 없는 군량 공격과 같은 사태도 일어날 수도 있다. 1년에 걸친 장기전도 시야에 넣은 사업계속을 위한 재무계획을 세워둘 필요가 있다.

④ 서플라이 체인이 마비되고, 개발, 제조, 교통의 여러 가지 부분에서 활동이 두절

서플라이 체인의 일원인 경우, 상류, 하류의 거래기업과 상담하고 상호의 신형 인플루엔자 대책에 대해서 결정이나 확인을 행한다. 이것에 의해 「우리 회사는 감염이 의심되는 자가 한명이라도 나온 경우는 3일간 조업을 정지하는 것으로 되어 있다」와 같은 대응 레벨을 확인할 수 있음과 동시에, 미대응의 거래처에 대해서는 대응에의 의식을 환기하는 것으로도 된다. 서플라이어 대책의 자세한 설명은 「4.6 서플라이어와 고객」을 참조하길 바란다.

[5] 교육과 연습에 의한 리스크의 저감

개인수준의 교육에 대해서는 「[3] 인적 영향」에서 서술한 것처럼 바른 위생대책의 지식을 철저히 주지시킬 수 밖에 없다. 의료기관이나 보건소 등으로부터 전문가를 초빙해서 바른 교육을 함과 함께 사내 웹사이트나 사내 메일로 예방을 호소하는 캠페인도 필요하다. 심리적 영향 리스크는 광이한 불안이나 오해가 업무의 계속에 제동을 거는 경우가 되므로 어떻게 대책을 행하면 어디까지 불안을 경감시킬 수 있을까, 카운슬러의 조언을 얻는 것도 중요하다.

연습은 판데믹 경보 페이즈가 「4」나 「5」로 올라간 경우를 상정해서 현 단계 「3」 안에서 반복해서 실시하는 것이 바람직하다. 이 점에서 「가상 연습」은 반복하기 쉽고 비용 대 효과가 우수한 연습 형태라 할 수 있을 것이다. 가상 연습의 시나리오와 질문은 다음과 같이 리스크 상정이나 계속 대책의 수순을 근거로 작성한다(가상 연습의 자세한 설명은 145페이지를 참조).

① 시나리오 예

「고객 서비스 부문에서 판데믹의 소문이 커지고 감염을 우려해 고객대응 직원의 절반 가까이가 결근하고 있다」

② 질문 예

「중요한 업무를 유지하기 위해 필요한 직원의 기능레벨은 특정할 수 있는가?」

「동등한 기능을 가진 대체요원을 특정하는 수순은?」

「대체요원에게는 업무대행의 이유를 어떻게 전하는가?」

이상이 신형 인플루엔자 대책을 BCP/BCM에 대처하기 위한 개요이다. 부록에는 이것들의 포인트에 기초해서 작성한 「판데믹 대응계획」의 샘플을 게재하고 있으므로 참고하길 바란다. 본서에서는 이 계획을 사업계속계획과 같은 수준의 추가적인 옵션으로 간주하고 있다.

칼럼

재해에서 살아남기 위한 5가지 룰

재해의 영향을 입은 대기업보다도 중소규모기업 쪽이 크다고 일컬어지고 있다. 그러나 중소기업에서는 대기업에는 없는 기동력이나 유연성, 의사소통성이라는 장점이 있다. 모든 사원이 빠르게 한 장소로 집합할 수 있다. 사장의 의사, 방향성을 전원이 즉시 공유할 수 있다. 재빠른 복구작업도 가능하다. 여기서는 중소기업이 앞서 서술한 것 같은 규모라면 그 이점을 살려서, 긴급사태일 때 BCP를 보다 효과적으로 활용하기 위한 5가지 행동지침을 제안한다.

1. 눈앞의 불안·초조·두려움을 「집중력」으로 바꾸는 것

사람은 몸의 위험이나 이상사태에 직면하면 패닉에 빠지기 쉽다. 필자도 일찍이 프리 클라이밍 중에 갑자기 발을 디딘 곳의 돌이 떨어져 나가서 균형을 잃고 「머릿속이 새하얘진」일이 있었다. 순간 수미터 아래의 암벽으로 떨어지는 자신의 모습이 뇌리에 스쳐지나갔다. 이 때 초조함과 공포감으로 손발을 바둥거렸다면 어떻게 되었을까. 이런 때는 조그맣게 돌이 파인 곳이나 튀어나온 곳을 최대한 이용하여 모든 신경을 집중해서 「절대 떨어지지 않을」 노력을 할 수 밖에 없다. 대지진이나 홍수를 만났을 때에도 그와 같다고 생각한다.

2. 너무 커서 극복하기 어려워 보이는 문제를 각자 컨트롤 가능한 작은 작업으로 나누는 것

자택이 피해를 당했다고 생각해보자. 거실이나 부엌의 일부분이라 하더라도 발디딜 틈도 없을 정도로 물건들이 떨어져 있어서 도대체 어디서부터 손을 대야 할 것인가, 하고 망연자실한 상태가 될 것이다. 많은 업무자산에 둘러싸여진 회사의 사무실이나 제조현장에서는 더욱 심할 것이다. 사장이나 전무에게는, "여기가 이상합니다", "저곳이 기능하지 않습니다", 라고 부하로부터 보고가 들어온다. 이런 때는 너무 큰 문제를 각자 조절 가능한 작은 작업으로 나누는 것이 중요하다. BCP에서 복구우선순위로 지어진 중요업무와 필요 최소한의 경영자원의 목록은 여기서 본령을 발휘하게 된다.

3. 그 작은 작업 하나 하나에 달성 가능한 목표와 계획을 마련하는 것

하나의 큰 문제를 컨트롤 가능한 작은 작업들로 나누었다고 해도 각각이 바로 해결(복구)되는 것은 아니다. 시간이 드는 것이나 다른 업무의 후공정으로서 기다리지 않으면 안 되는 것도 있다. 만약 BCP가 준비되지 않았다면 복구 직원은 초조할 것이다. 이 업무는「언제까지」,「어느 수준까지」복구하면 좋을까, 라고. 마치 라이트를 켜지 않은 채 어둠 속을 달리는 자동차와 같다. 그래서 규정된 목표 복구시간과 복구전략이 앞을 밝게 해준다.

4. 그 작은 작업을 하루하루 자신의 역량 범위 내에서 실행하고, 내일을 위해 여력을 남겨 둘 것

BCP를 통해서 업무환경을 복구시키는 것은 사원 전원의「노력」이다. 과잉한 작업은 복구 직원을 피로하게 하고 사기를 저하시킨다. 사기가 저하되면 회사에 대한 불만이나 회의심이 생긴다.「언제가 되어야 복구될 것인가」,「그 사이에 피해를 구실로 은퇴되는 것은 아닌지」와 같은 부정적인 경계심이 생길 것이다. 복구단계에서 중요한 것은 모든 복구 작업을 회사가 하나 되어 진행하는 것이다. 그러기 위해서는 무리하지 말고, 다음 날을 위해 여력을 남겨두는 것이 중요하다. BCP 팀을 설정할 때는 사원을 돌보는 것에 대응하는 직원의 할당을 잊어서는 안 된다.

5. 작은 작업이라도 달성되었다면 크게 기뻐할 것

등산이나 해난사고에서 조난되어 기적적으로 살아남은 사람들의 이야기를 들은 적이 있다. 그들의 공통점은 하늘을 보며 노래를 부르고 농담을 하거나, 큰 소리로「만세!」라고 외친다. 때로는 이런 바보! 라고 자신을 큰 소리로 질책한다. 혼자이더라도 그렇게 한다. 어째서 이런 행동을 하는 것일까? 입을 다물고 아래를 보고 있으면 비관적인 기분이 되어버리기 때문이다. 바꿔 말하면 자극을 유지해서 기분이 다운되는 것을 막기 위해서라도, 혼잣말이더라도 좋으니 위에서 쓴 것처럼 언동을 의식하는 것이 중요하다. 무엇보다도 집단에서 복구작업을 담당하고 있는 때는 피해를 주지 않도록 주위에 배려를 하는 것은 말할 필요도 없다.

부록 ①

샘플 문서집

이 샘플문서들은 이 책의 이해를 돕기 위한 보조 자료이다. 기재된 사명, 인명, 업무내용 등은 모두 가공된 것이며, 실재하는 조직, 인명 등과는 일절 관계가 없다. 또한 어느 계획도 실현성이나 유효성을 보증하지 않는다. 샘플 데이터의 내역은 아래와 같다.

- 사명 :「ABC 제작소」
- 사업내용 : 정밀기계부품가공업
- 종업원 : 80명
- 매상고 : 15억 엔/년
- 사업구성 : 본사(카와사키), 공장(카와사키), 요코하마 영업소, 나고야 영업소
- 주요 고객 : 일부 상장기업 45사 60공장, 그 외 중소 500사
- 보유설비 : NC선반 20대, 프레이즈반 10대, 방전가공기 10대, 연삭반 5대
- 원재료 재고 : 세라믹, 티탄, 알루미늄, 특수강 등
- 검사기기 : 측정장치, 경도시험기, 만능공구현미경(각 2대)
- 장점 : 소량의 주문이라도 저스트 인 타임으로 작성. 긴급품이나 대량 주문에도 대응 가능.
- 재해 리스크 : 대지진, 화재, 대규모 정전, 하천의 범람

● BCP 도입 계획서

○년 ○월 ○일
총부무 : ○철수

1. BCP 책정의 목적

당사는 정밀기계부품가공의 시장에서는 경쟁우위에 있으며 많은 대기업, 중견 메이커와 거래가 있다. 당사가 재해에서 사업을 정지한 경우, 각 사에 미치는 영향이 클 뿐만 아니라 경쟁중인 타사로의 현저한 고객유출이 염려된다. 당사가 BCP를 도입하는 의의 및 목적은 다음과 같다.

- 사원 및 내방객의 안전을 확보한다
- 고객에의 공급책임을 지고 신용을 유지한다
- 신속한 복구를 통해서 시장의 우위성을 유지한다
- 경영을 조기에 안정시켜 사원의 고용을 지킨다

2. BCP에서 대상으로 하는 사업 및 활동범위

뜻밖의 사태가 일어난 경우에 당사가 지켜야 할 사업과 그 활동범위는 다음과 같다.

① 대기업 20사 40공장의 공급을 유지한다(전 고객의 20%에 해당)
　일부 상장기업 35사 60공장, 그 외 중소 500사 중, 상기를 BCP의 대상으로 한 이유는 매상 공헌도가 높은 것, 경합의 집중도, 대량의 고객유출에의 염려 등이다. 상세한 내용은 ○○리스트를 참조.

② 본사, 공장(카와사키) 외 부품재료구입처 그 외 7사를 포함한다.
　일생산 및 공급체제는 본사와 공장 외, 세라믹, 티탄, 알루미늄, 특수강 등 부품재료의 구입처 7사의 조달능력의 유지도 포함한다.

3. BCP에 포함되지 않는 사업 및 활동범위

BCP의 대상이 아닌 고객에 대해서는 긴급 또는 일시적인 주문이 많기 때문에 업무중단의 사태에 대해서는 다음 몇 가지 방법으로 대처한다.

① 협력회사 T사에의 업무위탁
　마츠모토 시에 있는 T사는 당사와 동등한 공작기계를 가지며, 가공기

술도 손색이 없기 때문에 긴급시에 당사가 대응할 수 없는 주문에 관해서는 T사에 작업을 위탁한다.

② 복구가 완료하기까지 이들 수주기회를 삼간다.

T사에서의 접수가 곤란한 경우(기술적 또는 바쁜 등의 이유)나 당사에서의 대응이 곤란한 경우는 고객으로부터의 주문을 보류한다.

4. 결과물

BCP의 책정을 통해서 이하의 아웃풋을 작성하고, 보고회에서 보고한다.
- 비즈니스 임팩트 분석(BIA) 리포트
- 당사에 있어서 중요한 리스크와 그 대책 리스트
- 업무계속대책 리스트
- 긴급 시 대응계획
- 사업계속계획서
- 각 계획의 중위/하위 문서(매뉴얼/체크 리스트류)

5. BCP 책정 멤버와 협력자

BCP 책정 멤버와 주요 협력자 및 그 역할은 다음과 같다. 이 리스트에 없는 다른 사원에 대해서도 필요에 따라서 청취조사 등을 행하는 경우가 있다.

① BCP 책정 멤버
- 이상무(총무부 : 책정 리더)
- 최창동(정보시스템부 : 사무국)
- 최동진(기획부 : 어시스턴트)

② 협력자
- 사장, 전무[영향도 조사, 리스크 대책의 확인과 승인, 사업계속계획서 (최종 성과물)의 확인과 승인]
- 전 부서의 부장, 과장 및 현장 주임(영향도 조사 설문조사에의 협력, 리스크 대책의 입안과 검토, BCP 팀 멤버의 선출)

6. 스케줄
- BCP 책정 기간 : 2013년 1월 1일 ~ 6월 30일
- 작업항목과 작업시기는 다음 표와 같다.

작업 단계	작업항목	1월	2월	3월	4월	5월	6월
1. BIA 조사	설문조사의 입안 실시·설계 보고와 승인	▰					
2. 리스크 대책	자료의 준비 실시·설계 보고와 승인		▰				
3. 계속대책	정보의 정리 계속대책의 입안 보고와 승인			▰			
4. 행동계획	BCP 팀의 결정 행동계획의 입안 매뉴얼의 입안				▰		
5. BCP 문서작성	원고작성 드래프트 완성					▰	
6. 검증	BCP의 테스트 수정과 승인 완성(최종 성과물)						▰

● BIA 리포트

보고일 : ○년 ○월 ○일
BCP 책정 멤버 : ○철수

1. BIA 조사의 목적

BCP 책정의 일환으로서 전 부서를 대상으로 비즈니스 임팩트 분석(이후 BIA) 조사를 실시하였다. 이 조사의 주된 목적은 다음과 같다.

- 중요 핵심사업을 성립시키고 있는 중요한 업무군을 특정하는 것
- 각 업무의 정지허용시간부터 복구긴급도(우선순위)를 추정하는 것
- 중요업무를 구성하는 경영자원과 내외의 의존처를 특정하는 것

2. 조사방법의 개요

조사는 ○월 ○일, 이하의 수순으로 실시하였다.

① 조사방식 : 워크샵

전 부·과에서 부장, 과장 현장을 숙지하고 있는 주임급의 사람들에게서 참가신청을 받고 BCP 사무국의 설명에 따라서 BIA 조사표를 기입하도록 했다.

② 조사내용과 수순
- 부·과마다의 중요업무를 리스트 업
- 중요업무가 중단된 경우의 영향(수익/비용, 고객/거래처, 평판/신용)을 평가
- 업무중단의 허용기한(목표복구시간)을 추정하고 A, B, C, D의 4개 랭크로 분류
- 중요업무의 기능을 최소한 만족하는 경영자원의 종류나 양, 내외의 의존처를 결정

③ 집계방법
- 중요업무마다 목표복구시간, 코멘트(목표복구시간의 추정근거), 경영자원, 의존처를 집약
- 집약한 각 데이터를 나열해서 목표복구시간 A, B, C, D의 순서로 랭크를 만든다.
- 일람의 결과는 A가 가장 복구긴급도가 높고, D가 가장 낮아진다.

3. 중요업무의 복구긴급도 리스트

표를 보는 방법은 다음과 같다.

- RTO(목표복구시간)는 업무중단부터 가복구를 완료하기까지의 최소 필요시간
- RTO는 A~D로 분류하고, A는<24시간, B는 1~3일, C는 4~7일, D는>7일로 앞으로 갈수록 복구긴급도가 높다.
- RTO의 분류의 근거는 「RTO를 넘은 경우의 영향」에 기재(회답자로부터의 코멘트)
- 당사의 중요업무는 아래 표와 같은 순위가 되었다.

RTO의 평가는 회답자의 경험적 판단에 의하기 때문에 회사 전체적으로 업무횡단적인 검증이 필요하다고 생각한다. 이 우선순위에 관해 기탄없는 의견, 제안 등을 부탁한다.

부서명	중요업무명	RTO	RTO를 넘은 경우의 영향	주된 영업자원	의존처
제조부	정밀부품가공 4라인	A	생산이 정지 대기업 고객과의 계약 해지	인원 20명 NC선반, 프레이즈반, 방전가공기, 연삭반, 초순수세정 장치	외주가공 업자 M, N사
제조부	품질검사	A	출하불능	인원 10명 측정장치 경도시험기 만능공구현미경	–
설계부	설계업무	A	고객의 주문사양을 설계할 수 없다→생산이 정지	인원 6명 CAD 소프트웨어 설계 데이터	–
영업부	주문 출하지시	B	매상기회손실이 발생 (1일당 2,000만원)	인원 7명 수주, 출하지시 시스템	–
영업부	고객대응	B	거래처의 주문이나 요망에 대응할 수 없음	인원 8명 CRM 소프트	–
제조부	부품재고관리	C	생산이 정지	인원 2명 재고관리 소프트	부품재료 구입처 P. Q, R, S사
경리부	매상판매, 매상 매입의 처리	D	대폭적인 신용저하, 거래정지	인원 4명 재무회계 소프트	B 은행
경리부	급여계산	D	숙련사원의 의지 저하, 사원의 회사에 대한 불신, 소문피해	인원 2명 급여계산 소프트	B 은행

(RTO의 분류 A:<24시간, B : 1~3일, C : 4~7일, D : >7일)

긴급 시 대응계획

ABC제작소

1. 변경관리정보

개정 레벨	버전 1.0
문서분류	사외비문서
발행일	○년 ○월 ○일
집필자	○철수
승인자	(사장명)

2. 본 계획의 목적

당사의 업무를 중단시키는 혹은 인명을 위협하는 뜻밖의 사태(BCP에서 규정하는 당사에 있어서 가장 중요한 위험)가 현재화한 경우, 당사는 긴급 시 대응방침에 기초해서 다음의 목적을 달성한다,

- 사원 및 당사방문자의 인명을 최우선시 하고, 사상자를 내지 않는다.
- 피해를 최소한으로 그치게 하는 것과 함께 2차 피해를 방지한다.
- 고객이나 거래처에 신속한 연락을 준비한다.
- 인근 주민의 구조, 상호협력을 아끼지 않는다.

3. 역할분담

긴급 시의 사원의 역할을 이하와 같이 정한다.

역할	사원명	휴대전화번호
소화, 기기의 긴급정지	모든 사원	
구호, 피난유도	사원 A (리더) 사원 B 사원 C	080-1111-2222
피해조사	사원 D (IT 설비) 사원 E (시설, 비품)	080-1111-2222

4. 긴급 시의 연락루트

긴급 시의 연락루트를 다음과 같이 정한다.

- 피해를 확인한 자→상사(긴급성이 높은 경우는 직접)→총무부(방재창구)
- 총무부→사장, 전무에게 보고→필요에 따라서 위기관리체제로(대책본부설치)
- 경영진이 부재→현장과 총무부장의 판단으로 위기관리체제로 이행
- 사외에서 긴급사태에 직면한 자는 신속하게 총무부 또는 상사에게 연락할 것

5. 행동방침

① 취업시간 내의 대응 :

- 몸의 안전 확보⇒가동중의 장치, 기기, 전기설비를 정지
- 발화확인→ 초기소화
- 부상자 발견→응급처치, 가장 가까운 병원으로 수송
- 이상·위험을 감지/피난권고→ 전원을 피난소로(아래 그림 참조)
- 안부확인→사람 수, 안부를 확인 후, 상사 또는 총무부에 보고
- 종업원을 귀가시킬 것인가를 판단(경영진, 부·과장)

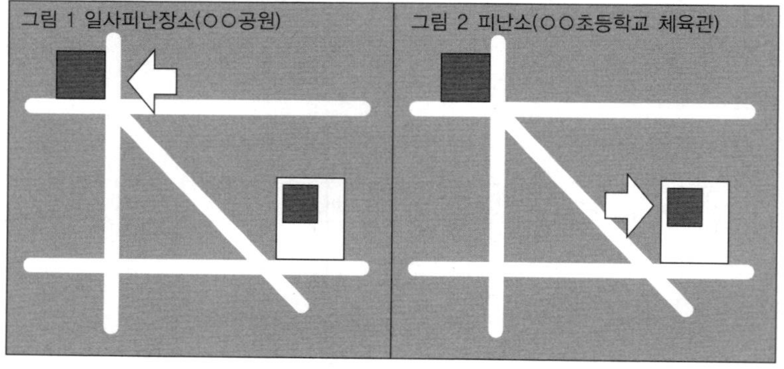

② 취업시간 외(출장/통근중, 재택 시)의 대응

- 본인, 가족의 안전, 안부확인, 응급구호→회사에 안부를 연락
- 공공기관에서 상황을 파악→출근, 귀가가 가능한가/이동수단의 유무

를 확인
- 출근의 판단⇒원칙으로서 모든 사원 출근(출근이 불필요한 경우만 회사에서 연락)
- 교통기관의 마비, 라이프라인이 두절된 경우는 자택에서 대기
- 피해조사담당/BCP 팀 멤버는 가능한 한 출근

③ 귀가 곤란자 대책
- 비상용 비축의 제공→보관장소·품목·수량은 「긴급물자 리스트」를 참조
- 사내에 머무는 것이 위험하다고 판단된 경우→앞쪽 그림 2의 피난장소로 유도
- 귀가 곤란자 리스트를 작성→안부연락창구를 일체화

④ 피해상황의 확인과 BCP 발동판단
- 피해조사담당은 「피해상황 체크시트」를 이용해서 상황을 확인
- 조사시간은 30분 이내(평가는 정확하지 않아도 좋음)
- BCP 발동조건→중요업무의 복구예상시간>목표복구시간일 때
- 건물에 들어갈 수 없다→대책본부장의 판단으로 BCP를 발동
- BCP 발동 후 즉시 팀을 활동시켜서 BCP 운용체제로 이행

6. 안부연락과 연락수단

긴급사태가 해제되고 사내로 돌아온 시점에서 신속하게 다음 확인, 전달을 실행할 것.

① 안부불명자(외출중, 재택중의 종업원이나 관계자)의 확인
② 중요관계처(중요고객, 거래처)로의 안부통지
③ 연락방법은 아래 표와 같다.
- 공중전화, 재해용 전언 다이얼 119
- 휴대재해용전언판, 휴대 메일
- 먼 곳의 중계연락처(협력회사○○ : 0178-12-3456/○○댁 : 0178-12-3456)
④ 관계처로의 전달내용
- 재해의 종류, 발생일시

- 업무에의 영향과 재개, 출하의 전망
- 연락처가 일시 변경되는 경우 그 연락처
- 그 외 중요한 전달사항

7. 대책본부의 설치

① 대책본부의 설치와 해산의 판단 및 선언은 다음과 같이 정한다.

- 설치와 해산의 판단→사장과 총무부장의 합의. 한 쪽이 부재인 경우는 단독으로 결정할 수 있다.
- 설치와 해산의 선언→사장(부재인 경우는 총무부장). 한 쪽이 부재인 경우는 단독으로 선언할 수 있다.

대책본부 긴급사태 시에는 「긴급대책본부」로서 BCP 발동 후에는 「재해복구대책본부」로서 기능하고, BCP 발동 아래에서는 복구자원을 최적으로 배분, 종업원의의 지시, 보고의 수수, 주요관계처에의 연락, 복구상황 전체의 관리, 자금조달 등을 목적으로 한다.

② 대책본부의 역할과 담당자

재해 상황에 따라서 「재해복구」, 「플래닝/정보관리」, 「조달/직원관리」, 「사무회계」의 4가지 기능을 동시 또는 순차로 하는 것으로 한다. 각 기능의 자세한 설명은 대책본부운영 매뉴얼을 참조.

역할	담당자명(부·과명)	휴대전화
대책본부장	사장	090-000-0000
대책본부장 대행	XYZ철수(총무부장)	090-000-0000
재해복구담당	XYZ철수 PQR철수	090-000-0000
플래닝/정보관리	XYZ철수 PQR철수	090-000-0000
조달/직원관리	XYZ철수 PQR철수	090-000-0000
사업회계	XYZ철수 PQR철수	090-000-0000

③ 대책본부의 설치

대책본부설치가 선언된 후, 아래와 같은 상황에 의해서 하나를 설치한다.

종류	소요시간	설치장소	요건	설치담당팀
대책본부	6시간 이내	사내회의실	전기, 전화회선의 가용성을 확인	재해복구팀에서 5명
대체대책본부	24시간 이내	나고야 영업소 내	사전에 현지의 라이프라인의 가용성을 확인	

대책본부 또는 대체대책본부의 설치수순 및 운영에 필요한 물자목록에 대해서는 「업무계속 매뉴얼」 및 「재해복구 매뉴얼」을 참조.

8. 대책본부의 운영

① 입·퇴실의 규정

대책본부의 직원은 명찰을 지님과 더불어 현장에서 활동하는 직원은 같은 색 계열의 점퍼를 착용할 것(본부에서 지급). 원칙으로서 부외자(사원의 가족이나 관계자 포함)는 허가없이 대책본부에 출입할 수 없다. 단 부상 등으로 부외자가 들어온 경우는 즉시 받아들이고 적절한 대처를 할 것.

② 활동시간대

핵심 시간대는 10 : 00~16 : 00, 확장시간(복구활동시간)은 원칙으로서 8 : 00~20 : 00로 한다(계절이나 천후에 따라서 변경될 가능성이 있음). 관계회사, 협력회사에 파견된 사람은 동사의 시간 규정을 따를 것.

③ 건강, 안전, 복리후생

대책본부 직원 및 현장복구 직원을 위한 취침실을 준비하는 경우가 있다(식사를 하는 것도 가능). 부상자나 심리적 고통을 호소하는 자가 있는 경우, 즉시 구호담당의 ○○○에게 연락할 것. 대책본부 직원과 현장복구 직원은 활동기간중의 할증수당을 지급한다.

9. 본 계획의 관련 문서

본 계획에는 다음 표에 보인 중위, 하위의 문서가 있다. 필요에 따라서 가각의 레벨에 맞는 문서를 참조할 것.

본 계획(상위)	중위	하위
긴급 시 대응계획	초동대응 매뉴얼 구호, 구원대응 매뉴얼 대책본부 운영 매뉴얼 리스크 커뮤니케이션 매뉴얼 비상 시 지출품 리스트	안부확인 체크 리스트 피해조사 체크 리스트 긴급 시 연락처 리스트 중요고객, 거래 리스트 비상 시 비축 리스트

10. 배포, 반환, 취급, 훈련, 전망

① 배포와 반환

본 계획은 소지, 사용을 인정받은 자(원칙으로 경영자, 책정 멤버, 팀 멤버)에게 배포한다. 본 계획을 소유하는 자는 그 자격을 잃은 시점(멤버 탈퇴, 퇴사 등)에서 신속하게 반환할 것. 회사는 종업원에 대해 배포된 본 계획의 반환을 구할 권리를 가진다.

② 취급

배포된 본 계획은 직장과 자택에 각 1부 보관하고, 책상위나 차내 등에 방치하지 않는다. 허가없이 복사하거나 외부에 공개하지 않을 것.

③ 훈련과 전망

반년에 1회, 정기적으로 본 계획의 훈련을 행할 것. 소방서의 방재훈련 이벤트의 시기에 맞추면 효과가 크다. 본 계획 및 부수적인 매뉴얼, 중요 리스트 등은 항상 최근의 상태로 유지하는 것이 바람직하다. BCM 프로그램의 유지 보수 규정에 따라서 정기적, 부정기적으로 전망을 볼 것.

사업계속계획(BCP)

ABC제작소

1. 변경관리정보

개정레벨	버전 1.0
문서분류	사외비밀문서
발행일	○년 ○월 ○일
집필자	○○○
승인자	(사장명)

2. 본 계획의 목적

당사는 정밀기계부품가공의 시장에서는 경쟁우위에 있으며 많은 대기업, 중견 메이커와 거래가 있다. 당사가 재해에서 사업을 정지한 경우, 각 사에 미치는 영향이 클 뿐만 아니라 경쟁중인 타사로의 현저한 고객유출이 염려된다. 당사가 BCP를 도입하는 의의 및 목적은 다음과 같다.

- 사원 및 내방객의 안전을 확보한다.
- 고객에의 공급책임을 지고 신용을 유지한다.
- 신속한 복구를 통해서 시장의 우위성을 유지한다.
- 경영을 조기에 안정시켜 사원의 고용을 지킨다.

3. BCP에서 대상으로 하는 사업 및 활동범위

BCP로 당사가 지켜야 할 사업과 그 활동범위는 다음과 같다.

① 대기업 20사 40공장의 공급을 유지한다(전 고객의 20%에 상당)

일부 상장기업 35사 60공장, 그 외 중소 500사 중, 상기를 BCP의 대상으로 한 이유는 매상 공헌도가 높은 것, 경합의 집중도, 대량의 고객유출에의 염려 등이다. 상세한 내용은 ○○리스트를 참조.

② 본사, 공장(카와사키) 외 부품재료구입처 그 외 7사를 포함한다

생산 및 공급체제는 본사와 공장 외, 세라믹, 티탄, 알루미늄, 특수강 등 부품재료의 구입처 7사의 조달능력의 유지도 포함한다.

4. 상정하는 리스크

당사에서는 대지진, 화재, 대규모 정전, 하천의 범람을 주된 재해 리스크로 간주하고 이것에 의한 피해를 다음과 같이 규정한다.

① 건물인 공장설비의 손괴
- 본사 빌딩, 공자의 반괴(반소),침수
- 상기의 피해에 따른 종업원의 부상, 사망 사고

② 개별자산의 손괴
- 생산라인 관계 : 각 공작기계, 세정장치, 검사기기의 손괴 또는 고장
- 사내 인프라 관계 : 전화, 네트워크 회선, 전기설비의 두절, 파괴

③ 외부 의존처
- 구입처 사의 동시피해에 의한 중요부품 재료의 조달 불능
- 외주가공업자의 피해에 의한 생산라인의 정지

5. BCP와 조직의 역할

① 대책본부

복구상황의 확인과 문제해결, 지휘명령, 중요 관계처와의 커뮤니케이션, 예산 관리 외.

역할	사원명	휴대전화번호
대책본부장	사장명	080-1111-2222
대책본부장 대행	총무부장명	080-1111-2222
재해복구	김철수	
플래닝 / 정보관리	○○○	
조달 / 직원관리	○○○	
사무회계	○○○	

② 업무계속팀

「7. 가복구 계획」에서 정하는 대체수단을 통해서 목표복구시간 내에 중단한 업무를 재개한다.

역할	사원명	휴대전화번호
리더	김철수	080-1111-2222
서브리더	이철수	080-1111-2222
A사 라인 사용허가, 관리	○○○	
동사 NC선반 라인 출장	○○○	
동사 프레이즈반 라인 출장	○○○	
동사 연삭반 라인 출장	○○○	

③ 재해복구팀

「8. 본복구 계획」에 정한 수순을 통해서 피해현장을 복구하고 모든 업무기능의 정상화를 도모한다.

역할	사원명	휴대전화번호
리더	김철수	080-1111-2222
서브리더	최동진	080-1111-2222
생산라인 복구 담당	○○○	
세정, 검사공정 복구 담당	○○○	
건물, 시설 복구 담당	○○○	
통신환경 복구 담당	○○○	
정보시스템 복구 담당	○○○	
데이터 복구 담당	○○○	

④ 지원팀

부문기능을 유지하면서 요청이 있을 때마다 업무계속, 재해복구팀, 대책본부를 지원한다.

역할	사원명	휴대전화번호
리더(서브리더)	김철수(최동진)	080-1111-2222
A과 담당	이상무	080-1111-2222
B과 담당	○○○	
C과 담당	○○○	
	○○○	

6. BCP의 발동과 종료

BCP의 발동 및 종료는 이하의 기준으로 판단하며 본부장 또는 각 영업소장에게 선언을 한다.

① 본사/공장의 발동/종료기준
- BCP의 발동 : 중요업무 A~C의 어느 하나라도 중단하고, 그 회복소요시간이 당 업무의 목표복구시간을 넘는다고 판단한 경우
- BCP의 종료 : 중요업무 A~C의 모든 가동확인(검수)을 수리한 시점

② 요코하마 영업소/나고야 영업소의 발동기준
- 본사권에서 진도 6 이상의 지진이 발생한 때의 보도를 확인한 때

• 본사, 공장, 다른 영업소와의 연락이 3시간 이상 두절된 경우

7. 가복구 계획

① 중단한 업무의 목표복구시간의 회복

BCP가 발동되면 즉시 업무계속팀을 소집해서 「중요업무계속 매뉴얼」에서 정하는 대체수단을 통해서 목표복구시간 내의 업무재개를 목표로 한다. 당사의 주된 중요업무의 목표복구시간(RTO)과 대체수단은 아래와 같다.

분류	중요업무명	담당부서	RTO	대체수단
A	정밀공작기계 4라인의 가공업무	제조부	2일	협력회사 A사의 정밀기계부품가공 설비의 일부를 렌탈하는 계약. 당사 숙련사원 4명을 외근시켜 업무를 할당한다.
B	정밀부품의 세정공정	제조부	3일	메이커 B사의 초순수 제조장치를 차용. 가공처리를 끝낸 부품에 대해서는 최단 1일에 인도하여 2영업일 후에 입하가능.
C	완성품 검사업무	제조부	3일	경도시험기, 만능공구현미경은 각 1대, 구제품을 예비로서 창고에 보관(현재도 사용가능).
D	고객대응업무영업	업무부	5일	3명 수작업으로 하루 30건 처리 가능. 백로그의 처리에 경리부에서 2명의 증원을 예정.

(분류＝ 목표복구시간에 기초한 복구긴급도의 구분)

② 본복구로

업무계속팀은 재해복구팀에 의한 업무재개의 목표를 세운 시점에서 대책본부장의 이해를 얻은 뒤에 신속히 가복구체제를 완료하고, 통상업무체제로 이행한다. 이행의 판단조건은, ①건물의 수복이 완료되고, ②주요한 라이프라인(전기, 수도)이 복구되어 있을 것, ③이미 중요업무의 일부를 시험 가동했을 것이다.

8. 본 복구 계획

① 업무복구의 우선순위

복수의 중요업무가 중단하고 있는 경우 「중요업무계속 매뉴얼」에 정한 업무의 복구우선순위에 따라서 조기의 업무기능의 회복 및 정상화를 목표로 한다.

② 복구활동

BCP가 발동되면 즉시 재해복구팀을 소집하여 각 구역별 복구 매뉴얼에서 정한 복구수순에 따라 조기의 업무환경회복을 목표로 한다. 건물의 수복, PC나 네트워크의 회복, 비품의 조달을 중심으로 한 업무의 물리적 기술적인 회복을 도모한다.

③ 가동확인

재해복구팀은 생산설비, PC, 네트워크 그 외의 설비에 대해서 각 업무책임자 또는 현장담당자로부터 가동확인의 보고를 받고 문제가 없다면 본부장에게 보고한다. 대책본부장 또는 본부장 대행자는 이 보고를 받아 BCP의 종료를 선언한다.

9. 본 계획의 관련 문서

본 계획에는 다음 표에 보인 중위, 하위의 문서가 있다. 필요에 따라서 각각의 수준에 맞는 문서를 참조할 것.

본 계획(상위)	중위	하위
사업계획(BCP)	중요업무계속 매뉴얼 IT 설비 복구 매뉴얼 데이터 복구 매뉴얼 기계장치 복구 매뉴얼 건물 및 시설 복구 매뉴얼 부·과별 업무복구 매뉴얼	백업 리스트 벤더 리스트 외주업자 리스트 중요 리소스 리스트 업무 프로세스 맵 진척상황 보고서

10. 배포, 반환, 취급, 훈련, 전망

① 배포

본 계획은 소지, 사용을 인정받은 자(원칙으로 경영자, 책정 멤버, 팀 멤버)에게 배포한다.

② 취급

배포된 본 계획은 직장과 자택에 각 1부 보관하고, 책상이나 차내 등에 방치하지 않는다. 허가없이 복사하거나 외부에 공개하지 않을 것.

③ 반환

본 계획을 소유하는 자는 그 자격을 잃은 시점(멤버 탈퇴, 퇴사 등)에서 신속하게 반환할 것. 회사는 종업원에 대해 배포된 본 계획의 반환을 구할 권리를 가진다.

④ 훈련

반년에 1회, 정기적으로 본 계획의 훈련을 행할 것. 소방서의 방재훈련 이벤트의 시기에 맞추면 효과가 크다.

⑤ 전망

본 계획 및 부수적인 매뉴얼, 중요리스트 등은 항상 최근의 상태로 유지하는 것이 바람직하다. BCM 프로그램의 유지·보수 규정에 따라서 정기적, 부정기적으로 전망을 볼 것.

판데믹 대응계획

ABC 제작소

1. 변경관리정보

개정레벨	버전 1.0
문서분류	사외비밀문서
발행일	○년 ○월 ○일
집필자	○○○
승인자	(사장명)

2. 본 계획의 목적

① 목적

- 신형 인플루엔자의 감염을 미연에 방지하고 사원의 안전과 건강을 지킨다.
- 당사의 활동에 관해서 감염의 불안이나 소문을 퍼뜨리지 않는다.
- 중요업무의 계속을 통해서 안정공급과 경쟁력, 신용력을 유지한다.
- 서플라이 체인에의 영향과 경제적 혼란을 적극적으로 회피한다.

② 범위

- 신형 인플루엔자 등의 유행(판데믹)을 상정한다.
- 지켜야 할 사업, 최저공급수준, 중요업무의 우선순위는 BCP와 같다.
- 모든 사원(과 그 가족)의 보호, 고객, 거래처, 외주업자에의 영향회피를 포함한다.

3. 판데믹 대책팀

판데믹의 계속적인 감시와 대응을 목적으로서 다음 팀을 설치한다. 이 팀은 판데믹 종식의 정식발표를 확인한 뒤 해산한다.

역할	담당자	휴대전화번호
정보수집(모니터링)과 발신	종합기획부○○○ (팀 리더)	080-1111-2222
감염예방, 발생 후의 대응	총무부○○○ (서브리더)	080-1111-2222
사업계속대응	BCP사무국○○○	080-1111-2222

4. 정보수집, 모니터링, 송신

사내 및 외부에서 계속적으로 신형 인플루엔자에 관한 정보를 수집하고, 전 사원에게 발신한다. 스텍홀더(고객, 서플라이어, 경합 타사, 그 외 관계처)의 동향에도 주의를 기울인다.

대상	정보원	모니터링 항목	송신 방법
사내	건강모니터링 검사(종업원을 대상으로 실시)/방문처나 공공의 장에서의 감염·소문 등에 관한 정보(주로 영업담당에서)	종업원의 상태/회사 주변, 통근 루트, 방문처의 정보나 대응의 변화	수시 메일과 인터넷을 통해서 감염 위험 레벨 I, II, III(후술)과 필요한 메시지를 통지.
사외	국립감염증 연구소 감염증 정보센터 HP/현 보건소 HP/외무성 해외안전 홈페이지/일반 뉴스 보도	전국(타 도도부현)해외의 감염정보 및 알럿 레벨	

5. 리스크 평가

① 감염 위험 레벨

이 계획에서는 일본 후생노동성의 판데믹 경보 페이즈를 I~III으로 나누어 이 구분에 따라서 대책을 설명한다.

판데믹 경보 페이즈	감염 위험 레벨(당사 기준)
알럿 페이즈 4A (국내 발증 없음)	I (주의환기)
알럿 페이즈 4B (국내 발증 확인)	II (경계)
알럿 페이즈 5/6 (빠른 확대, 만연)	III (경계)

② 감염 위험

구역	감염 리스크가 높은 활동	감염 리스크가 높은 장소
사내	●내객대응(고객, 업자, 세일즈맨) ●미팅, 회의 ●교대근무에 있어서 인수인계	●세면소, 탈의실, 급탕실, 문고리나 수도꼭지, 타올 등 맨손으로 만지는 것 ●내객 코너, 식당, 흡연실, 회의실(의자, 테이블), 각자의 책상, 의자
사외	●통근, 외출 시의 이동 ●영업활동(고객, 거래처에 방문) ●영업소에의 출장, 관련업자의 방문 ●감염위험지역(특히 해외)로의 출장	●공공교통기관(열차, 비행기, 버스, 택시, 모노레일 내 그 외) ●공공장소(공중 화장실, 역 안, 호텔(로비), 찻집, 노상대합장소, 방문처 외)

③ 사업 리스크
- 인원부족에 의한 조업레벨(생산성)의 저하, 공급정지
- 서플라이어로부터 제품, 서비스 공급감소, 품절, 조달불능
- 당사사업에 대한 수요의 감소, 고객이탈, 경쟁력 저하, 소문피해
- 판데믹의 장기화에 따른 수익의 악화, 운영자금의 고갈

6. 예방 대책

① 감염 위험 레벨 I의 예방책

예방항목	내용
건강관리	음식조절, 흡연을 피할 것, 면역력과 체력을 유지하는 것, 자신의 체력과 건강상태를 주 2회 체크하고, 이상이 있다면 인사과에 보고
감염예방	마스크 착용과 손을 자주 씻는 것
고객대응	모든 고객에 당사의 판데믹 대응방침을 배포함과 함께 상대의 대응방침의 유무를 확인할 것. 대책에 갭이 있다면 긴급 시의 대응·조정방법을 협의
서플라이어 대응	중요한 부품재료 구입처, 외주업자, 장치 메이커, 유지·보수 업자에 당사의 판데믹 대응방침을 배포함과 함께, 상대처의 대응방침의 유무를 확인할 것, 대책에 갭이 있다면 긴급 시의 대응·조정방법을 협의
교육, 판데믹, 캠페인	회사 전체적으로 신형 인플루엔자 대응 매뉴얼(카드 식)을 배포 감염경로나 증상, 예방, 감염 시의 대처방법에 관한 바른 지식을 지도 (종업원과 가족에게 팜플렛을 배포) 사내 게시판, 급탕실, 화장실에 주의환기 포스터를 게시

② 감염 위험 레벨 Ⅱ~Ⅲ의 예방책

예방항목	감염 위험 레벨 Ⅱ	감염 위험 레벨 Ⅲ
건강관리, 감염예방, 교육, 캠페인, 연습	전기 ①의 철저·강화(특히 건강상태의 체크와 보고의 의무. 격일 실시). 사내 시설의 정기적인 소독, 살균(각자의 책상, PC, 프린터, 복사기, 팩스, 회의실 테이블, 의자, 급탕실, 세면대, 탈의실 외)	
통근, 외출 등의 제한	공공교통기관 이용 시에는 가능한 한 옆사람과 거리를 둔다. 마스크 필수. 다방이나 공중 화장실의 이용은 가능한 한 피할 것	영업담당은 회사용 차, 다른 사원은 마이카, 또는 이들 차량을 이용한 통근을 우선. 다방, 공중 화장실 등의 사용은 최대한 피한다
내방자의 제한	긴급한 용건을 제외하고 고객, 거래처, 외주업자에 방문제한을 통지. 원격통신수단(전화, 메일, 팩스)을 가능한 한 활용할 것	원칙으로서 모든 내방자를 금지한다. 필요한 정보전달은 전화, 이메일, 팩스, 각 사의 홈페이지를 최대한 활용한다
회의, 영업소 출장, 고객이나 거래처 방문	회의실 테이블, 의자를 최저 1.5m, 대면하는 상대와는 2m 이상의 거리를 두고 배치 긴급 용건을 제외하고 회의, 출장, 내방을 피한다	원칙으로서 모든 회의·영업소 출장, 고객·거래처 방문을 금지한다. 필요한 정보전달은 화상회의 시스템(인터넷), 전화, 이메일, 팩스 각 사 홈페이지를 최대한 활용한다

③ 사원 또는 그 가족에게 증상이 나타난 경우의 대책
- 원칙으로서 자택대기하고, 당사자 또는 가족의 완치가 확인되기까지 출근은 보류할 것.
- 즉시 상기 ②의 소독, 살균을 철저히 하고, 증상이 나타난 자의 주위 구역을 봉쇄하는 경우가 있다.
- 신형 인플루엔자에 의한 자택대기의 경우, 유급휴가일수를 넘는 분에 대해서는 휴직보증으로 일일임금의 ○%를 보증한다.

④ 판데믹 기간 중의 자금 확보

판데믹이 현재화할 경우 반년~1년 이상에 걸쳐 사회, 경제의 기능이 정체, 마비될 가능성이 있고, 자금조달의 곤란도 예상된다. 따라서 일정 금액을 판데믹 대책준비금으로서 담보한다.

7. 감염 위험 레벨 II~III의 업무대응

① 대책본부의 위치와 BCP의 발동

다음에 제시하는 내용 중에 하나라도 해당되는 사태가 생긴 경우, 경영진 및 판데믹 대책 팀과 협의한 후 필요하다고 판단한 경우는 사내에서 대책본부를 세워서 BCP 대응태세로 이행한다.

- 연속 2일 이상의 결근율이 전 사원의 10%를 넘을 경우
- 서플라이어로부터의 공급감소, 품절, 조달불능이 확인된 경우
- 오퍼레이터 결원에 의해 4개의 생산라인 중 1라인이라도 정지한 경우
- 사원(또는 그 가족)에게 감염자가 1명이라도 나온 경우

② 주요한 업무의 우선순위와 활동 레벨

신형 인플루엔자의 유행에 따라서 영향을 받는 중요업무 및 그 목표복구시간(RTO)은 BCP에서 정하는 중요업무 및 RTO와 같다.

담당부서	주요업무명	RTO	통상인원수	최소공급레벨을 만족하는 인원수	업무의 활동 레벨
제조부	프레이즈 가공라인	2일	10	4	계속
	NC선반 가공라인	2일	10	5	
	방전 가공라인	2일	10	3	
	연삭 가공라인	2일	10	2	
	정밀부품의 세정공정	3일	5	2	
	완성품 검사 업무	3일	5	2	
영업업무부	고객대응업무	5일	8	3	
	수주출하업무	5일	4	2	
제조부	자재, 재고 관리 업무	5일	3	1	
경리부	외상판매 처리업무	6일	3	1	
총무부(A업무, B업무) 기획부(P업무, Q업무) 경리부(X업무)		2주일 이내	일부 업무는 재택근무를 실시 축소의 규모와 기간에 대해서는 부·과마다 조정		축소 가능
총무부(a업무) 인사부(m업무) 기획부(p.업무, q업무)		30일 이내	일부 업무는 재택근무를 실시 중지의 규모와 기간에 대해서는 부·과마다 조정		중지 가능

③ 직원의 보충·대체책

- 각 라인에 결원이 나온 경우, 크로스 트레이닝을 통해서 다른 라인의 업무를 대체 또는 겸무한다.
- 3교대근무 360일 가동을 3교대 주 5일→2교대 주 3일로 교체하는 경우도 있을 수 있다.
- 중요업무 직원(및 그 대체요원)은 감염예방책으로서 오퍼레이션이나 상담, 인수인계 미팅 시에는 서로 2m 이상 거리를 두는 것으로 한다.
- 사업계의 직원이 부족한 경우에 대비해 인재파견(대체 포함해서 3사 등록)을 활용한다.
- 「부·과별 대체요원 리스트」를 참조해서 신속하게 교체할 것.

④ 필요재고의 확보

부품재료, 소모품, 비축품의 공급감소, 품절, 고갈에 대비해 다음과 같이 적절한 재고를 확보할 것.

품목	내역	표준재고량	예비재고	통계
가공용 부품재료 4품목	세라믹	300	200	500
	특수강	300	100	400
	알루미늄	200	50	250
	티탄	100	100	200
OA 기기 소모품	프린터 토너	3	3	6
	팩스용 토너	3	3	6
	용지	20(×400)	20	40
감염대책 키트	마스크	500	100	600
	살균소독제	200	50	250
	약용비누	50	20	70
	방호복	50	20	70

⑤ 커뮤니케이션 대응

외부에 대한 리스크 커뮤니케이션을 다음과 같이 정한다(A=가장 중요, B=중요, C=필요에 따라서). 각각의 전달내용의 자세한 설명은 「리스크 커뮤니케이션 매뉴얼」을 참조할 것.

중요도	전달내용	연락처	타이밍	전달방법
A	4개의 생산라인의 공급량을 최저레벨로 낮추는 결정	일반 상장기업 12사 20공장	결정되는 대로 즉시	전화, 이메일, 팩스, 당사 HP 상
B	고객대응 시간의 단축(영업 업무 등) 근무체제의 축소	모든 고객, 구입처, 장치벤더, 거래은행 외	결정되면 순차적으로	이메일, 팩스, 당사 HP 상
C	고객대응 직원의 교대 및 결원보충	문의 혹은 주문 등이 있는 고객	콜을 수리한 시점	응답전화로

8. 취급규정, 연습에 대해서

① 배포와 반환

- 본 계획은 소지, 사용을 인정받은 자(경영자, 책정 멤버, 팀 멤버)에게 배포한다.
- 본 계획을 소유하는 자는 그 자격을 잃은 시점(멤버 탈퇴, 퇴사 등)에서 신속히 반환할 것.
- 회사는 종업원에 대해 배포된 본 계획의 반환을 구할 권리를 가진다.
- 배포된 계획은 직장과 자택에 각 1부 보관하고 책상이나 차 안 등에 방치하지 않는다.
- 허가 없이 복사하거나 외부에 유출시키지 않을 것

② 전망

본 계획을 4분기마다 전망하고, 그 때의 판데믹 경보 페이즈나 대책의 유효성에 대해서 확인하고 필요에 따라서 재배포한다.

③ 교육과 연습

본 계획의 실효성 향상을 목적으로 판데믹 대책 팀 및 BCP 팀을 대상으로 격월로 교육을, 4분기별마다 가상 연습을 실시한다.

부록 2

다각적인 영향도 지표

■ 규모가 큰 회사의 업무복구 우선순위란

제 2장의 스텝 2에서는 비즈니스 임팩트 분석(BIA)의 목적의 하나인 중요업무의 복구긴급도(우선순위)의 추정 수순을 소개하였다. 목표복구시간 그 자체를 단서로 하고 그 숫자의 대소를 정렬하는 것에 의해 중요업무의 우선순위를 정한다. 이 방법은 BIA의 기본적인 어프로치임과 동시에, 중요업무의 건수가 그 정도로 많지는 않은 중소기업에 있어서 기계적으로 배분한 우선순위 리스트를 원안으로 하는 편이 검토하기 쉽고, 합의에 도달하기 쉽다는 이점도 있다.

그러나 회사의 규모가 커지면 커질수록 부문이나 부·과의 수가 늘고 더욱 다양하게 나뉘므로 조사회답자의 책임의식이나 상호 이해관계도 복잡해진다. 위에서 서술한 것처럼 기계적인 방법으로 의무의 우선순위를 결정하는 것은 한계가 있음을 부정할 수 없다. 큰 재해로 사업이 중단된 경우 회사가 한 덩어리가 되어 BCP에서 규정한 업무의 복구 작업에 전념하기 위해서는 무엇보다도 전 사원이 평소에 그 우선순위를 이해하고 납득하고 있는 것이 전제가 된다. 그리고 여차할 때 자신의 작업 공간은 뒤로 미루어도 되므로 먼저 ○○업무의 복구를 우선해야 한다.

이렇게 생각해보면, 중요업무의 복구우선순위를 결정하는 작업이라는 것은 경영층이나 관리직의 컨센서스(합의형성)의 문제이라고도 말할 수 있다. 그래서 여기서는 목표복구시간을 열쇠로 한 업무의 우선순위를 짓는 방법과는 별도로 컨센서스를 중시한, 보다 다각적인 질문항목과 그 집계방법에 대해서 생각해보려 한다.

업무중단의 영향을 평가하기 위한 단면은 다음 7가지이다.

① 재무적인 영향
업무중단에 의해 발생하는 매상기회손실이나 고객과의 약속을 지키지 못한 것에 의해 손해보상금 등의 지출을 특정한다.

② 업무운영에의 영향
공급책임이나 고객 서비스의 저하, 평판/신용의 실추 등 숫자로는 파악할 수 없는 업무운영상의 영향을 조사한다.

③ 월별 영향도

시기에 따라서 업무중단의 영향이 크게 달라지는 경우, 특정의 시기만 그 업무의 복구우선순위를 끌어올릴 것인가 말 것인가를 판정하는 것이 가능하다.

④ 인프라의 의존도

여기서는 업무의 중요도가 아닌, 특정 사내 인프라(경영자원)에 대해서 얼마나 많은 업무가 의존하고 있는가를 특정한다. 의존도가 집중된 인프라일수록 복구시의 조달이나 기능의 회복을 서두를 필요가 있다고 보는 시점도 필요하다.

⑤ 인풋이 두절된 경우의 영향

인풋의 두절로 즉시 업무가 중단된 경우, 그 인풋에는 볼트넥(업무복구의 저해요인)이 포함된다.

⑥ 업무중단에 의한 아웃풋에의 영향

경영자원이 사용불능이 되어 즉시 업무가 중지된 경우, 그 경영자원에는 볼트넥이 포함되어 있을 가능성이 있다.

⑦ 수동에 의한 업무달성도

정전이나 기기의 고장 등으로 PC나 오토메이션 장치가 사용 못하게 된 경우 어느 정도 수작업이나 인해전술로 그 업무를 계속할 수 있을까, 즉 재해시의 업무대응력을 추정한다.

이하에 보인 7가지 평가방법은 BIA 설문조사(시트 A)의 질문항목에 해당하는 것으로 중요업무 1건마다 기입한다. 각각의 설문조사의「목적」,「집계의 포인트」,「소견의 포인트」,「그래프와 소견의 샘플」을 병기하고 있다.

1 ● 재무적 영향

《**목적**》 업무의 중단에 의한 재무적인 영향을 조사하는 질문이다. 매상의 기회손실과 몇 가지 특별한 지출항목을 보이고 있다. 전자는 1일당 평균매상이나 연간 평균수주수, 수주금액 등을, 후자는 과거의 트러블을 기록(납기의 지연이나 클레임, 취소에 따른 주문품의 폐기나 매각손실, 계약상의 위약금이나 손실배상금, 지연이식), 업무의 지연을 돌이키기 위한 임시 인건비, 급송편의 수배, 외부위탁비 등을 기준으로 선정한다.

Q1 이 업무가 중단되면 업무상 어떠한 손실이나 지출이 발생하는가. 해당되는 요소를 선택해서 ○를 기입하고, 내역을 기입하라(1일당 ○원, 몇 일째 이후 ○원 등).

[　] 매상기회손실(　　　　　　　　　　　　　　　　　　　　　　　　　　)
[　] 계약 상의 위약금이나 손해배상금, 지연이자(　　　　　　　　　　　)
[　] 법령 위반에 의한 범칙금(　　　　　　　　　　　　　　　　　　　　)
[　] 취소에 따른 주문품의 폐기나 매각손실(　　　　　　　　　　　　　)
[　] 그 외(　　　　　　　　　　　　　　　　　　　　　　　　　　　　　)

《**집계와 소견**》

집계의 포인트	매상기회손실에 대해서는 시계열적으로 집계하고 다음 페이지의 상단과 같이 집계하는 방법이 있다. 특별지출에 대해서는 그 발생원을 집계해서 중단과 같은 잘린 선 그래프나 봉 그래프로 정리하는 것도 가능하다.
그래프·표	봉 그래프, 잘린 선 그래프
소견의 포인트	일반적으로 재해에 의한 업무정지상태가 지속되면 어느 시점부터 급격하게 확대해간다고 일컬어지고 있다. 이들 그래프로부터도 같은 경향이 발견될 가능성이 있다.

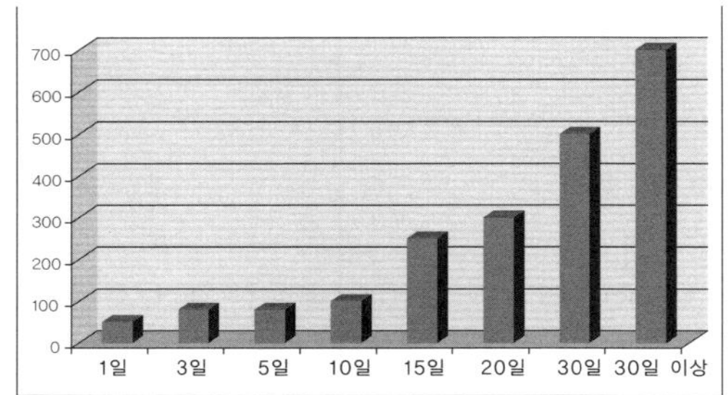

〈재무적인 영향의 집계 그래프 – 매상기회손실〉

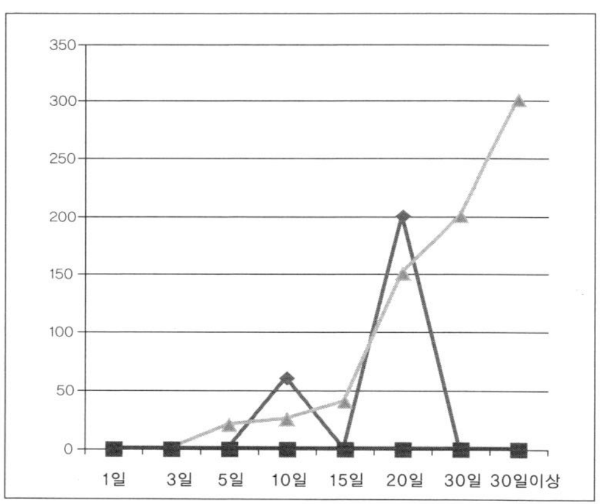

〈재무적인 영향의 집계 그래프 – 특별지출〉

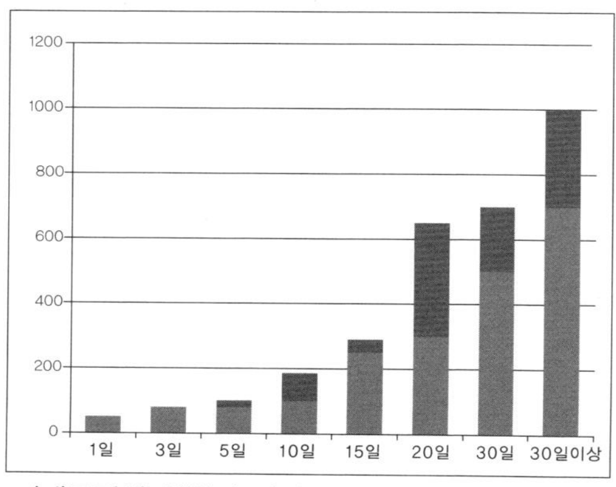

〈재무적인 영향의 집계 그래프 – 손실의 합계〉

2 ● 업무운용에의 영향

《《목적》》 재무적 손실과 같이 숫자로는 포착할 수 없는 업무운영상의 영향을 특정한다. 여기서는 영향의 요소로서「공급책임으로서의 추급」,「고객 서비스의 저하」,「평판/신용의 실추」,「법령/계약위반」,「거래처와의 관계악화」,「사원의 사기저하」,「그 외」를 예로 들고 있다. 업종에 따라서는 환경이나 안전에 관한 지표, 예를 들면 화학약품공장 등과 같이 처리가 중단된 채로 있으면 유해한 가스가 발생하는 것과 같은 위험요소를 더하는 경우도 있다.

Q2 이 업무가 중단된 때 가장 염려되는 요소를 아래에서 1가지 선택하시오.

공급책임의 추급	[　　]
고객 서비스의 저하	[　　]
평판/신용의 실추	[　　]
법령/계약위반	[　　]
거래처와의 관계악화	[　　]
사원의 사기저하	[　　]
그 외(　　　　)	[　　]

《《집계와 소견》》

집계의 포인트	개개의 중요업무에 관해 회답란에「○」를 기입한 요소에 대해서는 워크시트 상에서는「1」을 입력한다. 각각의 예에서 집계하면 요소마다의 업무건수를 알 수 있다.
그래프·표	엔 그래프,「그 외」의 요소의 내역표
소견의 포인트	「공급책임의 추급」에 영향을 주는 업무는 몇 건,「고객 서비스의 저하」에 영향을 주는 업무는 몇 건 이라는 형태로 요소마다의 업무건수를 엔 그래프의 비율로 나타내면 회사 전체로서 어느 종류의 영향을 중시해야 할 것인가를 지적할 수 있다.

〈업무운영에의 영향의 집계〉

중요업무명	공급책임의 추급	고객서비스의 저하	평판/ 신용의 실추	법령/ 계약위반	…
원재료의 구입	1				
A 제품의 제조	1				
품질검사	1				
고객의 개척					
납품과 유지 보수		1			
외상회수			1		
경비처리					
급여계산					
집계	3	1	1	0	…

〈업무운영에의 영향 그래프〉

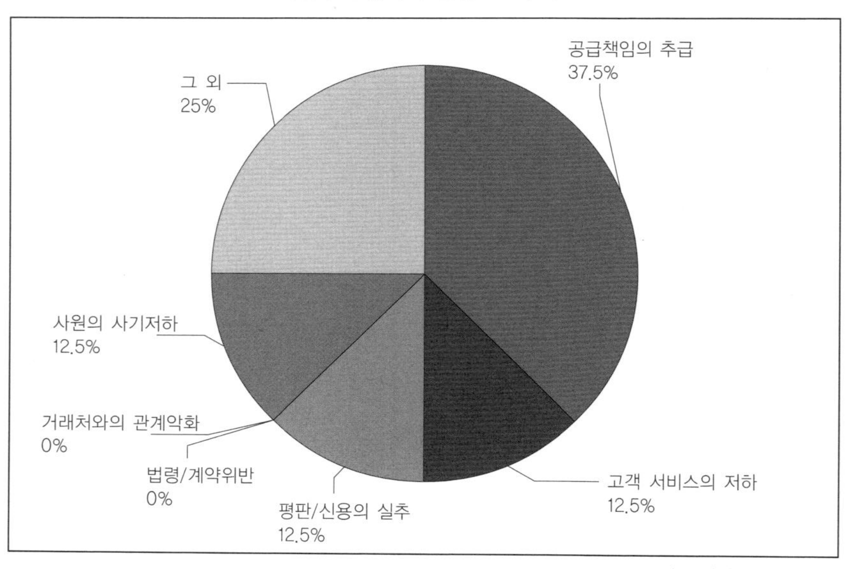

(그 외의 내역은 생략)

3 ● 월별의 영향도

《《**목적**》》 성수기가 있는 업무에의 영향을 월별로 파악한다. 시기에 따라 업무중단의 영향에 큰 차이가 생기는 경우 BIA에서는 가장 영향이 큰 피크시를 선택해서 평가하는 것으로 하고 있다. 예를 들면 2~4월의 결산기에 업무처리의 부하가 최대가 되는 회계업무는 이 시기를 기준으로 복구우선순위를 결정한다. 업무처리의 피크가 부정기적 또는 단속적으로 찾아올 때는 전체의 평균적인 업무량을 추정하고 그 평균처리량에 대한 영향을 평가한다.

Q3 매월의 업무처리량이나 수요로부터 이 업무중단에 의한 시기적인 영향이 가장 큰 월에 ○를 기입하시오(복수선택가능).

1월[　]，　2월[　]，　3월[　]，　4월[　]，　5월[　]，　6월[　]，
7월[　]，　8월[　]，　9월[　]，　10월[　]，　11월[　]，　12월[　]

《《**집계와 소견**》》

집계의 포인트	회답에 「○」를 넣은 달에 대해서는 워크시트 상으로는 「1」을 입력하고, 업무 횡단적으로 집계해서 각각의 월마다의 총업무건수를 봉 그래프의 값으로서 경향을 본다. 가장 영향이 큰 달에 착안한다.
그래프·표	봉 그래프, 영향이 가장 큰 월의 업무내역표
소견의 포인트	한 시기만 업무가 집중되거나 한 시기의 작업량이 연간의 업적을 좌우하는 듯한 것이 있으면 그 시기의 복구우선순위를 끌어올리거나 고정적으로 복구우선순위를 상위로 설정하는 것을 검토한다.

〈월별 영향도의 집계〉

중요업무명	1월	2월	3월	4월	5월	…
원재료의 구입			1	1		
A 제품의 제조			1	1		
품질검사					1	…
고객의 개척		1	1	1		
납품과 유지 보수						
외상회수						
경비처리	1	1		1		
급여계산						
집계	1	2	3	4	1	…

〈월별 영향도의 그래프〉

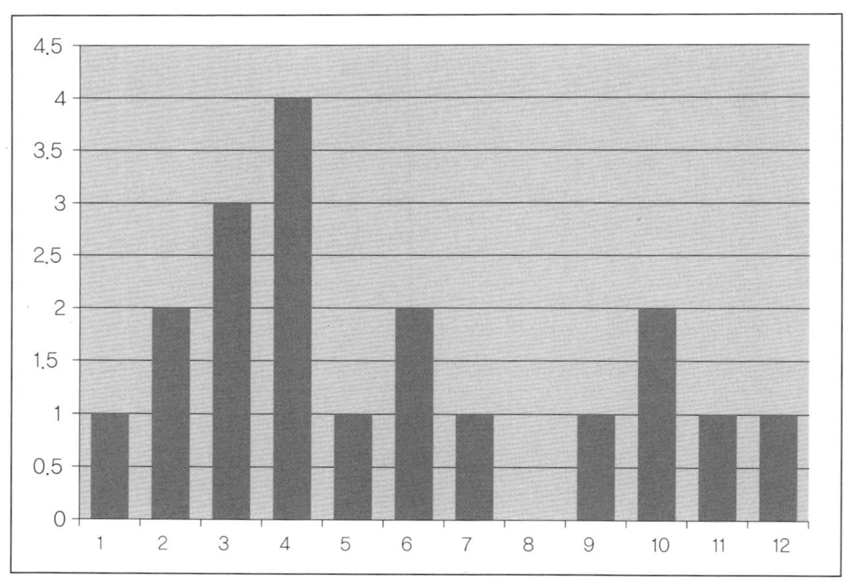

〈영향이 가장 큰 월의 업무내역〉

3월	원재료의 구입, A제품의 제조, 고객의 개척
4월	원재료의 구입, A제품의 제조, 고객의 개척, 경비처리

4 ● 인프라에의 의존도

《《목적》》 일상적으로 사용하는 일련의 툴이나 업무시스템 중에서 어느 경영자원에 의존도가 높은지를 회사 전체적인 시점에서 조사한다. 의존도가 높은 경영자원일수록 복구 시의 조달이나 기능의 회복을 서두를 필요가 있다고 보는 시각도 필요하다. 유럽과 미국의 BCP에서는 종래보다 IT자원(정보시스템이나 업무 어플리케이션)을 대상으로 업무의 복구우선순위를 결정한다는 습관도 보인다.

Q4 다음 업무 툴이나 시스템에 대해서 이 업무에 어느 정도 의존하고 있는가? 다음 중에서 선택해서 기입하라.

(1＝거의 안함/정말 사용하지 않는다, 2＝가끔/때때로 사용한다. 3＝자주 사용한다/업무에 불가결하다)

고정전화[　], 휴대전화[　], 팩스[　], 이메일[　], 인터넷[　],
인트라넷[　], 업무 어플리케이션 A[　], 업무 어플리케이션B[　],
업무 어플리케이션C[　], 그 외[　]

《《집계와 소견》》

집계의 포인트	경영자원마다 그 의존도를 평가하면 워크시트에 평가값을 입력해서 최하행에서 평가의 평균을 낸다. 봉 그래프를 사용해서 경영자원에의 의존도의 경향을 찾는다.
그래프·표	봉 그래프
소견의 포인트	평가가 낮은 경영자원이 반드시 「중요하지 않다」는 의미는 아니다(그래프의 「업무 어플리케이션 B, C」 등). 이것들에 대해서는 다른 대체수단의 유무나 볼트넥이 어떤가의 판단도 고려해서, 복구를 서둘러야 할 경영자원인가 아닌가를 결정할 필요가 있다.

〈인프라에의 의존도의 집계〉

중요업무명	고정 전화	휴대 전화	팩스	이메일	인터넷	…
원재료의 구입	3	1	3	2	1	2
A 제품의 제조	3	1	1	2	1	2
품질검사	3	1	3	2	1	2
고객의 개척	3	3	3	3	2	2
납품과 유지 보수	3	1	2	2	1	2
외상회수	3	1	1	1	1	2
경비처리	3	1	2	1	1	2
급여계산	3	1	1	1	1	2
평균	3	1	2	2	1	2

〈인프라에의 의존도의 그래프〉

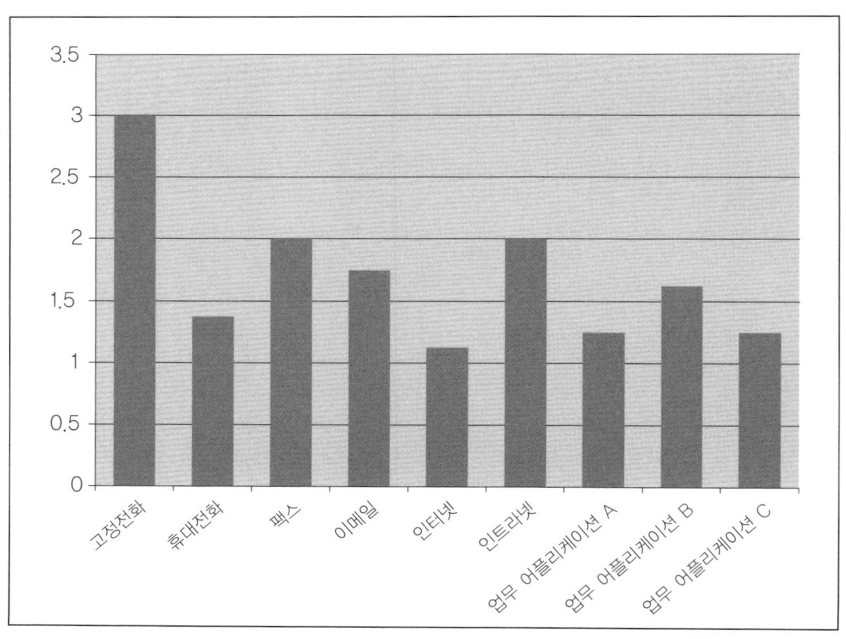

5 ● 인풋이 두절된 경우의 영향

《《**목적**》》 사내의 타부문이나 외부(서플라이어, 외주업자 등)에서 인풋, 즉 원재료, 부품, 제품, 상품, 혹은 데이터와 같은 업무의 이행에 불가결한 요소가 두절된 경우, 어느 정도 업무를 계속할 수 있는가를 평가한다. 「3」을 선택한 업무는 인풋에 볼트넥이 포함될 가능성이 있기 때문에 그 내역을 특정해 두는 것이 중요하다.

Q5-1 업무상 가장 중요한 인풋이 두절된 경우 이 업무는 어떠한 영향을 받는가. 다음 중에서 하나를 선택하시오.

1 = 생산성은 저하되지만, 수일~1주간은 무언가 업무를 계속할 수 있다.
2 = 생산성은 저하되지만, 1~수일은 무언가 업무를 계속할 수 있다.
3 = 즉시 프로세스는 정지하고, 업무는 계속불가능

Q5-2 위에서 「3」으로 회답한 경우, 업무를 계속할 수 없는 원인이 되는 인풋(원재료, 정보, 서비스 등)을 구체적으로 작성하시오.

[   ]
[   ]

《《**집계와 소견**》》

집계의 포인트	「인풋 두절의 영향도」의 예에 선택지의 평가치를 입력. 표의 아래에는 영향도의 레벨마다 업무건수 내역이 표시되도록 계산식을 묻어둔다.
그래프·표	원 그래프, 볼트넥의 내역표
소견의 포인트	인풋이 두절되면 즉시 업무가 정지하는 업무에는 볼트넥이 포함된다. 이들 인풋은 꼼꼼한 리스크 대책이 필요하다.

〈인풋 두절의 영향의 집계〉

NO.	부서명	중요업무명	인풋 두절의 영향
1	제조부	원재료의 구입	3
2	제조부	A제품의 제조	3
3	제조부	품질검사	3
4	영업부	고객의 개척	1
5	영업부	납품과 유지 보수	1
6	경리부	외상회수	1
7	경리부	경비처리	2
8	경리부	급여계산	2
업무건수 내역 (건)		수일~수주간 가능	3
		1~수일은 가능	2
		즉시 업무가 정지	3

〈인풋 두절의 영향 그래프〉

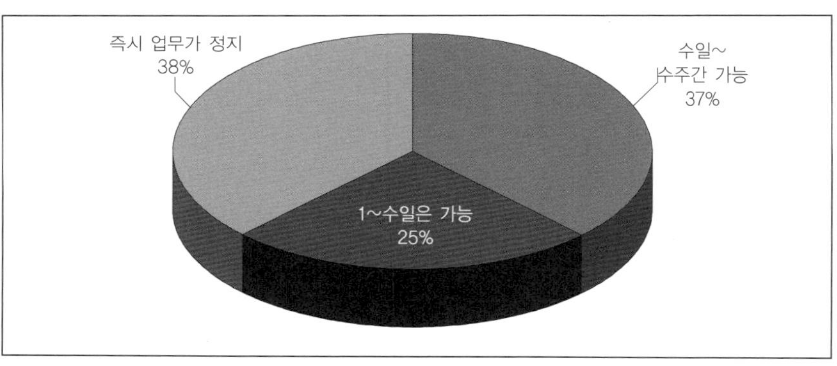

〈「즉시 업무가 정지」를 선택한 업무의 내역과 볼트넥〉

중요업무명	볼트넥
원재료의 구입	구입처 A사
A제품의 제조	원재료
품질검사	A제품(완성품)

6 ● 업무중단에 의한 아웃풋에의 영향

《**목적**》 사업에 불가결한 경영자원이 사용불능이 된 경우 수작업이나 대체수단을 구사해서 어느 정도 공급이 지속가능한가를 평가한다. 「3」의 「수작업이나 대체수단이 없을 경우 공급은 즉시 정지한다」를 선택한 업무는 경영자원에 볼트넥이 포함될 가능성이 있기 때문에 아웃풋을 저해하는 요인을 특정해두는 것이 중요하다.

Q6-1 업무에 불가결한 경영자원이 사용할 수 없게 된 경우, 가장 중요한 아웃풋에 어떠한 영향을 줄 것인가. 하나를 선택하시오.

　　1＝생산성은 저하되지만, 수작업이나 대체수단으로 수일~1주간은 공급가능
　　2＝생산성은 저하되지만, 수작업이나 대체수단으로 1~수일은 공급가능
　　3＝수작업이나 대체수단이 없기 때문에 공급은 바로 정지한다

Q6-2 위에서 「3」을 회답한 경우, 아웃풋을 저해하는 원인(수작업이나 대체수단이 없는 경영자원)을 구체적으로 기입하시오.

　　[　　　　　　　　　　　　　　　　　　　　　　]

　　《**집계와 소견**》

집계의 포인트	「아웃풋에의 영향도」의 예에 선택지의 평가치를 입력. 표의 아래에는 영향도의 레벨마다 업무건수 내역이 표시되도록 계산식을 묻어둔다.
그래프·표	원 그래프, 볼트넥의 내역표
소견의 포인트	업무가 중단하면 즉시 공급이 정지하는 경영자원에는 볼트넥이 포함된다. 이들 경영자원은 꼼꼼한 리스크 대책이 필요하다.

〈업무중단에 의한 아웃풋에의 영향의 집계〉

NO.	부서명	중요업무명	인풋두절의 영향
1	제조부	원재료의 구입	2
2	제조부	A제품의 제조	3
3	제조부	품질검사	2
4	영업부	고객의 개척	1
5	영업부	납품과 유지·보수	1
6	경리부	외상회수	1
7	경리부	경비처리	2
8	경리부	급여계산	2
업무건수 내역 (건)		수일~수주간 가능	3
		1~수일은 가능	4
		즉시 업무가 정지	1

〈업무중단에 의한 아웃풋에의 영향 그래프〉

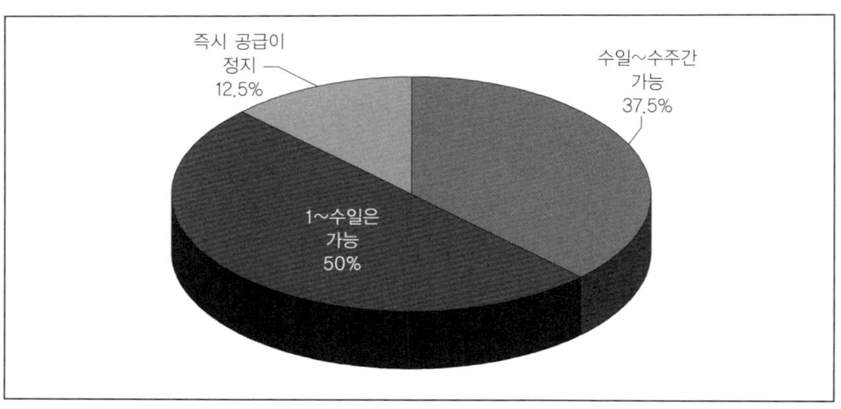

〈「즉시 공급이 정지」를 선택한 업무의 내역과 볼트넥〉

중요업무명	볼트넥
A제품의 제조	제조장치

7 ● 수동에 의한 업무달성도

《《목적》》PC나 오토메이션의 처리장치 등이 사용할 수 없게 된 경우, 수작업이나 인해전술로 이 업무를 속행할 수 있는가를 알아본다. 업무계속의 정도는 퍼센테이지로 표기한다. 예를 들면 「30~50% 정도의 비율로 업무를 속행할 수 있다」는 경우, 통상 100건/일로 하면, 수동이라면 30~50건/일 처리할 수 있는 것을 의미한다. 이것은 업무의 복구 우선순위와 함께 계속대책의 기준으로 포착할 수 있다.

Q7 이 업무시스템(PC 그 외의 기계장치)이 가동할 수 없어진 경우, 수동(수작업이나 인해전술)에 의한 업무의 속행은 1일당 어느 정도 가능한가(해당하는 것에 ○를 기입).

수작업에 의한 업무의 속행은 불가능~10% 미만 　　[　　]
수작업에 의한 업무의 속행은 10~30% 정도 　　[　　]
수작업에 의한 업무의 속행은 30~50% 정도 　　[　　]
수작업에 의한 업무의 속행은 50~70% 정도 　　[　　]
수작업에 의한 업무의 속행은 70~100% 가능 　　[　　]

《《집계와 소견》》

집계의 포인트	업무마다 「○」를 기입한 달을 전 업무횡단적으로 그룹화해서, 각각의 달성 %에 속하는 업무건수를 원 그래프로 나타내서 전 업무의 경향을 본다.
그래프·표	원 그래프와 「불가능~10% 미만」의 업무내역표
소견의 포인트	업무의 속행이 「불가능~10% 미만」에 착안한다. 이것에 해당하는 업무에는 볼트넥이 포함되기 때문에 리스크 대책을 서두를 필요가 있는 경우를 강조한다.

〈수동에 의한 업무달성도의 집계〉

중요업무명	불가능~10% 미만	10~30% 정도	30~50% 정도	50~70% 정도	70~100% 가능
원재료의 구입					1
A제품의 제조	1				
품질검사		1			
고객의 개척					1
납품과 유지 보수					1
외상회수					1
경비처리				1	
급여계산					1
집계	1	1	1	0	5

〈수동에 의한 업무달성도의 그래프〉

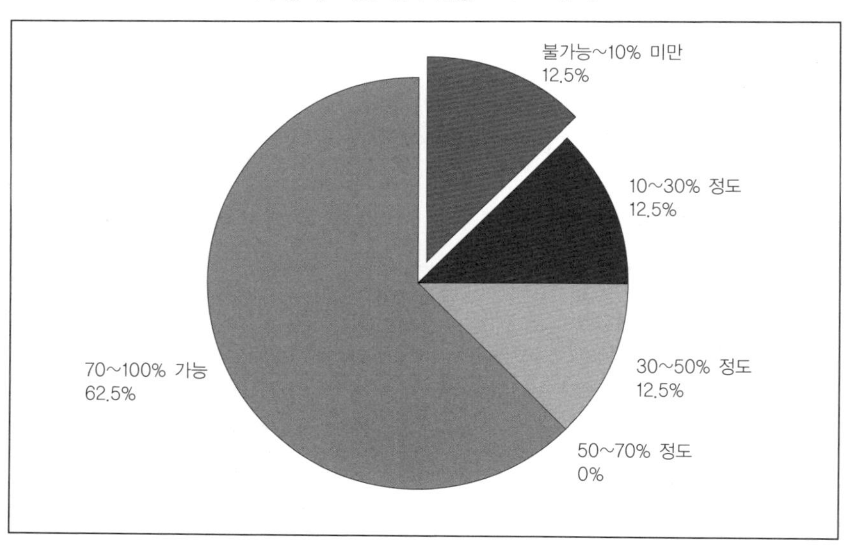

〈불가능~10% 미만의 업무의 내역〉

● A제품의 제조

용어집

〈영문〉

(BCP의) 발동

재해레벨의 판정결과로부터 통상복구와는 다른 체제로 사업의 계속을 시행에 옮기는 것이다. 통상복구로는 목표복구시간 내에 업무회복의 전망이 서지 않을 경우에 발동한다.

BCM(Business Continuity Management)

→ '사업계속경영'을 참조.

BCMS(Business Continuity Management System)

→ '사업계속경영 시스템'을 참조.

BCP(Business Continuity Plan)

→ '사업계속계획'을 참조.

BIA(Business Impact Analysis)

→ '비즈니스 임팩트 분석'을 참조.

BS 25999

영국의 사업계속경영의 규격. Part-1(실천규범)과 Part-2(사양)으로 구성. Part-2는 BCMS 적합성 평가제도의 인증규격으로도 되어 있다.

DRP(Disaster Recovery Plan)

→ '재해복구계획'을 참조.

ICS(Incident Comand System)

→ 131페이지의 칼럼 "미국의 재해대응조직"을 참조.

MTD(Maximum Tolerable Downtime)

→ '최대허용정지시간'을 참조.

MTPD(Maximum Tolerable Period of Disruption)

→ '최대허용정지시간'을 참조.

RA(Risk Assessment 또는 Risk Analysis)

→ '리스크 어세스먼트' 또는 '리스크 분석'을 참조.

RPO(Recovery Point Object)

→ '목표복구시점'을 참조.

RTO(Recovery Time Object)

→ '목표복구시간'을 참조.

〈한글〉

경영자원

사업활동에 필요한 능력이나 기능을 제공하는 자원을 말한다. 인적 자원, 정보시스템 자원 등 여러 가지가 있다. '리소스'와 같은 의미이다.

긴급 시 대응계획

재해발생 직후의 초기대응에서 피해조사를 거쳐 BCP 발동 판정에 이르기까지의 일련의 행동방침을 규정한 계획이다.

긴급 시의 체제

이 책에서는 재해발생 직후의 긴급 시 대응과 사업계속대응을 총칭해서 '긴급 시의 체제'라 부르고 있다.

다운타임

정보시스템 등이 정지하는 시간이다.

리소스

사업활동에 필요한 능력이나 기능을 제공하는 자원을 말한다. 인적 자원, 정보시스템 자원 등 여러 가지가 있다. 이 책에서는 리소스를 '경영자원'이라고 표현하고 있다.

리스크 분석

광의로는 리스크 평가와 거의 같은 의미이며, 협의로는 피해상정, 피해 영향의 크기, 발생확률 등을 감안해서 리스크의 크기를 결정하는 작업이다.

리스크 평가

중요한 사업이나 업무가 어느 정도 재해나 사고, 범죄 등의 위협에 노출되어 있는가를 견적하는 작업이다. 또한 견적한 리스크를 처치(저감, 회피, 이전, 수용)하는 대책을 세우는 작업까지를 포함해서 리스크 평가라고 부르는 경우도 있다.

목표복구시간(RTO)

언제까지 업무의 중단이 허용될 것인가를 나타내는 시간적인 한계치이다. 반대로 본다면 업무가 중단되고서 재개할 수 있을 때까지의 시간의 목표치이다. 이 책에서는 BCP 발동시점부터 가복구완료시점(다음날부터는 잠정적으로 업무재개가 가능)까지를 목표복구시간이라 정의하고 있다.

목표복구시점(RPO)

데이터를 어느 시점의 사태로 되돌려 복구할까를 나타내는 정보시스템 분야의 재해복구 용어이다.

발생빈도, 발생확률, 발생가능성

리스크가 현재화할 가능성(Probability)을 수치로 나타낸 것으로 리스크 분석의 계산요소로서 사용된다. 기상현상이나 범죄, 교통사고와 같이 반복해서 일어난 과거의 풍부한 데이터를 기초로 해서 추정한다.

볼트넥

사업활동이나 업무기능의 달성이나 계속을 저해할 가능성이 있는 요소이다. 업무의 복구 시에 어딘가가 결락되거나 방해가 되고 있기 때문에 복구가 지연되는 원인이 되는 것으로, 예를 들면 업무시스템이 회복해도 그것을 다룰 기술이 있는 사람이 없는 경우, 그 인적 자원은 볼트넥이 된다.

비즈니스 임팩트 분석

회사의 중요 핵심사업을 구성하는 중요업무와 이것들의 업무에 필요한 경영자원을 특정하는 작업이다. 또한 중

요업무의 정지에 따르는 사업에의 시간적 영향을 추정해서 복구긴급도(복구우선순위)를 결정하는 작업이며, 복구긴급도의 지표에는 목표복구시간이 사용된다.

사업계속계획(BCP)

회사가 대재해, 대사고, 테러 등의 긴급사태에 직면한 경우에도 소정의 레벨로 기간업무를 계속하거나 중단해도 조기복구를 해내도록 하기 위한 전략적이고 포괄적인 사업계속플래닝이다. BCP로 약칭해서 부르는 경우가 많다.

사업계속경영(BCM)

BCP(사업계속계획)을 PDCA 사이클(계획→실행→체크→재점검)에 넣고 운용관리하면서 기업문화의 정착을 도모하는 프로세스이다.

사업계속경영 시스템(BCMS)

BCM의 운용체제와 계속적인 활동을 실증하기 위한 프레임워크이다. 내부, 외부의 심사, 자기평가 등을 통해서 자조직의 BCM 체제가 '확실히 기능하고 있다'는 것을 평가하기 위한 시스템이다.

신형 인플루엔자

조류 인플루엔자 바이러스 등이 사람에게 감염되어 육체에서 증식되게끔 변이해서 사람에서 사람에게로 감염되게 된 바이러스에 의한 질환을 말한다. 국소적으로 발생한 신형 인플루엔자가 광역적으로 유행하면 판데믹이라 부르는 위험한 사태가 된다.

웜 사이트

하드웨어나 통신 인터페이스, 전기공급설비를 갖춘 대체부지를 말한다. 소프트웨어의 도입이나 각종 설정, 커스터마이즈는 자사에서 행할 필요가 있다. IT 업계에서 자주 사용되는 재해복구용어이다.

오프 사이트

중요한 데이터의 백업이나 문서의 복사를 동시피해의 위험이 없는 다른 장소에 보관해 두는 것으로 재해 시의 정보자산의 손실을 피할 수 있다. 오프 사이트는 그 보관고 또는 시설을 이른다.

인시던트

'초기대응'의 대상이 되는 사상을 말한다. 단, 일본어의 초기대응은 지진이나 화재, 사고와 같은 한정적인 재해를 대상으로 하고 있는 데에 비해 인시던트는 BCP 발동에 이르지 않는 것이나 BCP의 범주에는 포함되지 않고, 보다 폭넓은 사상을 대상으로 하고 있다.

재해복구계획(DRP)

BCP의 발동 이후를 엄밀하게는 2가지 프로세스로 나눈다. 한 가지는 업무계속의 실행이고 또 한 가지는 재해복구활동이다. 재해복구계획은 후자의 방침을 상정한 것이다.

조류 인플루엔자

인플루엔자 바이러스에 감염되어 있는 조류로부터 다른 조류로 감염되어서 증상이 나온 경우의 증상이다. 특히 조류가 사망해버리는 위독한 증상을 초래하는 것을 고병원성 조류 인플루엔자라고 한다.

초기대응

재해발생 직후의 대응행동. 초기소화나 피난유도, 구호, 피난장소에서의 안부확인, 점호, 피해상황확인 등까지를 포함한 경우도 있다. 이후, 피해상황의 정도에 따라서 BCP 발동 판정이 행해진다.

최대허용정지시간(MTD/MTPD)

업무정지를 언제까지 허용할 수 있는가를 나타내는 지표로서 사용된다. 영국 BCI 가이드라인(Good Practice Guideline 2008)에서는 목표복구시간(RTO)은 이 최대허용정지시간보다 짧게 설정해야 한다고 한다.

취약성

재해가 일어난 경우 업무기능을 필요로 하는 자산이나 리소스가 어느 정도 피해를 받기 쉬운가(받기 어려운가)를 나타내는 지표이다. 또한 보호, 방지 대책이 취해지고 있다면 취약성은 작고, 어떠한 대책도 취하고 있지 않다면 취약성은 높다고 할 수 있다.

콜드 사이트

사업거점이 피해를 당해도 복구활동을 행할 수 있도록 물리적인 공간과 건물을 제공하는 대체부지이다.

판데믹

신형 인플루엔자 등의 질병이 지역을 넘어서 광역적으로 유행하는 것이다. 과거의 판데믹의 예로서는 1918년의 스페인 인플루엔자가 있다. 세계에서는 약 4,000만 명, 일본 내에서는 약 39만 명이 사망하였다.

피해상정

위협(지진이나 홍수 등)이 어떤 형태로, 어떻게 자산에 피해를 줄 수 있는가를 시나리오로서 나타낸 것이다. 리스크 평가는 이 피해상정을 기초로 평가한다.

핫 사이트

중요한 업무기능이나 정보시스템을 계속하기 위한 컴퓨터나 통신설비, 환경 인프라를 완비한 대체 사이트이다.

● 참고문헌

- 事業継続推進機構：『中小企業BCPステップアップガイド3.0版』（2007年度）
- 中央防災会議：『事業継続ガイドライン 第一版』（2005年度）
- 中小企業庁：『中小企業BCP策定運用指針』（2006年度）
- 厚生労働省：『事業所・職場における新型インフルエンザ対策ガイドライン』（2007年度）
- 東京商工会議所：『中小企業のための新型インフルエンザ対策ガイドライン』（2007年度）
- 丸谷 浩明著：『事業継続計画の意義と経済効果 ―平常時に評価される実践マネジメント』、ぎょうせい、（2008年度）
- 黄野 吉博, 太田 究三郎他共著：『事業継続マネジメントシステムの構築と実務』、共立出版、（2008年度）
- Yossi Sheffi、渡辺 研司、黄野 吉博共著：『企業のレジリエンシーと事業継続マネジメント―サプライチェーン途絶！　その時企業はどうしたか』、日刊工業新聞社、（2007年度）
- 東京海上日動リスクコンサルティング編纂、『実践事業継続マネジメント―災害に強い企業をつくるために』、同文館出版、（2007年度）
- トレイシー・ニッペンバーグ・ギリス著、西日本電信電話ソリューション営業本部監訳、林春男監修、『事業継続マネジメントBCM 訓練デザインマニュアル』、NTT出版、（2007年度）
- 和田 耕治著、『企業のための新型インフルエンザ対策マニュアル―事業を継続するために、いま行うべきこと』、東洋経済新報社（2008年度）
- 岡田 晴恵監修：『知識のワクチン 新型インフルエンザ予防マニュアル』、現代けんこう出版（2008年）
- NHK「最強ウイルス」プロジェクト著：『NHKスペシャル 最強ウイルス―新型インフルエンザの恐怖』、日本放送出版協会、（2008年度）
- 丸谷 浩明, 指田 朝久共著：『中央防災会議「事業継続ガイドライン」の解説とQ&A』、日科技連出版社、（2006年度）
- KPMGビジネスアシュアランス：『事業継続マネジメントの構築と運用の実践』、日科技連出版社、（2006年度）
- 山村 武彦著：『本当に使える企業防災・危機管理マニュアルのつくり方』、金融財政事情研究会、（2006年度）
- SEMI日本地区BCM研究会編集：『事業継続マネジメント入門』、共立出版、（2005年度）
- 昆 正和著：『実践BCP策定マニュアル―事業継続計画の考え方と作り方』、九天社、（2008年度）
- Business Continuity Institute：『Good Practice Guidelines 2008』
- British Standards Institution：『Business Continuity management-Part1：Code of practice』,『Business Continuity management-Part2：Specification』
- Andrew Hiles：『The Definitive Handbook of Business Continuity Management』, John Wiley & Sons Inc, （2008）
- Susan Snedaker：『Business Continuity & Disaster Recovery for IT Professionals』, Syngress Media Inc, （2007）
- Michael Wallace, Lawrence Webber：『The Disaster Recovery Handbook: A Step-By-Step Plan to Ensure Business Continuity and Protect Vital Operations, Facilities, and Assets』, Amacom Books （2004）
- Thomas L. Friedman：『The World Is Flat: A Brief History of the Twenty-first Century』, Picador USA, （2007）
- Jared Diamond：『Collapse: How Societies Choose to Fail or Succeed』, Penguin USA, （2005）
- Albert Gore：『An Inconvenient Truth: The Crisis of Global Warming』, Viking Childrens Books, （2007）

● 참고사이트

- London Resilience Team Business continuity （http://www.londonprepared.gov.uk/businesscontinuity/）
- FEMA-Federal Emergency Management Agency （http://www.fema.gov/）
- ReadyBusiness-US Department of Homeland Security （http://www.ready.gov/business/index.html）
- Disaster Recovery Journal （http://www.drj.com/）
- Institute for Business & Home Safety （http://www.ibhs.org/）
- DRI International （http://www.drii.org/）
- The Business Continuity Institute （http://www.thebci.org/）
- The Australian National Audit Office （ANAO）（http://www.anao.gov.au/）
- The Canadian Centre for Emergency Preparedness （CCEP）（http://www.ccep.ca/）

재난에도 지속 가능 경영을 위한

BCP책정기초

2013. 8. 9 초판 1쇄 인쇄
2013. 8. 19 초판 1쇄 발행

지은이 | 콘 마사카즈(Masakazu Kon)
감역 | 김광수
역자 | 김영진, 김필호
펴낸이 | 이종춘
펴낸곳 | **BM** 성안당
주소 | 121-838 서울시 마포구 양화로 127 첨단빌딩 5층(출판기획 R&D 센터)
      413-120 경기도 파주시 문발로 112(제작 및 물류)
전화 | 02)3142-0036
      031)955-0511
팩스 | 031)955-0510
등록 | 1973.2.1 제13-12호
출판사 홈페이지 | www.cyber.co.kr
ISBN | 978-89-315-7608-5 (03320)
정가 | **15,000원**

이 책을 만든 사람들

기획 | 최옥현
진행 | 최옥현
교정·교열 | 이용화
전산편집 | 김인환
표지 | 정희선
제작 | 구본철